THE DAO OF CAPITAL
AUSTRIAN INVESTING
IN A DISTORTED WORLD

资本的秩序

在被货币和信贷扭曲的世界中迂回投资

[美] 马克·斯皮茨纳格尔 (MARK SPITZNAGEL) 著

郑磊 刘子未 郑扬洋 译

机械工业出版社
CHINA MACHINE PRESS

当今杰出的末日投资者马克·斯皮茨纳格尔认为，他的投资方法是道家的迂回策略，"输者得之，失者得之。"这就是奥地利学派的投资，一种典型的、反直觉的、经过验证的方法，从有着 150 年历史的奥地利学派中提炼而来。斯皮茨纳格尔是第一个将路德维希·冯·米塞斯和他的奥地利学派理论浓缩成一个有凝聚力的高效的投资方法的人。从识别股市崩盘的货币扭曲和非随机性，到蔑视高生产率资产，斯皮茨纳格尔"把奥地利学派从象牙塔带入了投资组合"。

在《资本的秩序》中，马克·斯皮茨纳格尔阐述了奥地利学派的投资方法论，即从哪里寻找局面优势。让我们透过当今伟大投资者的视角，来发现与市场进程之间的深刻和谐——这种和谐在今天是如此重要。

The Dao of Capital: Austrian Investing in a Distorted World
By Mark Spitznagel.

Copyright ©2013 by Mark Spitznagel. All Rights Reserved.

This translation published under license.Authorized translation from the English language edition, entitled *The Dao of Capital: Austrian Investing in a Distorted World*, ISBN 978-1-118-34703-4, by Mark Spitznagel, Published by John Wiley & Sons.No part of this book may be reproduced in any form without the written permission of the original copyrights holder.

北京市版权局著作权合同登记 图字：01-2020-3376 号。

图书在版编目（CIP）数据

资本的秩序/（美）马克·斯皮茨纳格尔（Mark Spitznagel）著；郑磊，刘子未，郑扬洋译. —北京：机械工业出版社，2020.11（2024.8 重印）
书名原文：The Dao of Capital: Austrian Investing in a Distorted World
ISBN 978-7-111-66641-7

Ⅰ.①资…　Ⅱ.①马…②郑…③刘…④郑…　Ⅲ.①投资－研究　Ⅳ.①F830.59

中国版本图书馆 CIP 数据核字（2020）第 201155 号

机械工业出版社（北京市百万庄大街 22 号　邮政编码 100037）
策划编辑：李新妞　责任编辑：李新妞　解文涛
责任校对：李 伟　责任印制：邓 博
北京盛通印刷股份有限公司印刷
2024 年 8 月第 1 版第 9 次印刷
145mm×210mm·11 印张·3 插页·273 千字
标准书号：ISBN 978-7-111-66641-7
定价：99.00 元

电话服务　　　　　　网络服务
客服电话：010-88361066　机 工 官 网：www.cmpbook.com
　　　　　010-88379833　机 工 官 博：weibo.com/cmp1952
　　　　　010-68326294　金 书 网：www.golden-book.com
封底无防伪标均为盗版　机工教育服务网：www.cmpedu.com

赞　誉

终于出现了这样一本由真正承担风险的从业者写的书。你无法承受错失这本书的遗憾！

——纳西姆·尼古拉斯·塔勒布（Nassim Nicholas Taleb），
《黑天鹅》（*The Black Swan*）作者

马克在奥地利迂回投资理论方面造诣深厚，每个投资者都能在这本有说服力和经过了深入研究的书中，发现无法估量的价值。本书通过一些颇具启发性的自然界和历史案例，展示了一个看似困难的即时损失，如何变成一个获取未来更大收益的有优势的中间步骤，以及为什么我们应该在当下保持耐心，为未来做好战略上的准备。

——保罗·都铎·琼斯二世（Paul Tudor Jones II），
都铎投资公司（Tudor Investment Corporation）创始人

这本书提出了一个及时的、原创的、以奥地利学派经济理论为基础的投资方法。本书勾画了令人印象深刻的哲学模块，指明了资本创造、创新和经济进步的源泉，也指出政府为了"帮助"经济所做的干预，就像当前饱受非议的森林防火政策一样具有破坏性。真是光芒四射！

——史蒂夫·福布斯（Steve Forbes），福布斯传媒集团主席，总编辑这是一本我读了又读的出色的充满思想闪光点的书，为理解所有伟大的市场大师的观点（包括索罗斯、鲍德温、克里普、巴菲特、库普曼，尽管这些市场大师可能没有意识到或者认可这些说法）提供了一个理论和实践框架。这本书会教给你很多知识，有战争、树木、军事艺术、歌剧、垒球、棋类游戏，让人大开眼界，每章都讨论了股市盈利的各个方面。我愿意和我所有的交易员、朋友及周围的人分享这本书。我这个推荐是完全发自内心的，而且我很少写这样的推荐。

——维克多·尼德霍夫（Victor Niederhoffer），

《投机者的教育》（*The Education of Speculator*）作者

这本书令人印象深刻。斯皮茨纳格尔的策略给人耳目一新之感——有理论高度而不枯燥乏味。该书提供了对经济史的广阔视野！

——拜伦·维恩（Byron Wien），

黑石集团顾问合伙人公司副董事长

那些相信美联储是其后盾的华尔街投机分子们都应该读读这本书。马克·斯皮茨纳格尔深刻揭露了这帮跻身在艾克尔斯大楼（Eccles Building）的印钞者没有废止健全货币法则，也没有忘记这些法则所依据的历史教训。

——戴维·斯托克曼（David Stockman），美国前国会议员，

里根政府预算主任，《资本主义大变形》（*The Great Deformation*）作者

我们生活在一个由错误假设和糟糕政策包围着的世界里。传统智慧能够解释的现象很少，因为其中的故步自封更甚于智慧。马克·斯皮茨纳格尔将经济学与对人性的深刻洞察结合起来，总结了这个混沌世界的规律。经济学家、投资人和非专业人士都将在这本书里找到丰富的宝藏，这是一本非常有用、激动人心的书！

——劳伦斯·里德（Lawrence Reed），

经济教育基金会（Foundation for Economic Education）主席，

麦金纳公共政策中心（Mackinac Center for Public Policy）名誉会长

斯皮茨纳格尔的这本杰作有力地说明了货币政策如何欺骗企业家和投资人，让他们做出糟糕的决策。我诚意推荐这本书作为读者避免上当受骗的指南，并获得更好的投资业绩。我的母语里有一句话和作者说的一样"Wir sind jetzt alleösterreicher（现在我们都是奥地利人）"。

——马克·法伯（Mark Faber），

《悲观、繁荣和厄运报告》（*The Gloom，Boom & Doom Report*）

出版人

马克·斯皮茨纳格尔在这本书里强调良好的分析基础和敏锐的战略思考相结合，为读者提供了一种投资理念，指出弄懂如何让你处于胜利位置的过程，要比简单地确定赢利目标更重要。他运用奥地利学派的理论，不仅揭开了市场协作的神秘内幕，而且清晰解释了对货币和信贷的操纵造成的扭曲后果。斯皮茨纳格尔不仅给读者提供了预测结果，而且提供了预测方法以及长期财富创造所需的战略性思考方法。此书非常值得一读。

——彼得·波特克（Peter Boettke），

乔治梅森大学（George Mason University）经济学与哲学教授

马克·斯皮茨纳格尔完成了一项伟大的工作——总结、合成和拓展了奥地利学派传统，并将其运用于精彩的投资实践。而且他还是一位杰出的作者和讲故事高手，他继承了巴师夏、黑兹利特和罗斯巴德的传统，用活泼生动的散文笔法和容易记住的例子，把精妙甚至有点复杂的思想与人们的日常生活结合起来。我非常愿意推荐这本书！

——彼得·克莱因（Peter Klein），密苏里大学（University of Missouri）应用经济学教授，米塞斯研究院（Ludwig von Mises Institute）卡尔·门格（Carl Menger）研究员

在这本书里，马克·斯皮茨纳格尔深入探讨了奥地利学派及其思想的演变史。作为一名非常成功的投资人，他将奥地利经济学理论从象牙塔带入投资组合，解释了资本原理、迂回式生产和自由主义市场，可以而且也应该运用在企业投资中。

——罗恩·保罗（Ron Paul），美国前国会议员（摘自序言）

献给我的孩子爱德华（Edward）和斯利亚（Silja）

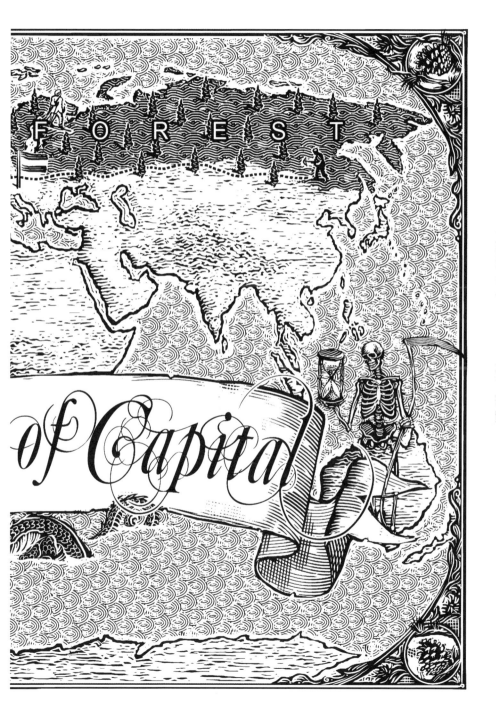

译者序

这是一本少见的由金融界资深投资经理撰写的奇书，畅谈老子、孙子、巴师夏、门格尔、米塞斯，评说拿破仑、克劳塞维茨、汉尼拔、哈特、维纳，引述《孙子兵法》《道德经》《战争论》、亚里士多德的目的论，探讨太极推手、围棋取势、胚胎研究和控制论，将东方最精华的智慧与西方经济学界视为奇葩的奥地利学派结合在一起，旁征博引，纵横西东，上下五千年，随手拈来，你肯定无法想象这与一个成天和金钱打交道的人会产生怎样的联系。但是，正如好的投资家必然也是思想家和哲学家，甚至还是历史学家和经济学家，作者就是这样一位能将博学多识和实践能力相结合的人才，这样的人其实在金融投资界并不少见，我们随手能举出的例子就有很多，比如索罗斯、芒格、巴菲特、达利欧等，他们就像闪烁的明星，指引着正确的投资之道。

在常人眼中，投资、战争、哲学、经济学甚至生物学，这些似乎本应是风马牛不相及的领域，尤其是战争与经济学之间更是如此。但作者却花费了 80% 的篇幅深入比较了《孙子兵法》《战争论》的间接战略和奥地利学派在哲学上的同源，并提取其中的理论精华，形成了独具特色且经过了金融市场实战检验的一种投资方法论——迂回投资，作者将其称作"奥地利学派投资法"。

本书的思路也是如此：横跨千百万年，千百万里，从军事战略家到经济学家；从针叶树到企业家，迂回曲折，却一直在朝着我们预想的方向前进。通过对一般战略思想的探索，我们建立了一种多元化的理解方式，从而模拟了资本家的运作方式以及生产过程中的各个中间阶段。

作为经济学者，我们并不过高推崇奥地利学派。但是，他们的一些研究路径和主张，与我们主要研究的行为经济学和行为金融是吻合的，特别是在人的行为研究方面。奥地利学派将认知的基础确定为人的行为的研究，这是一个革命性举措。奥地利学派学者并不避讳研究复杂的"宏观"经济现象，但关键的一点是，他们试图通过研究相关个体的行为和动机来解释这些事件。今天，行为经济学秉承这一思想脉络，正在结出丰硕果实。但是奥地利学派仍反对在经济学研究中采用任何自然科学已知的方法，尤其是实验方法，这和现在行为经济学大量采用实验经济学方法的现状是矛盾的。

作者用全书 20% 的篇幅（大家可能想到了"二八原则"，这正好体现了本书的迂回原则），在最后两章介绍了作者独特地应用奥地利学派经济理论和道家"无为"原理，针对经济和金融市场实际运行情况制定的投资策略。首先是尾部对冲，简单说，就是在持有看多股票组合的同时，购买指数看跌期权进行对冲。这相当于一项保险措施。尾部对冲策略的优势是由货币系统扭曲而驱动的。作者认为，如果不是因为扭曲，系统性尾部对冲就不会那么重要，或许根本就没有必要。而事实是，现代各国政府几乎都有对市场进行干预进而造成扭曲的先例。在这种情况下，尾部对冲策略就变成了不仅有用而且必要的一种逆向投资策略。作者的这个投资策略经过了在私募基金投资的检验。从奥地利学派的角度来看，这是迂回的，对应道家中的"势"。在这条路上，我们的投资目标是在未来某个有利的时间点上最大化我们的投资优势。因此，我们是在通过时间，更具体地说，是通过迂回性来达到更高的资本生产率。

　　作者提出的第二个奥地利学派投资策略是从生产性资本的迂回结构构建出发，以长线投资眼光选择优质投资标的。作者为此提出了 ROIC 和福斯曼比率这两个指标。作者还对比了价值投资和奥地利学派投资的联系与区别。至于作者的观点是否正确，属于见仁见智的判断。

　　从投资角度看待奥地利学派理论，我们认为作者的观点基本上是可以接受的。因为这主要属于经济学微观层面的研究和应用，所以不会引发奥地利学派经济学经常出现的与其他学派在政策上的严重分歧。我们认为书中有很多观点是有趣的，比如作者写道："实际上，股市崩盘这类真正的'黑天鹅'问题并不是不可预见的遥远事件；相反，它只是一个看似遥远的可预见事件。绝大多数市场参与者都没有预料到的，实际上是完美的可预期事件。由于目光短浅，他们只关注盎格鲁天鹅，而没有考虑到潜伏在杂草中的维也纳之鸟。"确实，当美国市场出现 2008 年之前长达十年左右的严重扭曲之时，发生市场大幅波动就是一个必然事件。只是我们通常无法准确预测事件爆发的时点。这个结论在当下仍具有现实意义，我们也面对一个更大的即将爆发的全球性经济与政治危机。此时，要从本书所分析的更高远的视角和更深远的景深去分析问题，得出适合自己的投资策略。

　　面对这样一本学科跨度大、理论广博的奇书，译者深感捉襟见肘，其中很多文字是从英文转译的《道德经》和《孙子兵法》，并夹杂了很多引自克劳塞维茨《战争论》里的德文术语和说法。所以，译文中难免有疏漏之处，还请读者海涵。感谢徐慧琳、崔伟民、郑扬洋、朱红燕等的参与和支持。

序　言

1971 年，在我行医岁月的一个繁忙日子里，我在午饭时间驱车 60 英里，前往休斯敦大学聆听伟大的奥地利学派经济学家路德维希·冯·米塞斯（Ludwig von Mises）的最后一次讲座。当时他已是 90 岁高龄的老人，但仍如往常一样充满热情、直觉敏锐。他的著作一直激励我学习和掌握奥地利学派理论——一直是我的主要思想指南。

我还在杜克大学就读医学时，就第一次接触了奥地利学派，当时读到了 F. A. 哈耶克（F. A. Hayek）的书《通往奴役之路》（*The Road to Serfdom*）。之后，我花了不少业余时间，阅读所有可以找到的奥地利学派的书籍。和哈耶克、米塞斯的著作一样，穆瑞·罗斯巴德（Murray Rothbard）和汉斯·森霍兹（Hans Sennholz）给了我经济学的"新"观点。

在接触奥地利学派之前，我完全不懂自由主义市场是如何运转的。奥地利学派学者让我了解到自由主义市场相对经济干预和中央计划经济的优点。随着我读得越来越多，就越明白在一个真正自由的社会里，真正自由的个体就应该具有这样的相互关系。当大量知识分子赞美集体主义和社会主义时，奥地利学派经济学家也为自由主义市场据理力争。至今我都非常感激他们。

　　我过去一直在思考的是关于经济和个人自由之间关系的新想法，实际上，这些想法已经在我脑中盘桓很长时间了。罗斯巴德在他的著作《经济思想史的奥地利学派之见》(*An Austrian Perspective on the History of Economic Thought*)中提到，中国古代道家学者"是世界上第一批自由主义者"，⊖ 将相隔了两千多年的道家学说和奥地利学派并列为自由主义经济学和政治思想方面的两大代表。在本书中，我的朋友、奥地利学派支持者马克·斯皮茨纳格尔将罗斯巴德的这个洞见作为一个重要话题加以挖掘。

　　就在最近，奥地利学派主要理论（关于私有产权、自由市场、货币和自由社会等原理）都可以追溯到几个世纪前的经典自由主义，这些是一切自由社会的最基本之核心信条。正如经济学家拉尔夫·雷克（Ralph Raico）所述：

　　经典自由主义——我们这里应该简单地称其为自由主义——是建立在文明社会基础上的一个构想，大体而言，就是其成员能够在很宽泛的个人权利界限内进行自我约束。在这些权利中，私有产权，包括缔结合约的自主权以及自由安排劳动的权利，被给予了最高优先级……奥地利学派是给这个学派起的名字……这个学派总是和自由主义的追随者和反对者连在一起。⊖

　　这些年来，我与很多米塞斯的朋友和学生交往甚密，对我们大家而言，他的榜样力量是巨大的。他从不尝试改变自己的立场，也不隐藏自己的理念，以得到世俗经济界的更多认可。如果他曾经那样做了，无疑会在有生之年得到更多的承认。但他的目标是追求经济真理，而不是获得认可。

　　米塞斯还是一位绅士，为人和善，深思熟虑，我在很多方面都

⊖ *Walter Legge: Words and Music*, Alan Sanders, ed., 1997, Routledge, New York.

⊖ Gia-Fu Feng, trans., Lao Tsu, *Tao Te Ching*, 1972, Alfred A. Knopf, New York.

以他为榜样。当这个世界（尤其是经济学家）变得疯狂之时，我总是转向米塞斯的理智世界："任何人都不应指望符合逻辑的论点或经验可以动摇那些相信通过支出和信贷扩张就能解决问题的人近乎宗教般的狂热。"⊖

奥地利学派的理论核心是认为人类行为具有不可预测性，个人选择对经济运作具有重要影响。该学派认为价值具有主观性，企业家的角色以及对资本创造的追求推进了社会发展。这些真理如今已成为大家都了解的基本道理，甚至可能还不止于此，就像这个学派在19世纪中叶初次诞生之时。

在这本书中，马克·斯皮茨纳格尔对奥地利学派的理论及其思想发展史做了深入研究。作为一名非常成功的投资人，马克将奥地利学派从象牙塔带到了投资组合中，展示了该理论关于资本的原理，迂回生产（roundabout production），以及自由交易的市场可以而且实际上应该用于企业投资领域。马克的"奥地利学派投资法"具有明确和实用的特点，而且指出了在对抗干涉主义、主流经济学和华尔街文化方面遭遇的困难。

作为奥地利学派理论的支持者，我一直受到困扰，被迫经常留意集权者和政府规划部门对我们的经济做了什么——推出一项接一项的灾难性方案。我们必须明白，市场本来就是有弹性的。正如本书所说，如果没有中央的计划和干预造成的扭曲，市场的自然力量会自动实现平衡——与当今救助文化格格不入的想法。

中央银行的行动不仅没能安抚市场，还造成了史无前例的市场扭曲。他们紧紧抓住稻草，认为放水可以解决之前因为干预而形成的严重问题。人们应该得到比这更好的结果。让资本发挥其自身功

⊖ Murray Rothbard, Preface to *Theory & History* by Ludwig von Mises, 1985 (reprint 2007, Ludwig von Mises Institute, Auburn, AL).

能，而不需要官僚人为操纵。作为一名已经执业近 35 年的医生，我遵守《希波克拉底誓言》（*Hippocratic Oath*），这要求我不要去伤害病患的身体，让身体的自然能力治愈疾病。政府必须同样行事，让市场本身的自愈过程发挥作用。这就是本书要传递的核心信息，展示了人们如何与市场过程和谐相处，不管市场是否发生了扭曲。

这些年来，对自由市场重要性越来越深刻的认识，帮助我看清了需要通过政治行动捍卫市场的必要性。这类行动可以采取从教育到革命等多种形式。在美国，通过教育、劝解和民主流程，有可能实现必要的改变。我们有权自由发表观点、结社、参加宗教活动、请愿，而且隐私得到保护。但是在我们的权利失去之前，我们必须改变已经存在了几十年的政府干预政策。

我一直坚信国父是正确的——肯定比他的那些继任者更正确，在美国的宪法确立之后，他们一直在想方设法地限制个人权利。我们的国家建立在自由的价值基础上，我从来不需要别人告诉我个人自由多么重要。其他力量——教育机构、媒体和政府——挑战了我对自由的与生俱来的信仰。他们一直宣称我们做每件事都需要政府的保护。而我从未放弃我的信念——只有不受干预的市场才与个人自由相配。

这种自由通过健全货币得以实现，这是奥地利学派的一个基本概念。主流经济学家一直在贬低其重要性。这些自说自话的所谓主流经济学"专家"一直都在制造永无休止的不良后果。

根据米塞斯的说法，货币作为一种有用的商品必须来自市场，才能适当地履行其各项职能。货币扮演的最重要的角色是流通手段，也具有价值度量和贮藏手段的职能。

遗憾的是，政客们坚持认为货币增长可以带来经济增长。他们漠视这个事实，即政府无法创造任何东西。政府不能让人们变得更加富裕，而是会让大家变穷。不这样想是很幼稚的。我们应该接受这个教训。"看得见的和看不见的"(That Which Is Seen，and That Which Is Not Seen)，19 世纪经济学家弗雷德里克·巴师夏(Frédéric Bastiat)的这篇文章提醒我们可以而且应该向前看，超越眼前现象，观察不那么直接的结果——马克在本书中阐述的另一个主题。

美联储能够干预市场和利率，但最终无法逃脱自由市场经济学无可回避的现实。政客们可以随心所欲地操纵货币体系，但不能改变决定货币本质的经济规律。正如我过去说过而且现在也一直坚持的观点，垄断控制造成的扭曲和腐败能让少数人受益，却在长期损害了大多数人的利益。但是最终，无法抗拒的自然规律会赢。市场的自由选择是经济的唯一出路。

货币总是被视为中性的。货币供应量在决定价格方面并没有被看作一个关键因素。实际上，人们接受的一个事实是：产品的价格只依赖于所出售物品的供需关系。早期奥地利学派经济学家甚至在策略上接受了这个说法，而这促使米塞斯去证明货币是非中性的。他在《人的行为》(Human Action)这部名著里写道：

> 由于货币永远不会是中性的，而且其购买力也不是稳定不变的，政府涉及决定数量的任何计划，永远无法对所有社会成员是公平的。无论政府在追求影响货币购买力方面达成何种目标，都必然取决于决策者个人的价值判断。这样总会有利于某些人，而牺牲了其他人的利益。这样做永远不会有利于公共利益。[⊖]

破坏一国货币，就会损害民众生活的各个经济层面：收入、储蓄、每次购买支付的名义价格。当政客随心所欲地操纵货币时，总会导致混乱、失业和社会动乱。由于这个原因，我们应该找到一种不会被滥用的货币，可以防范通货膨胀，而且能让努力工作的市民

⊖ Ludwig von Mises, *Human Action*, 1998, The udwig von Mises Institute, Auburn, AL.

生活富裕。

正如本书所说，贬值的法币会让市场经济中的资本投资变得非常困难。一旦货币被摧毁，试图维护秩序的政府权力和干预就会变强。自古而今，政府官员都拒绝承认经济规划没有效果，直到局面变得难以收拾。之后当政府试图弥补"滥印钞票"的错误时，事情就会变得更糟糕。美国人可能会觉得这种情况很熟悉，美联储就是这样运作的。

颇具讽刺意味的是，为了保护自由市场，美国人一直反对政府控制价格，但是最重要的价格——时间的代价（即利率）——反而不在其列。政府就是通过控制利率来控制货币价格的。通过这种价格控制，政府也扭曲了市场在生产者和消费者中间的协调功能。多亏了奥地利学派经济学家的工作，我们才懂得，正是失去了这种协调，才给我们带来了繁荣和萧条的周期，原因就是中央银行操纵了货币供应和信贷。所以，失业率和一般生活标准都是一国货币政策的主要反映。

米塞斯懂得货币不仅是经济问题，而且是政治问题。他的真知灼见帮助我们反对来自左翼和右翼的赤字借口。不管嘴上怎么花言巧语，两派都依赖法币体系和通货膨胀为政府获取资金，为他们各自的特殊利益服务。

奥地利学派完整解释了为何政府干预是敌人，以及为何个人自由是实现真正自由的关键。从这些思想和米塞斯的人格榜样中获得的养分，使得我能够忍耐待在华盛顿特区和国会的那段日子。

"奥地利学派经济学"这个说法被广泛传播，是我从未预料到的。但是从2008年开始，它已经变成了一个很流行的政治词汇，并继续鼓励我长期学习奥地利学派经济学。尽管这些教义对今天的影响不大，但我们有足够多的理由对其在年轻一代中传播保持乐观。看到成千上万的年轻人来参加我的集会，我感到非常自豪，这反映了美国年轻人是如何拥抱自由、经济以及其他方面的。

随着这些原理变得越来越流行，其他人也认识到了米塞斯和他的学生传播的经济真理，包括阅读这本书，我们将最终得以让我们国家的金融环境变得更加健康。

自由确实深入人心，但是充分理解它，也意味着敞开胸怀，拥抱奥地利经济学理论。

罗恩·保罗（Ron Paul）

|目录|

Contents

引　言

　　开始，我们必须用一种新方式考量资本，将其看作一个动词而不是名词。资本不是一个无生命的资产或者财产，它由行动和达到目的的手段组成，最终目的是打造、推进和利用不断发展的经济的各项工具。事实上，资本是一个过程，或者一个方法、途径——即古代中国人所说的"道"。

　　资本具有跨期特征：它的定位和在未来不同时点的优势是核心。时间是资本的生存环境——定义它、塑造它、帮助它、阻碍它。当用一种新方式思考资本时，我们也必须从新的角度考量时间，当我们这么做时，这就是我们的路径，我们的资本之道。

　　这条路径以非常且有意的迂回绕道而闻名——贯穿本书的关键词就是迂回——"向右走就是为了之后向左走"是这个方法的出发点，那些战略过程中间的点，使得到达终点变得更有可能，也更为有效。我们身边到处都能看到这样明显的过程，从北方自然界的针叶林到商业世界的企业家都是如此，然而我们却总是对此视而不见。我们想抵达终点，但总是错过那条路径。所以，我们最终都置身于一场错误的游戏。

　　在我们日常生活许多方面的策略思考和决策制定中，都贯穿了这个教训。但这本书讨论的是投资，这是我们的焦点，而我希望在这里清晰地表述我的观点，即投资和人类的其他行为没有不同，其本身就是一个天生的人类行为。也许投资最能展现这个教训有多严重。经纪人的电脑屏幕和彭博终端上闪动着的那些令人眼花缭乱的数字，以及赚快钱的诱惑，对我们产生的干扰如此之大，以至于这就是我们能够看到的一切。我们无法看到的是隐藏在其背后的技术机制，"全球引擎"一如既往，轰鸣前行。即便华尔街这个有时间限制的大秀场，眼界也局限在当下，对经济机制茫然不知，只知道追着正在发生的事情跑。

然而，好消息是这些经济机制的核心非常简单，而且已经被一种传统经济思想清晰地解释过了。这个学派被称为奥地利（维也纳）经济学，以其诞生地命名（略有轻蔑含义）。维也纳是 19 世纪的文化和知识中心，在那里，卡尔·门格尔（Carl Menger）和欧根·冯·庞巴维克（Eugen von Böhm-Bawerk）发展了一套关于资本的新思想，即以迂回方式获取更丰厚的结果。他们聪明的传承者——伟大的路德维希·冯·米塞斯，在发扬光大这一学派方面发挥了比别人更大的影响力，在他的威名下，这个学派仍在继续发展。

奥地利学派经济学者并不是我们唯一的先知。事实上，在迂回中，我们发现一个战略思想的支柱可以追溯到 25 个世纪之前的古代中国。在尊崇复归（reversion）概念的道家学者眼中，每件事都来自作为其结果的对立面：硬来自软，前进来自后退。从这些思想源泉出发，无论是从东方还是从西方，我们学会了长线看问题，不要只把关注点放在我们期待的目标上。在寻求迂回路线时，我们要观察整个图景。

世界上的伟大战略家不需要学习如何把注意力集中于后期优势的方法。熟知迂回战略的企业家亨利·福特一直懂得这一点。但是作为投资者，我们完全被孤立在生产和经济发展的这种方法与目的的流程之外，屈服于看似无尽的复杂性。这让我想起了芬兰作曲家让·西贝柳斯（Jean Sibelius）的话，我希望在这里提供这种朴素、典

型的"纯冷水"方法，而不是"制造各种色调和描述的鸡尾酒"。⊖

在这本书里，我们建立有关资本机制和资本投资的新认知习惯——市场过程自身的方式和方法论。通过与这个机制对标，我们发现了一个学术领域，而且也是实用（极端重要）的理论，我称之为**奥地利学派投资法**（Austrian Investing），这个方法主张不要直接追求利润，而要采用**迂回获取利润的方式**。

当出版商第一次找到我，并最终说服我写一本书时，我开始了一场艰难的自省和整理过程，然后一点点写出来（前一句话纯粹是玩笑，后一句才是真话：我是一名专业投资人，不是专业作家）。为了说清楚我的投资方法论的中心思想，我踏上了漫长旅程，环游北方针叶林、战国时代的中国、拿破仑时代的欧洲、工业革命初期的北美洲，当然，还有 19 世纪奥地利那些伟大的经济学思想家。主线还是围绕着手段，而不是目的——寻求与市场过程的和谐相处，而不是追求利润。我过去两年的努力结果处于两者之中，首先是管理对冲基金，然后是这本书的写作。（旁注：我发现写一本书碰到的最糟糕的事情就是"谈到你的书"的时候，永远都会被别人骂。我想在这里声明一下，我的主要工作是担任主动投资者和对冲基金经理。首先，我的合伙关系已经结束；其次，我将把这本书的收益全部用作慈善。我觉得对于写了一本投资类书籍的人来说，如果不这样做的话，应该会被大家鄙视。）

这本书介绍了奥地利学派的投资方法。我将用数据说明我的方法的有效性。但是这部分将会放在这本书的最后两章里。我的大部分讨论将聚焦在奥地利学派投资法的最重要的思想上。这很符合本书的结构，大家将会看到，我的投资方法的主要特点就是我们必须愿意采取曲线路径去达到目的。

⊖ Murray N. Rothbard, *An Austrian Perspectiveon the History of Economic Thought*, 1995, Edward Elgar Publishing Ltd.

　　先整体了解一下这趟思想之旅。我们从第一章开始介绍市场过程，详细介绍了芝加哥交易委员会一位聪明的资深谷物交易员埃弗里特·克里普（Everett Klipp），他的教诲正好反映了古老的道家和《老子》（又名《道德经》）这部杰作的智慧；我一直到今天都在演习克里普的方法。由此出发，我们转向自然界，讨论生产性增长和机会性增长策略和逻辑的本质特征——针叶林的主旨，我们在第二章讨论这个话题，这是一个代际迂回，首先后退到岩石丛生且竞争者无法生存的严酷地区，然后从那里把种子洒向被火烧过的肥沃土地。针叶林的这个策略在权威的军事战略家——最早出现的战略思想家和决策者们——眼里是显而易见的。正如我们将在第三章看到的，从孙武（即孙子）开始，从"孙子"中频繁引述的教义让我们了解了"势"这个核心概念，这个概念有多重含义，可以被看作战略位置优势。同样的思想也可以在《战争论》（Vom Kriege）中看到，这是卡尔·冯·克劳塞维茨（Carl von Clausewitz）经常被误读的一部著作，他主张占领关键战略点以削弱敌人，才能更好地实现胜利目标并顺利实现和平。在第四章中，我们介绍那些为理念而战斗的人们的迂回策略思维：最早的奥地利学派经济学家弗雷德里克·巴师夏，他写下了那篇著名的文章"看得见的和看不见的"；奥地利学派经济学创始人门格尔，他在和那些对经验主义抱有一种奴隶般的依恋的德国历史学派经济学家论战时，采取了先验论的立场。

　　从门格尔开始，我们转入第五章，介绍那位引领人们了解奥地利学派经济学的人：庞巴维克，他深刻论述了储蓄、投资和资本积累之间的关系，为当今投资者提供了对市场过程的理论解释。他的资本理论展示了生产重组（Produktionsumweg）的迂回用于积累更深层的、更高效和高产的资本结构（福特是一个例子，他用煤炭和钢铁为公众制造了汽车）。我们不能低估迂回的困难，正如我们将在

第六章看到的，由于我们天生的时间偏好和对世界不均衡性的短视（在这里可以总结为当下缺乏耐心，而对之后的事情有耐心）。在真实世界里，人们似乎对于即将发生的事情——与遥远的未来将发生的事情相比——表现出更强烈的贴现倾向（每单位时间），这种现象有时被称作"双曲型贴现"。这一特点在我对资产价格的理解方面起了重要作用，而庞巴维克在他的时代是领先的，早在一个多世纪之前，就写下了相关观点。由于人类更愿意马上获得奖励和回报，我们被事先警告道看似简单明了的东西是骗人的；而迂回在实践中是一个与直觉相反的路径——为了在后期获得优势，而愿意在前期处于劣势。这种做法几乎不可能会有人愿意遵循。正如老子所说："明道若昧。进道若退。夷道若纇。上德若谷……大器晚成。"[一]

在第七章中，伟大的米塞斯教导我们"市场是一个过程"，这句话来自他 20 世纪初中期的观点，当时他解释了真实世界的企业家精神和商业周期的繁荣与兴衰。米塞斯的著作聚焦于"行动人"的活动，正如罗斯巴德观察到的，反映了"人类具有目标和目的并采取行动实现它们的原始事实。这一事实不是暂时的、犹豫的，而是绝对的、无意识的"。[二]米塞斯关注的焦点是社会事务的关键所在——人会采取行动以达成其主观结果，这主导了他对市场过程和历史发展趋势的理解。米塞斯认为，如果不先建立对经济理解的坚实基础，经济史学家在分析实证证据时就会出现失误，到处看到的都是虚假的"关系"。

我们将在第八章看到，干预主义造成的扭曲会让系统中的自然

　㊀ Ralph Raico, *Classical Liberalism and the Austrian School*, 2012, The Ludwig von Mises Institute, Auburn, AL.

　㊁ Ludwig von Mises, *Planning for Freedom*, 1974, Libertarian Press, South Holland, Illinois.

控制因素短路，无论森林还是市场都是如此；然而，使系统恢复动态均衡的力量持续存在，并最终占据上风，尽管从定义上讲，逆转将极其复杂。所以，我们可以把市场过程看作一个大的"目的论"的机制，在中央银行扭曲了其正常运动之后，会以负反馈环的形式摸索着回归一个天然均衡态。

通过这八章，我们建立了这本书的基础，即以迂回方式接近我们最终的目标。只有那些愿意推迟眼前的目标，并且阅读起初看起来和相关主题关系不大的章节的人，才能从最后两章和有关奥地利学派投资策略的讨论中受益。这是从奥地利学派视角来说的一个新的重要的领域。奥地利学派传统限制了它自己很难对经济和相关政策建议进行学术分析，解释应该做什么——而是更侧重不应做什么——以便让企业和市场过程自由和全面地发挥作用。在本书的最后两章里，我们从政府政策转到投资实践，探访这个高度扭曲却非常真实的世界。我把自己的方法称作奥地利学派投资法，是因为这个体系主要建立在这些伟大经济学家的思想之上。本书的首要目的是向投资者们解释这些思想的重要性，以便他们也能够从奥地利学派经济学中获得教益。

投资者现在更需要认识到系统中的扭曲现象，这种扭曲已经严重到史无前例的地步。如果没有这种致命的干预，就不可能出现资产的不良增长，它正在制造一个火药箱，在不远的将来，火药箱将引发大规模的野火。对于股票市场可以看到的扭曲来说（我将在第九章中讨论），我们应该预想到，严重的股市重创即将到来——很可能就在几年之内。（我可以这样轻松地说出来，这本书的很大一部分用来解释为什么会这样。）这种紧迫感导致我们在这些部分给出了一个严肃而重要的警告。

在奥地利学派投资法 I 中（第九章），我们学习使用一个我称之为米塞斯静态指数的指标，量度系统的扭曲程度，通过米塞斯的理论，了解何时应该远离市场，何时应该留在市场里，来保护我们远离市场扭曲，或者通过采用一种称作"尾部对冲"的复杂策略（远超出个人投资者甚至许多专业投资者的能力范围）从这种扭曲中获利（尽管我的名声来自这种投资方法，现在还是先让大家初步了解一下：当发生市场事件时，并不是存在着无关痛痒的黑天鹅——出乎意料的"尾部事件"——对大部分人来说是无法预见的，实际上却具有高度可预见性。）在奥地利学派投资法 II 中（第十章），我们采用庞巴维克的理论去寻找迂回的资本结构，我们用这种结构去做投资以及分析企业，这和华尔街使用的方法完全不同，因为这个方法是有保障的，但暂时不会马上获得收益。（奥地利学派投资法是一种更古老、更完备的价值投资形式；奥地利学派投资不仅早于价值投资，而且更加精炼和关注价值投资。）在尾声中，我总结了这个迂回策略，从其艰苦追求的一个关键因素、一个直接来自北方森林的教训——西苏（Sisu）入手。

除了在市场过程的本质里加入奥地利学派理论精华，我的方法还反映了经济学的奥地利学派路径。与大多数主流经济学家不同，那些人希望用物理学家的方式为自己的学科建立模型，而奥地利学派经济学家遵循米塞斯传统，不会过度使用曲线拟合和计量经济学的回溯测试方法。

如果我们了解米塞斯观点的力量，就会懂得为何我们无法在理解经济现象（比如商业周期）时，只需"让事实说话"即可——尤其是在尝试预测股价运动的时候。我们需要一个先行理论作为指导，挑选有关联的事实，决定哪些可以被安全地忽略，而只关注那些重要的事实。在逻辑推理引导我们走向投资理念之时，我们应该能够用实证调查去"检查我们的工作"——而且我们确实将会这样做。

在这本书里，我邀请你一起参与我的过程，不是采用即插即用策略，更重要的是，采用一种可以用于投资的思维方式，实际上，在生活中的其他许多重要活动中，我们必须明智地在时间长河中做出这样的选择，以免危及或破坏后续将出现的机会（通常是更好的机会）。没有进行这样的思考，行动就是无本之木。推理是最重要的。当我刚开始下场担任交易员时（当时是债券市场上最年轻的交易员），克里普要我明白自己为何要待在芝加哥交易所——不是要学习如何赚钱（请见在第一章）。如果我是想赚钱，他告诉我："你根本就不该待在这里。你将会在进军拉萨尔大街（LaSalle Street）的路上遇到各种困难，找不到进入的门径。"所以我要对你说同样一番话：如果有一本书可以教你如何赚钱，那么你从任何一家书店（现在已经只有很少几家了）走到华尔街，都将是一条漫长的路。

　　本书的目的是教会你如何思考，以及为你提供迂回投资的方法。就像教成年人挥击高尔夫球棒或学习滑雪，我们的目的是理解其背后的机制，以便协调我们的行动。在这个基础之上，你可以按照这个策略的要求进行必要的迂回投资流程。如果我们迷失了方向，就用奥地利学派罗盘重新定位，"为了向左，就先朝右走"，像古老的战略思想一样，绕着一条迂回的路径前进。老子说"千里之行，始于足下。"⊖那么让我们现在开始，迈出资本之道的第一步吧！

马克·斯皮茨纳格尔

北港，密歇根州

2013 年 7 月

⊖ Ludwig von Mises, *Human Action*, 1998, The Ludwig von Mises Institute, Auburn, AL.

大师与学徒：与埃弗里特·克里普在芝加哥交易委员会（1994 年）

第一章

道家大师克里普的悖论

> 你已经喜欢亏钱了，不喜欢赚钱，喜欢亏钱，憎恶赚钱……但我们是人类，我们喜欢赚钱，不喜欢亏钱。所以我们必须克服自己的人性。"

这就是"克里普悖论"—— 一位大师、芝加哥资深谷物交易员埃弗里特·克里普重复说了多少遍。这是一个投资方法的原型，我据此形成了自己的投资体系。这就是"迂回"投资法（之后我称之为"势与迂回"，最终称作"奥地利学派投资法"），其实这就是本书的中心思想：放弃直接获利的途径，采取较困难和迂回的路径，暂时的亏损是一个中间步骤，是为了将来得到更大的潜在优势。

这是军事将领和企业家的古老战略，也是文明的创建者和毁灭者的策略。实际上，这就是我们这个世界的发展逻辑。但如果强行去做，结果是毁灭性的。

由于这样做非常难，因此它仍然是一条少有人选择的迂回曲折的路。这和我们的做法如此不同，与对时间的认知反差巨大（实际上不可能在华尔街存在）。而这其实就是它如此有效的根本原因。然而，投资者仍能够理解，只要他们愿意改变自己的思维方式，就能够克服人性的束缚，遵循投资之道。

我们该如何解决这个悖论呢？曲线迂回怎么会比直线路径更快捷呢，朝右走怎么会比最快地向左转更快呢？难道说含混不清、空洞的话语听上去更明智吗？还是其中确实蕴含着什么普世真理呢？

答案需要我们对于时间进行深入思考，而且依赖于我们对这个问题的认知。我们必须改变认知维度，从当下改为中期，从即期改为跨期。这需要一种坚定的、脱离眼前正在发生的、可见的事物的前瞻性，转向即将到来的、现在还无法看到的事物。我将把这个新的视角称为"景深"（使用时间上的光学术语而不是空间的术语），我们能够敏锐地感知更久远的未来时间。

这并不像某些人想象的那样，是从短线思维转向长线思维。所谓长线，不过是陈词滥调，而且经常本身都充满了矛盾：为了长期目的而采取行动，通常需要有一个当下的承诺，它基于可选择的机会集合的一个短线观点，等待在一段时间之后出现的结果——通常在这段延长期里，人们对跨期机会缺乏充分考量或区分。（更有甚者，说一个人在按长线操作，经常是为一件事情没有按计划发生而找的借口。）长线是远视，短线是近视；景深则介于这两者之间。所以我们不必考虑长线或短线。正如克里普悖论，我们应该从完全不同的角度看待时间——跨期，其中包含了一系列的"当下"时刻，环环相扣，像一支伟大的乐曲，或者一串珠子。

我们可以进一步分析克里普悖论，找出更大的悖论，它存在于人类最重要的思想的内核里。尽管克里普不知道他的悖论可以远溯到 2500 年前的遥远年代和古老文明，作为《老子》——一位中国古代的政治家和军事家的著作（后来被称作《道德经》，但是本书仍然沿用其原来的名称——以其杰出的作者为名）的基本主题，《老子》是中国道家思想的原始文本和集大成者。

根据《老子》的说法，做任何事的最佳路径都是相反的：得来自失，有失才有得；胜利并非来自一场决定性的战役，而是通过一套迂回路径——在当下等待并做好准备，以便能在未来取得更大优势。《老子》论述了阴阳两极、平衡与失衡的先后和转换的基本过程。每一种情况都蕴含着相对立的情况。"是谓微明，柔弱胜刚强。"⊖

对克里普和老子来说，时间不是外生而是内生的，是一切事物的基础因素——而耐心是最宝贵的财富。实际上，克里普是道家大师，用一句简单的话，概括了他在险恶的芝加哥期货市场 50 多年经历仍能幸存的经验。

古老的大师

道家哲学出自中国古代一段冲突和动荡的岁月，从公元前 403 年到公元前 221 年⊜，其间经历了两个世纪的战争，这段时期称作战国时代，当时的中原大地成了血与泪的战场。这个时代也是军事技术、战略和技术进步的时期，比如高效集结军队、引入骑兵和标准弩。在这些新工具的武装下，军队可以攻城略地。战争和死亡成为一种生活常态；整个城市即便在投降之后，也经常被血洗，⊜ 生育了男孩的母亲从没指望着他们长大成人。⑳

战国时代也是古代中国文明的形成时期，多元化的哲学思想群星璀璨，道家学者庄子称之为"百家争鸣"，这个时代出现了道家文献，比如《老子》和《孙子兵法》。前者在古代中国最具代表性，而

⊖ Roger T. Ames and David T. Hall, Daodejing *"Making This Life Significant"*: *A Philosophical Translation*, 2003, Ballantine Books, New York.

⊜ 一种说法是公元前 475 到公元前 221 年。——译者注

⊜ Laozi and Philip J. Ivanhoe, *The Daodejing of Laozi*, 2003, Hackett Publishing Co.

⑳ Ames and Hall, *Daodejing*.

且被认为是当今全世界最著名的文献。其书名来自作者，这位作者可能存在，也可能不存在；这本书可能是一个人写的，也可能是不同时代的人不断积累丰富而成的。

根据传说，老子是公元前六世纪一个统治王朝的档案管理人（周朝的守藏史），而一些学者和汉学家认为老子是公元前四世纪的人。有人传说他是孔子的老师，而孔子生活在公元前 551 年到公元前 479 年，据说孔子曾经问道于老子（尽管被老子奚落过于高傲），并且赞扬他是"飞龙在天"。[一] 但是刻在竹简上的《老子》（主要是那些军事战略家用来说服军阀的），很可能是更早期口头流传内容（大部分是押韵的）的衍生物。不管是事实还是传说，是有血有肉的事实还是神话传奇，是一个人撰写还是各代人集合而成的，《老子》都承载了持久、永恒和普世的智慧。

对于大多数人来说，《老子》是一篇充满教义甚至带有神秘色彩的文章，这种解读上的偏差可能已经产生了负面影响；实际上，"老庄哲学"用于指代老子的哲学思想，和后来的道教教义已经区别开了。近年来，在 1970 年马王堆和 1993 年郭店考古发现（找到了写在丝绸和竹简上的老子）之后，新的重要注解已经出现，这些证据表明"老子"原本是一篇哲学著作[二]——并不神秘，而是非常现实的。这种现实性与冲突战略（特别是当时的政治和军事主题）相关，这是一种不通过强迫或对立力量正面冲撞而取得优势的方式。本书也坚持这个导向。

《老子》全文只有 5 000 个汉字，一共 81 小段，简洁如散文，讲述了"道"——道路、方法或"做事的模式"，[三] 或者了解每一

[一] Bertr and Russell, *Uncertain Path to Freedom：Russia & China* 1919—1922, 2000, Routledge, London.

[二] Ames and Hall, *Daodejing*.

[三] Paul Carus, Lao-Tzu, *Lao-Tze's Tao-the-King,* originally published 1898, The Open Court Publishing Company, Chicago.

步骤，以自然方式达致和谐的过程。汉学家罗杰·阿姆斯（Roger Ames）和大卫·霍尔（David Hall）将"道"说成是"做的方法""过程性的"（他们称作"动词型形容词"），延续一段时间的"焦点认知和现场认知"，这就是景深，我们通过这个概念，探索配置、环境和系统中蕴藏的潜力。⊖

"老子"的中心概念是"无为"，字面解释就是"什么也不做"，但是要比被动的含义更丰富，这是常见的一个误解。无为意味着非强制行动，在这里我们看到了"自由放任"，自由主义者乃至无政府主义都源于《老子》，有人认为老子是世界历史上首先提出这个思想的人⊖（比如"治大国如烹小鲜"⊜——罗纳德·里根总统的国情咨文中引用的老子最著名的政治信条）。《老子》也被认为是目的论的一种独特形式，强调了排除外力干涉的个人自我发展的自由。这引出了一个叫作"为无为"的悖论（字面意思是"做/不做"，或者更贴切的说法是"通过不作为而达到有为的目的"，即"无为而为"）。⑩"损之又损，以至于无为。无为而不为"。⑪

"无为"的重点是等待一个客观的过程，在这个过程中容忍损失，以换取未来的机会。《老子》里说，"孰能浊以静之徐清。孰能安以动之徐生"。⑧这是关于人性和忍耐的一个经验教训，我们之所以等待，是因为我们愿意为了后来更大的进步而牺牲这第一步。等待的最高形态就是为了获得优势。所以，这个过程隐含的明显的人

⊖ Ames and Hall, *Daodejing*.

⊜ Murray N. Rothbard, *An Austrian Perspective on the History of Economic Thought*, 1995, Edward Elgar Publishing Ltd.

⊜ Paul Carus, *The Canon of Reason and Virtue：Being Lao-tze's Tao The King*, originally published 1913; 1954, The Open Court Publishing Co., Chicago.

⑩ 同上。

⑪ Ames and Hall, *Daodejing*.

⑧ Gia-Fu Feng, trans., Lao Tsu, *Tao Te Ching*, 1972, Alfred A. Knopf, NY.

性是掩盖操纵的艺术；正如法国汉学家佛朗索瓦·于连（François Jullien）所说，"大师混杂在操纵者中间"，用道家的话说，就是"将欲歙之，必固张之；将欲弱之，必固强之；将欲废之，必固兴之；将欲取之，必固与之。"○这就是用柔弱作为伪装的功效。这种暂时的状态，用阿姆斯和霍尔的话来说，就是老子的"矛盾现象的相互关系"：○我们要违反人性，现在要示弱，目的是以后变得更强大。在老子的论述里，这样做的理由是"善胜敌者不与。"○

从这个意义上说，人们完全可以把《老子》当作一本通过非直接方式获取优势的手册，或者借助"物极必反"的道理○，将对手的力量挡回去。

柔弱胜刚强

也许最容易见到的"无为"的形式就是中国武术——太极拳中能看到的以柔克刚的打法，毫不惊奇的是，太极拳就是由老子学说直接衍生出来的。据传说，太极拳由 13 世纪道家大师张三丰创立。他在武当山隐居时，注意到喜鹊和大蛇之间的一场搏斗，突然彻底领悟了道家以柔克刚的真谛。○大蛇绕着喜鹊忽进忽退、忽左忽右地移动，以避免喜鹊不断的猛烈攻击。这条蛇在等待时机，最终抓住一个空隙，向那只鸟发出了致命攻击。在这个过程中，后退是为了最终发起攻击，这就是老子杰出的不同寻常的军事艺术："用兵有

○ Fran. ois Jullien, *The Propensity of Things*: *Toward a History of Efficacy in China*, 1999, Zone Books.

○ Ames and Hall, *Daodejing*.

○ 同上。

○ Laozi and Ivanhoe, *The Daodejing of Laozi*.

○ Tsung Hwa Jou, *The Dao of Taijiquan*: *Way to Rejuvenation*, 1989, Tuttle Publishing, North Clarendon, VT.

言，吾不敢为主而为客。不敢进寸而退尺。是谓行无行。攘无臂。扔无敌。执无兵。"[一]

　　和道家一样，太极拳也有一段向更神秘方向发展的过程，但仍扎根于武术应用；如今仍能在原汁原味的陈氏太极拳中看到有力的技击动作，这一流派的太极拳仍在陈家沟（位于华中地区的河南省）流传。根据陈鑫（陈氏宗族的直系传人）在其《陈氏太极拳》中的说法，一种伪装的旋转和弧形力——称作"缠丝劲"，采用的就是"迂回"[二]离心原理。在进退、刚柔之间，身体做出旋转动作。（当由大师演示时，比如我的老师郭启辰和杨君明（Jwing-Ming Yang）在示范擒拿技艺时，我常常发现自己处在错误一边，这非常令人不安，在有意识的欺骗中几乎总会上当受骗。）

　　太极拳体现了在技击中以柔克刚、等待和利用他人的急切的重要性。在推手这种两人进行的竞技性比赛中，这种重要性表现得尤为突出。对于随意的观察者来说，他们就像是在做着一系列编排的同步动作。而实际上，推手是一种具有严格规则限制的灵巧的竞技活动，在连续的巧妙攻防过程中，每一方都努力尝试将对方逼出场外（即划定的边界之外）。真正的力量不在于推，而在于收。（推手是一个理想的迂回式投资的隐喻，后面我还会不断引用这个说法。）

　　在陈家沟流传了几个世纪之久的"推手歌"，就是这种技艺的口头表述方式，指导竞技者"把对方的力量化为虚无，然后迅速反攻。"[三]诱导对手扑空或失去平衡是间接目标，目的是获得有利位置，之后即可向对手发动直接攻击。牵引中和——走或走划，"边移动边引导"——佯装退缩，然后将对方之力通过转化和改变方向而

　　[一] Gia-Fu Feng, *Tao Te Ching*.

　　[二] Chen Xin, *The Illustrated Canon of Chen Family Taijiquan*, 2007, INBI Matrix, Maroubra, Australia.

　　[三] Yang Jwing-Ming, *Tai Chi Theory and Martial Power*，1996，Ymaa Publication Center, Second Edition.

让自己占据优势；通过"黏"和"跟"——黏或黏随，利用这种优势并最终给对方以决定性的反击。（我们将在第三章详细讨论，这个动作顺序称为"势"，是"无为"策略。）

太极走划和黏随

这种技击是一种迷惑对手的相互作用，而不是用对抗性力量。在软硬之间，竞技双方都在耐心寻找、等待对方失去平衡的机会，向对方发起巧妙的反攻。先后退是为了最终取得进攻的胜利。

这也是阴险狡猾的游击战术。比如在 18 世纪，当好战的美国殖民地人民反抗英国时，就有效地使用了这种战略。20 世纪又被更弱小的越南游击队用于抵抗强大的美军，采用了非常相似的以柔克刚战术：美军进攻时，越南游击队撤退到山里（走划），不断骚扰美军，直到其疲惫不堪；然后越南游击队发起反攻，跟在美军身后发动毁灭性攻击（黏）。最困扰人也最不公平的是，推力越大，倒得越重。毛泽东从《老子》中学到了这个道理："小国以下大国，则取大国。故或下以取，或下而取。"[一]（我们将在尾声里再讨论这个话题。）

太极拳里的"无为"，优势并非来自用力，而是来自在周旋过程中的牵引，来自引导事件发生，而不是强迫事件发生；《老子》里说，"是以兵强则灭，木强则折"[二]。忍受中间步骤的损失和优势，才能击败那些急于马上获得收益的对手；直接使力会被反作用力击败。所以，在时间上会存在两次博弈，一次是在当下，一次是在稍后。正如伟大的推手大师郑曼青所说，一个人必须先"学习接受损失"，以引开"对手的力道，使其无所作为""使其走向对立面，并将其转化为己方最大的收益"。[三]太极拳体现了本书的精华思想。

在一个令自己不舒服的地方，耐心等待，忽视这种糟糕的环境，就是说不要只看眼前，更要了解后续的结果。这是深植于《老子》哲学的认识论。对于老子而言，大部分的外部世界都只是带来了来自外部的分散注意力，大部分认知都是对一个隐藏的事实的发散性认知——而这其实更需要人们集中注意力。用《老子》中更准确的话说，就是"不出户知天下。不窥牖见天道。其出弥远，其知弥少。"[四]

保罗·卡鲁斯（Paul Carus）在其 1913 年版的《理性与美德的典范：做老子笔下的道德之王》（*The Canon of Reason and Virtue: Being Lao-tze's Tao Teh King*）中，居然将老子的《认识论》与 18 世纪德国哲学家伊曼努埃尔·康德（Im-manuel Kant）相提并论："老子赞同康德的先验学说，也就是说，某些真理可以被先验地表述，即在我们获得实际体验之前。并非每个人都了解人类自身，但是思

[一] Gia-Fu Feng, *Tao Te Ching*.

[二] Ellen Chen, *Tao Te Ching: A New Translation with Commentary*, 1998, Paragon House.

[三] Chen Man Ch'ing, *Chen Tzu's Thirteen Treatises on T'ai Chi Ch'uan*, 1985, North Atlantic Books, Berkeley, CA.

[四] Ames and Hall, *Daodejing*.

想家可以。为了了解太阳的化学成分，我们无须登上太阳；我们可以用光谱法分析阳光。我们无须用可伸缩的卷尺度量地球到月球的距离，我们可以用一种先验科学的方法（三角学）算出来。"[1]

实际上，《老子》具备一种几乎反实证的特点，这是一种与实证主义者对知识来自感觉认知的看法完全不同的立场。雅各布·尼德曼（Jacob Needleman）这样看待《老子》："我们看到的只是事物、实体、事件；我们没有直接体会到力量和主导自然的法则。"[2]类似地，艾伦（Ellen Chen）将《老子》说成是"本质上不是科学""否认其他人的知识未必有助于一个人的知识"。[3]（因而否定了引导）。真理可以从理解基本的自然和逻辑结构中获得，可以从在风中弯曲的树、从水的集聚最终淹没了道路、从蛇与鸟的搏斗中获得。表象、各种感受和实证数据确实很具欺骗性，只有智慧才能从投入中获得特定的背景联系和意义。

交易场上

我偶然进入投资界。16 岁时 [之前对市场的了解只是来自持有一股罗切斯特红翼（Rochester Red Wings）乙级联赛棒球队的股票，是三代人传下来的遗产] 我跟随父亲走访了他在芝加哥交易所工作的好友（好像当时是谷物期货交易员）埃弗里特·克里普，我站在可以俯视谷物交易池的游客专用走廊边上，正好看到下面令人眼花缭乱的穿着亮色马甲的人们，他们舞动着胳膊，摇晃着身体。我本来期望看到的是像奢华的赌场那样的地方（也许是从詹姆斯·邦德的电影里看到的），而眼前的情况完全不同。我看得入迷，想到就像

---

[1] Carus, *The Canon of Reason and Virtue*.

[2] Gia-Fu Feng, *Tao Te Ching*,（1989, introduction copyright by Jacob Needleman）.

[3] Chen, *Tao Te Ching*.

在观看一群飞鸟，一大群人就像一个个看不清楚的活物，看似静止不动，盘旋在半空中，突然某个看不到的东西开始像能量脉冲一样荡漾，引发快速而突然的震动。人群开始四散奔走，然后又停息了，再次骚动，在精准、机械而有机的协调下，外人只能对此表示叹服。交易池同样令人觉得神秘，未知的突发的噪声和能量会打破短暂的平静。那是一场金融动荡，但在其内部，是一种不会搞错的复杂的沟通和同步。一瞬间，我放弃了来之不易的茱莉亚（Juilliard）音乐学院计划（不用说，这把母亲吓坏了），只想做个场内交易员。

在那次决定命运的旅行之后，我沉迷于谷物期货市场。价格曲线图不久之后就贴满了我的卧室墙面，我还建了一个罐装玉米大豆种植实验室（种子是趁夜黑人静时从本地农场摘来的），监控降雨和作物长势。从那时起，只要看到克里普，我总是向他提出一堆问题（手里总是拿着手绘图表和 USDA 报告）——价格走势、全球谷物供应情况、苏联的需求、中西部的气候情况——基本都围绕着市场动向在聊。他的回复总是这句话的不同表述："市场完全是一个主观的事物，它可以做任何事。而且它总是正确的，但总是错的!"他对数据和信息的鄙视令我困惑，我甚至对这个声音沙哑、说话总像是藏着暗语的固执的芝加哥谷物老人有些怀疑。作为一名投机者，不知道甚至不在乎市场的动向，怎么能够做得那么出色呢？他说："知道市场动向的那帮人已经不在交易所了。他们要么退休了，要么就是破产了。我想不出那些退休的人怎样了。"这该如何理解呢？真是典型的克里普风格。

如果交易不涉及预测价格运动，那么它又是做什么的呢？毕竟盈利就是在一个价格买入（或卖出），然后在更高（或更低）价格卖出（或买入）。如果没有预测能力，如何做到这一点呢？这个十几岁的孩子想了一段时间才明白答案，现场交易的优势在于下单的顺序——连续的小胜，我经常用这个说法，以及纪律性；用耐心应对别人的不耐心，以及其他人的焦躁。这种优势是一个过程（一个跨期过程），是获得优势的一个中间步骤，而和分析能力或信息没有直接关系。优势的货币化过程（它的迂回生产）需要时间。

债券交易场就是真实行动的所在（在那里，交易员的平均年龄要比谷物期货交易员小 20~30 岁）。当我抓住机会问克里普该在大学学什么，才能为进入债券交易场做好准备时，他的建议是，"不管学什么，只要不让你认为自己已经懂得太多就成"（唉，我的经济学专业课简直说不出口）。在暑假和节假日空闲时间［我记得自己总是带着那本《国债基础》（*The Treasury Bond Basis*），仍然固执地为交易做准备］，我为克里普的一些交易员做点跑龙套的活儿。毕业后，我终于在格拉玛·斯皮茨纳格尔（Gramma Spitznagel）（我的首位也是最好的投资人）的支持下，在芝加哥交易所租了一个交易席位，在 22 岁那年，成为最年轻的债券交易员。

可交易的债券期货合约是 30 年期美国国债（差不多也是最便宜的一个品种），长期债的价格是基于基准利率（10 年期国债）确定的。在 20 世纪 90 年代初，债券期货交易场是金融界的中心，是交易最频繁的合约和全球公开叫价的场所。这个交易所是在未来承担长期美元利率风险的人对冲的地方，不管是担心未来利率会下跌的储户，还是关心未来利率上升的借款人，都可以在这里对冲风险。

交易池的布局像一个同心圆环（实际上是八边形），旁边是拾级而上的阶梯，就像一个倒扣着的婚礼蛋糕。债券交易池最顶部的外围台阶被最大和最好的交易员占据（因为这是成交量最大的经纪人站的位置，也是观察池内情况的最佳视角，它具有无法比拟的优势）。在从业第一个月，我肯定不会出现在那里。实际上，我站在另一端，也就是池子底部，那里只有即将到期的合约偶尔交易一下。

在前一两个月，每天开始和结束交易时，克里普都站在我身边，给我一些业务，看我如何处理这些单子。克里普说得非常清楚：

"你在这里不是为了赚钱，你在这里是要学会如何交易。如果你走进来就能赚到钱，那么你就不用来这里了。要等待足够长的时间，才能轮到你赚钱。"这是一个迂回路径的特别迂回的开端。

交易员的特权

克里普的方法论十分简单——近乎模棱两可，所以实行起来就像父母之于孩童，不是作为原则，而是作为特权："作为场上交易员，你有两个特权，而且只能有两个：一是你可以要求获得优势，即在出价买入，在叫价卖出；二是在你做错时，可以放弃这个优势。"克里普所说的特权含有的"优势"就是做市商的优势，他们被称作芝加哥交易所的"地头蛇"。（债券交易池里有两类人，一类是我这样的做市商，为自己的账户做交易，还有一类是经纪人，他们的工作是代表客户执行交易指令。）做市商要做的是为需求方立即提供他们所需，意即提供他们愿意马上进行交易的价格（一个买价和一个卖价），由此提供即时流动性。作为交换，做市商要求获得一个价格折让，这反映在他们的买价和卖价上，他们希望获取中间的利润，作为为买卖双方提供即时流动性的报酬。做市商整日站在交易池中，等候交易需求，特别是与那些缺乏耐心的对手做交易。做市商不能自己决定何时进行交易，他们等待着，如果需要，就一直等待下去。

价格折让，也就是从急切的交易对手那里挤出的"租金"（他们要为不愿意等待付出一些代价），这是做市商的终极优势。但是，在得到了价格折让的好处之后，做市商的游戏还没有结束；他有优势，但还得采取行动，要么站到一边（承担损失），要么回到市场。通过与着急交易的人交易，他积累了存货（头寸），目的是有人想要交易时，把这个存货卖出而获利；所以，前进看上去像是后退，做市商是通过后退而前进的。但实际上，在这两步之间，也有可能遭受巨大损失——等待和持有头寸的成本。所以，平掉头寸越早就越有利，但在这样做时，他的目标是交易得比急切的对手方要好，首先从对方手里拿到头寸，传奇的债券做市商查理·德弗朗西斯卡（Charlie DeFrancesca）一语中的："问题是：你能做得比市场更有效率吗？"⊖

克里普喜欢用更标准的商业术语描述做市商的角色，比如批发商或零售商的存货加成，更通用的说法是，任何经济商品（包括期货合约）在不同的生产阶段都存在的价差。做市商利用原材料和产出品之间的跨期不均衡，为终端用户提供即时供应以及等候和传递中间库存（包括资本品和其他生产要素），并在合适的时间和低点提供最终产品（正如我们将在第五章看到的，这个过程越是迂回，通常价差就越大）。

第二个特权是"冷酷"，正如克里普想要表达的，这意味着一旦交易转变为不利（一个"错误"），就马上平掉头寸，他称之为"总是只承担一个点的损失"。人们可能认为这种情况会在一半时间内发生，另一大半时间（当然取决于获利速度有多快，我们后面会谈到），价格会回归，但即便如此，也会造成损失。

举个例子，如果市场是买价 3 和卖价 4（意指买价为 $115\frac{23}{32}$ 美元，卖价为 $115\frac{24}{32}$ 美元），在没有例外情况时，我会在 3 买入或者在 4 卖出——"以占据优势"。如果我在 3 买入一手（或一份合约），然后一个大卖单出现了，将价格向下压了一个点，买价降为 2，卖价降为 3，我就应该马上把这一手以 2 卖给某个人（"放弃优势"或者"退出"，最好是卖给一个经纪人，他之后可能会报之以李），这样就

⊖ William Falloon, *Charlie D.: The Story of the Legendary Bond Trader*, 1997, John Wiley & Sons.

得承担一个点的亏损（对于一份 10 万美元的合约，这笔损失是31.25 美元）。我正式加入克里普的阿尔法交易学校（Alpha School of Trading）时，大家是这样叫的，因为他的公司称作阿尔法期货（Alpha Futures，我们是穿着浅绿马甲的喜欢输钱的那些人）。

谁可以抗辩他的逻辑呢？克里普说过，"只有一件事会伤害到芝加哥交易所的交易员，那就是大亏损"，所以，上帝最好保佑你"永远不要承担大损失"。就像他的师父 40 多年前对他的教诲，"任何时候，只要你能够承担亏损，就要承担下来，那样你就能够在芝加哥交易所生存下去了"。（此时克里普通常会微笑着说："瞧，我从 1954 年开始就一直赔钱，可他是对的，直到现在，我还待在芝加哥交易所里。"）

自然，他说的是承担许多笔小亏损。所以你不得不"喜欢赔钱"，否则你就只能退出这一行。克里普认为，对于这类小亏损的不耐烦或不容忍，以及急于快速获利，会对交易者造成致命打击，这种情况很常见。金融学里著名的处置效应（disposition effect）——这种现象可以追溯到至少一个世纪以前——指出，人们总是自然而然地在这些趋势面前成为受害者，而采取与克里普相反的应对方法：长期忍受损失却很快就兑现盈利。快速获利的感觉如此爽，而马上承担亏损的感受非常糟。我们大脑中根深蒂固地存在着获取稳定快速盈利的念头；我们人类的眼界比较短浅（此话题将在第六章讨论）。

在放大人类这种倾向方面，没有什么方式比进行大额交易和承担过大的持仓成本效果更明显。这些是短期损益的外部高倍放大镜。在满仓时，结果都是决定性的，不管是通过一笔过大的亏损（由于杠杆影响太大）——不能马上吸收的损失，还是一笔不够丰厚的收益（因为负债过多）。没有一笔交易需要起到决定性作用。正如克里普所说："一笔交易可以毁你一天，也可以毁你一星期，也可以毁你一个月，也可以毁你一年，甚至可以毁你一辈子！"

这并不值得大惊小怪。克里普的方法不会被所有人接受，甚至大多数人都不会接受；事实上，在很多方面，他都是交易场上最大的持不同观点者［尽管他在期货界被人们称作芝加哥交易所的贝比·鲁斯（Babe Ruth）⊖］。他最大的批评者之一就是查理·D⊖。——对查理·D的批评的曲解无疑让许多有抱负的交易员付出了代价。这几乎不可能持续遵循和实践——"残酷"是克里普的术语，用来形容眼光超越眼前的结果——把目光放远的巨大挑战——克里普认为上述挑战是获得优势的必要条件。

这就是应该保持的状态。实际上，如果所有人都接受了克里普悖论，它就不再有效了，即便是个悖论，结果也必然如此。用《老子》的原话，就是"明道若昧。进道若退。夷道若纇。上德若谷"。⊜这里说的就是我最喜欢的道家关于水流和山谷的意象，老子说要像水一样，总是保持一种"善下之"⊗的态度。

这就是克里普的迂回方法，可能他的师父以前也是这样做的：先预期到损失，第一次损失是好的；之后就会获得更大的收益。也可以称之为好的进攻就是拥抱亏损，付出时间代价，用当下换取未来的优势，这个优势可以让你进行更有效的进攻。或者用克里普的说法，"看起来像个浑蛋，感觉像个浑蛋"。根据我们的定义，等待必须先于见机而动。利用他人的急切心理，正是迂回策略的逻辑，这是交易和投资的基本和终极优势。

在棒球界，大联盟赛冠军和小联盟赛冠军的区别，通常被认为表现为击出曲线球，与直线快球相反，投资方面也是如此，要曲线

⊖ 美国职业棒球史上的巨星，被称为"美国棒球之神"。——译者注
⊖ 查理·D，据称是世界上最伟大的短线交易员，在债券市场上，他的威望等同于股票市场上的巴菲特。——译者注
⊜ Gia-Fu Feng, *Tao Te Ching*.
⊗ Carus, *Lao-Tze's Tao-the-King*.

迂回，而不是直线推进。我的座右铭一直与密尔沃基勇士队的投手路·伯德特（Lew Burdette）类似，他曾经说过："我是靠打手的饥渴感来谋生的。"⊖ 我是靠其他投资者的饥渴来谋生，他们的武断、蛮力以及对快速获利的迫切希望。这种急于求成不仅仅表现在价差上，我们将会看到，在更大的方面，情况也是如此。

债券市场的鲁滨逊·克鲁索（Robinson Crusoe）

大约一个月后，克里普让我单独处理一些债券合约，这就上了一层台阶。纪律还是不变——我仍然只有那两个优势——而且，他还是像一只秃鹫，注视着池中的我每天的交易情况，确保一切情况正常。

债券之王是（而且永远都是）路西安·托马斯·鲍德温三世（Lucian Thomas Baldwin III，交易徽章为"BAL"），他以交易规模最大而出名——每天几千手合约，他单枪匹马就能玩转当时近万亿美元的政府债券市场。当我还在少年时代时，芝加哥人迷恋的偶像是M.J.，而我是 BAL 的粉丝。在交易场上，我刻意学习他的交易方法。他是个被魔鬼附体的人，但让人目瞪口呆的是他在巨大的耐心和压倒一切的进取之间所表现出的自律。

所以，我理所当然要在靠近 BAL 的地方找个位置。我的交易徽章是"SIZ"，所以他就一直叫我"时时乐"（The Sizzler）⊖，而且把嘴里含着的湿纸团投向我。不过作为一个场上"新丁"，能够在最伟大的债券交易员旁边工作，我还是很自豪的（当他停止朝我扔湿纸团、开始和我做交易时，这真的是一个重要的仪式。）

⊖ George F. Will, *Men at Work：The Craft of Baseball*, Macmillan, 1990.

⊖ 原意是大热天、极烫的东西，这里指一家国际连锁餐厅，时时乐牛排起源于美国加州。——译者注攀上新台阶就像是突然因为船难而被遗落在荒岛上，感觉很孤单，而且交易单很少。我成了交易池里的鲁滨逊·克鲁索——丹尼尔·笛福（Daniel Defoe）1719年小说中的主人公，孤独的岛民在短缺中找到了各种生存策略。这个隐喻继续发展成为一个典型的经济寓言——因奥地利学派经济学家的引用而出名，他们非常关注个体在将一种状态换成另一种状态时的行为（他们称之为"自闭症交换"），但这至少可以追溯到亚当·斯密本人。（克鲁索做一只粗陋的钓鱼竿且之后花时间做独木舟和渔网等工具的简单行动，提高了他的生产能力，这将成为我们在第五章要讲的迂回概念的一部分。）

克里普给我的东西相当于一个能钓鱼的杆子，但并不是钓鱼竿。我不断抛出我那可怜的鱼线，一手一手地报价和竞价，但结果总是一次次的小亏损（鱼偷走了饵料）。站在池子里喊来喊去，日子过得很快，一周下来，没有多少收获，只够混口饭吃。

现在，我们说说鲁滨逊的发现，在探索了那个孤岛上的各种钓鱼地点之后，他有时候可以在浅水洼里捉到几条小鱼，而且他也发现了几处水很深的地方，那里的鱼更大，但数量更少（所以鱼咬钩的次数很少）。所以对于克鲁索来说，在数量和频次之间存在一个自然平衡。这当然是自然界中普遍存在的一种均衡，当涉及复杂现象时，经常被称为连续数量和频次之间的"幂律"（或者"真正的小事很普遍，而真正的大事就没那么普遍了"）。

问题是：克鲁索应该去哪里钓鱼？或者，在交易场上，我要争取获得多大的利润——何时抓住一个盈利单？为回答这个问题，我们有必要进入现场交易迂回过程的第二步。

尽管在克里普的方法中，用特权定义了优势和当股市下行时将该优势货币化的好处，但并没有提到要等待的利润有多大空间。他解释了一个"还算不差的亏损"有多大，但没提到"好的收益"是多大。他总是说，"当不需要快速承担损失时，就可以快速赢利了，但是我无法告诉你何时赢利"。("抢帽子的人"通常是指在每笔交易上寻求赚一个点的做市商。克里普反对这样做。)对克里普而言，小鱼不值一提。当然，利润多少与交易大小无关，只是账户规模的一个简单函数，且对亏损和收益的影响是成比例的。

在克里普的基础对称策略里，我等待的收益越大，发生的频次就越低，而我的支付就应该更对称（或"更陡峭"）。举个例子，如果等达到 10 个点再兑现利润，这种情况自然发生得没有那么频繁，而且比只要 3 个点就兑现时遭受的亏损次数更多。（我经常是在盈利达到 7、8、9 个点时兑现收益，在亏损 1 个点时止损。一点也不好玩！）这可能会变得很荒谬：我可以等待几百个点的盈利，这种情况可能很多年都不会出现一次，甚至可能永远都不会发生，而这期间可能会发生无数次 1 个点的亏损。这本身是一个非常有潜力的策略，但最后却并不一定非常有效。

尽管克里普不是一个抢帽子的人，而且他的方法也不是靠蒙和运气；他通过在一段时间里寻找系统性优势而不断增加收益。但是，事实上，当利润目标上升时，这个交易变成了相当于持有一篮子的看涨期权头寸（即凸性支付）。克里普认为市场倾向于经历不频繁的大型波动——我们称之为"肥尾"，市场回报的频次分布会出现极端状况——用最简单和最精致的方式复制这一篮子期权，是一个不错的操作方法。

在"麦克艾利奥的池塘"（McElligot's Pool）钓鱼

当尝试着从抓小鱼转向出现频次更少的大鱼时，我从鲁滨逊的世界到了另一位经济思想家［即西奥多·盖泽尔（Theodor Geisel，也叫作苏斯博士（Dr. Seuss）］的地盘上。1947 年，在他的书《麦克艾利奥的池塘》里，一个名叫马可（Marco）的小男孩想象在看不清的浑浊的池塘底有各种奇形怪状的鱼，但是却一条也抓不着。一个站在旁边说风凉话的老农民一再告诉他池塘里没有鱼，但马可一直没有放弃努力。他不断下网，坚持不动摇。马可的打赌类似公元二三世纪怀疑论者塞克斯都•恩披里柯（Sextus Empiricus）的推理问题（即"黑天鹅"问题）：要想证明那个愤世嫉俗的归纳主义者的老农民错了，就只能用一条鱼来证明。（马可用挑战口吻说道："也许你是对的。我已经来了 3 小时了，没有一条鱼咬钩。那里可能没有鱼……但是，也未必，也许有呢。"）尽管马可在池塘里什么也没看到，而且以前也没有人在那里抓到鱼，他还是耐心地希望尝试找他梦想中的鱼，正如苏斯的歌词中唱到："……更大的东西。……有点像一个跳汰机（Thing-a-ma-jigger）！一条这么大的鱼，如果你知道我的意思，他会让鲸鱼看起来像一个小小的沙丁鱼！"[⊖]

作为一名年轻的场内交易员，不断挤压利润，实际上，我就是马可，一直等待着那个未知的大收获。这后来变成了一个真正高产的方法（特别是在 1994 年债市崩盘之后），当水变浑浊时，这种不对称下注是个有用的主意，当你什么也不知道时更是如此（而你甚至没意识到自己什么也不知道）。但是它似乎融合了两种优势，一个是系统性的，一个是模糊的，做市商的优势和一种可能出现的大幅价格低估趋势。这两种优势的性质几乎是一样的，但规模不同。实际上，市场上的所有变化，无论大小，本质上都具备迫切性。

奥地利学派进入：冯•卡拉扬时刻

克里普坚信，学术界的任何东西都在金融市场这个真实而残酷的现实世界里毫无用武之地。但是他不知道还有一个特别古老的经

⊖ Theodor Geisel, *McElligot's Pool*, 1947, Random House, NY.

济学思想学派，隐藏在其正规的基础之下的是和他的阿尔法学派完全一样的内核，而且它也应用在一个生机勃勃的投资方法论中——尽管已经尘封了几十年，被人们忽视而未被采用过。这就是伟大的奥地利学派，或者叫作维也纳学派（以其创始人的发源地命名），据大多数人说，这个理论在大多数经济学教育项目中都未被接纳——这也是一个更好的指标，表明它超越了当今学术界对这个世界的认知水平。所以，克里普的看法是可以理解的，而我在大学时代接触到了奥地利经济学，也真是非常幸运了。

这开始于一门经济学课程，教授是乔治城大学的乔治·维克斯宁（George Viksnins，"乔治叔叔"）。从那些反对市场机制的国家逃离出来的人最容易从奥地利学派经济学中悟出真谛，乔治来自拉脱维亚，他最喜欢的经济学家是约瑟夫·熊彼特（Joseph Schumpeter），一个摇摆不定的奥地利人，当然，我对他很有兴趣。从那里我发现了一本亨利·黑兹利特（Henry Hazlitt）写的书，书名是《一课经济学》（*Economics in One Lesson*）——如果我能够让我的孩子们在他们一生中只读一本经济学教科书的话，那一定就是这一本。（大多数顶级大学除了缺乏奥地利学派传统之外，一点也不奇怪的是，根据我的仔细调查，即便是友善对待奥地利学派经济学的教科书在美国的顶级预科学校里都很缺乏——但是有一所我喜欢的学校：美国克兰布鲁克（Cranbrook）学校，黑兹利特的这本书被列入必读书目。）《一课经济学》是巴师夏（本书第四章的主要人物）那篇文章的扩展。黑兹利特的主要观点已经成为我的一个中心法则（只需要将"经济学"换成"投资"，将"法案或政策"换成"资本和生产过程"即可）："经济学整体上可以被缩减为一课，而这一课可以被缩短为一句话：经济学的艺术包含的不仅仅是观察法案或政策的短期效果，更要观察其长期效果。"[一]黑兹利特的书令我不忍放下（它甚至可以取代我那本被翻得起

⊖ Henry Hazlitt, *Economics in One Lesson*, 2012, The Ludwig von Mises Institute, Auburn, AL.

了毛的《国债基础》）。

黑兹利特在书的结尾有一段指引："读者如果想深入全面了解经济学，而且已经做好心理准备，下一本书应该读路德维希·冯·米塞斯的《人的行为》。"[⊖] 最后要说的是，作为一名场内交易员，我在债市交易，在这个全球最有竞争力的资本市场，一直遵守这些教诲。而且每天在上班路上，我也会学习它（通过磁带版的《人的行为》）。

《人的行为》就是奥地利学派的《老子》，是由其核心人物撰写的巨著，是 1949 年以来一本不朽的经济学专著。这是米塞斯在 1949 年根据其 1940 年的德文版《经济学：行为与经济活动的理论》（*Nationalökonomie：Theorie des Handelns und Wirtschaftens*）重写的英文版。（米塞斯和乔治叔叔一样，也逃离了对自由市场的破坏性的压制，1938 年和其他自由派人士一样逃出了纳粹占领下的奥地利。）用米塞斯的话来说，他的方法让我马上发现了一些非常熟悉的东西，就像我之前已经听到过似的。隐藏在这部宏大、扎实、正式研究成果里的是对克里普悖论的简洁归纳——将《老子》的简洁和优雅通过解决问题的方式表达了出来。这是我的"冯·卡拉扬时刻"，当我第一次听到伟大的阿尔图罗·托斯卡尼尼（Arturo Toscanini）的乐曲时，我被奥地利指挥家赫伯特·冯·卡拉扬（Herbertvon Karajan）震惊了。（我也从中领会到了迂回是怎么一回事——对基本目标的迂回追求也是本书的主要特点——用卡拉扬的话说，直到 50 岁之前，他都没有获得指挥家的声誉，但他最终却成了最知名的指挥家。卡拉扬以真正的老子的风格，在奥地利阿尔卑斯山隐居了一段时间，进行"安静、专注的学习和冥想"，并退出了与他的竞争对手的直接冲突——我们将在第二章看到这种佯攻行动。他在 1947 写道，"此刻，让其他人在维也纳的争斗中自相残杀吧——属于

⊖ Henry Hazlitt, *Economics in One Lesson*, 2012, The Ludwig von Mises Institute, Auburn, AL.

我的时间肯定会到来，我静静地、自信地等待着。"⊖——并入迷地沉浸在那些已经被翻烂的乐谱里。米塞斯的讲座结束了，我马上又从头开始一遍又一遍地听（直到我最喜欢的段落的磁带已经缠绕成一团）。

在米塞斯的世界观里，首先跳出来的是时间的角色。时间渗透了一切；所有的行动都是"按照时间顺序发生的事件"，其中总有步骤和"时间片段"，其目标是"消除未来的不安，哪怕只是即将来临的瞬间的未来"。行动是为了缓解我们无法满足的"急躁和等待带来的痛苦"。克服这种自然紧迫感是生产力的关键所在（迂回生产）"要让生产过程有更多的果实收成，就需要耗费更多的时间"，所以说，最重要的就是"负责等待时间的角色"。⊖（米塞斯正确地把这个迂回的核心说法归功于他的前任——伟大的奥地利经济学家欧根·冯·庞巴维克，见第五章。）急躁程度——奥地利学派经济学家称之为时间偏好，按照米塞斯的看法，是利率的唯一来源——等待和放弃眼前的利润（或消费），甚至资本流失（比如通过昂贵的资本支出），是我们人性中合乎逻辑的一部分——实际上，为了做某些有益的事，我们必须克服人性的一部分（这些事情累积起来就相当于文明的进步）。这就是克里普悖论，以最宏大的规模，在奥地利学派经济学语言中进行了正式化和世俗化的描述。

而且，（作为一名生活在严重货币政策干预时代的国债交易员）我短期最关注的是米塞斯理论的一个基本结果：作为一个逻辑合理的结论，一个社会的时间偏好不能被否定，实际市场利率不得不对基本的"初始"利率做出反应。任何徒劳的尝试都会走向反方向。当市场利率受到货币政策干预而发生人工调整时，都会误导生产，并导致经济的失衡和扭曲。随着时间推移，消除失衡的力量将变得

⊖ Richard Osborne, *Herbert von Karajan: A Life in Music*, 2000, Northeastern.

⊖ Ludwig von Mises, *Human Action*, 1998, The Ludwig von Mises Institute, Auburn, AL.

越来越强大，而且最终必然会将被扭曲的利率猛烈推回到其自然水平。所以说，这类干预计划应该停止。米塞斯认为，这种从人为的失衡中寻求平衡的必然过程，即向对立面的逆转，正是"商业周期波动""贸易周期"，或更确切地说，是繁荣和萧条周期的根源（第七章和第八章将讨论这个主题）。⊖

市场休息状态

贯穿米塞斯观察的始终是市场价格的基本不规范，其内在主观性是一种源于人类感知、需要、体验和不耐烦的主观性。正如他在《人的行为》中所写，"没有任何一项实验室研究可以针对人的行为进行。我们从没有机会在事件的其他条件保持不变情况下，只观察一个要素的变化。自然科学使用这个术语来表示实验中的孤立事件，而从这个角度看，历史经验作为一种复杂现象的经验，并不为我们提供任何事实支持。历史经验所传递的信息不能用作构建理论和预测未来事件的建筑材料。"⊖说得真好，用实证数据来预测市场，这种带有幻觉的工作就是这么回事。

这种基本的非决定论（indeterminism）导致了"经济学方法"，米塞斯特地将其称作"想象构造方法"。对于米塞斯来说，这是行为学（praxeology）或者说人类行为科学（science ofhuman action）的唯一方法，"它不能像自然科学那样，它的教义并不建立在对实验室实验和对外部事物的感知基础上。"⊖它要求对知识采用先验演绎的方法（priori deductive approach，与康德相同）通过精心设计的思想

⊖ Ludwig von Mises, *Human Action*, 1998, The Ludwig von Mises Institute, Auburn, AL.

⊖ 同上。

⊖ 同上。

实验——一个比"想象"更好的说法，因为这些构建工作往往是非常真实的，只是不容易观察或不容易处理。我们可以把它看作反思，是人类行为研究中的一种知识来源。对米塞斯来说，这些都是所有经济洞察力的理论基石。

在米塞斯的行为学概念中（除了前面提到的时间偏好），主要的是市场休息状态的概念（或者他称之为平淡的休息状态）。休息状态本质上是市场上的一种现象，比如当"经纪人已经处理完所有可以在市场价格执行的交易单之时，只有那些认为市场价格过低或过高的潜在卖家和买家还没有卖出或者买入。"⊖休息状态是所有急切状态的一个间歇性结束，是交易单流通过互利的交换而处理完的一个中间点，而且它会一次又一次地在市场中重现。

米塞斯用假设的连续的但难以捉摸的市场目标，给这个概念添加了另一层——最后的休息状态。在这个价格上，所有交易都连续得到稳妥处理，在一个特定市场上，没有再次发生变化——这确实是一个从未达成的虚构的架构，一个从未达到的预定目的地。休息状态是搜寻、议价过程，是价格战（Preiskampf，奥地利学派使用的说法）的结果，市场可以借此获得引导，向最后的休息状态前进——当然，在过程中会发生一些情况，出现变化而导致这个状态永远不会达到。米塞斯对市场持续发生的"一连串事件"的描述，⊖是指市场从一个休息状态转到另一个休息状态的连续过程，在这个过程中，一直都要估算那个无法估计的最后休息状态。

走向虚无……

有时，一波又一波的交易单会像龙卷风一样冲击债券市场，你

⊖ Ludwig von Mises, *Human Action*, 1998, The Ludwig von Mises Institute, Auburn, AL.
⊖ 同上。

完全可以感觉到，在跑来跑去的经纪人争先恐后地穿过楼层的振动中，债券市场的波动会激增（甚至在市场开始波动之前——此时，债券市场的价格波动显然不是随机的）。在这种动荡时刻，价格不再反映买家和卖家的均衡，在债券期货上，也不反映储户和借贷者的均衡。

债券交易池和所有市场一样，是一个复杂的异质时间结构，紧急交易单在底部，不同程度的较不紧急的订单中，最不直接、最耐心、最迂回的在顶部。订单会在池内盘旋，强力推高价格，直到最终找到一个临时住所，填补一个"空隙"；错误被纠正，会出现一个短暂的、怪异的平静时段，这是一个暂时的休息状态，市场在等待另一波高潮的到来。这是交易池里发生的混乱的价格发现过程（这是一个现在已经不再存在的经历，因为这里所描述的交易池里发生的活动已经消失了），其间发生了一系列失败的市场均衡行动，做市商在这些活动里起到了支点的作用。徒劳地寻找的最后休息状态是市场的巨大的动态平衡。

米塞斯是这样描述市场过程的，"在一个确定的休息状态之后，饥饿感总会激起新的不安"，[○] 每次达成的价格都产生了相对最终均衡状态的新的误差，米塞斯将这些误差称作"错误价格"，它们是做市商的优势所在。做市商必须尽可能快地认识到这些错误价格，即暂时休息状态与最终休息状态之间的不均衡。这些只有在企业家不断进取的冲动下才能立即得到修正和改正——通过一个竞价过程，最终通过过度反应而耗尽了市场参与者的急切情绪。所以，做市商通过引导价格达到新的不平衡状态和短暂休息状态，从而对外力做出反应。

○ Ludwig von Mises, *Human Action*, 1998, The Ludwig von Mises Institute, Auburn, AL.

　　米塞斯的市场过程清晰地解释了做市商行动中隐含的东西。做市商可能不需要懂得奥地利学派经济学。正如米塞斯说的，他们已经懂得（Verstehen），或者本能地掌握了（或"理解"）商业机会主义。对他们来说，重要的是其存在的理由是避免库存膨胀，这是单边紧急订单流的结果（比如只有卖出订单）。为了避免这种情况，就像鸟群中的鸟改变飞行方向以避免撞到邻近的鸟群一样，它们从极其简单的程序式个体目标出发，创建了整体的、复杂和有效的动力学。

　　市场必然是不同步的，随着收到每条新的交易信息，每个人都改变了他们的计划。正是由于忽略了这种最基本的现象，因此现代经济学才有那么失败的理论，关注毫无希望的单一的静态平衡，在那里，所有的交易都会发生，而不考虑时间因素。相反，完全清算式后的"荷兰式拍卖"的价格——如果一段时间内所有交易同时进行，那么所有交易都能配对完成——在错误价格的累积计算过程中，经过重复估计达成的一个移动目标价格（是一系列渐次发生的休息状态的结果）。（事实上，奥地利学派投资方法的很大一部分是关于理解和识别这些估算值是如何被粗暴扭曲的。）

　　所有这些都发生在混乱的交易池里，在一连串小的价格试探和一连串休息状态中，需要花费数月甚至数年时间，才能在交易池中学会破译其中的奥秘，而米塞斯其实早已完全弄清楚了。市场不是玩转随机变量的赌场游戏（哪怕那些不知情的人们仍在花费时间试图搞清楚其中的随机特征），而是一个错综复杂的协调和平衡的价格让步过程。事实上，米塞斯说的就是场上交易员遇到的情况。很多时候，这个过程可能转变成一个相互协作的联手操纵，大做市商对市场的冲击会触发预先设定的"止损订单"（称为"移动止损"），从而获得有利的头寸。这基本上是为了清除市场上隐藏的迫切交易需求，就像惊动了一群鹌鹑一样。我们可以从经纪人身上看得见的压力中识别这些紧迫的交易需求，或者只是在市场探索不同价格的过程中，在订单流中感受到渐强和渐弱的变化节奏。[这里，鲍德温（Baldwin）的"一瞥"，他对决定性时刻的把握和等待能力，可与拿破仑媲美。]

这是市场微观结构的基本机制，也是任何市场的基本机制，无论是做市商还是高频机器人：无穷无尽地交替试探路线。这是场上交易的路径，引导市场进入失衡状态，这是一个处于最终均衡态附近的暂时的错的休息状态。这个过程既可以很微妙，也可以很剧烈，包括最小一手在买价成交的卖单，或者以一单或多单方式抛入市场的数千张合约。这是一群没有人管理的鸭群或羊群，只能在混乱中寻找安抚或耗尽的方法。

这就是做市商的优势与市场偶然出现的大幅波动之间的联系，主要趋势和小趋势是完全一致的，只是前者更大而已（在数学中叫作自相似或分形）。具体来说，就是它们都是在失衡中寻求均衡，从错误价格回归正确价格。只是这种差异更大一些罢了。

在债券交易池里，订单流就是这样沟通的，做市商会满足边际储户和借贷者表达出的急切交易愿望。这意味着，事实上，当没有着急交易的主动订单时，经济将（此时不存在人工设定的价格）处于米塞斯所说的静态（我们将在第七章碰到的另一个行为学术语）。（一个假设的整个经济的最终静止状态将提供米塞斯所称的平衡运转的经济——我们可能认为那是一种没有变化的经济，一种经济黑暗时代。）

理解这个流动性过程，基本就等于理解了任何市场交换必须对交易双方都有利。在市场发生错位尤其是崩溃时，对这个问题的不理解，是将愤怒指向高频交易员的一个原因，比如，高频交易员在市场变得更加动荡时，停止了流动性提供活动（由此形成了流动性大洞）。为何我们会预期出现其他情况呢？为什么急切交易的价格不应该随着对急切程度的感知而跳到无穷高呢？为什么有人期望在一个被认为是错误的价格上和对手成交呢？其实，假定发生其他情况，就相当于假定流动性提供者是慈善家一样。

克里普的讲座对于还只是孩子的我来说很有效（尽管用的是不同的说法）：在搜寻和找到新的休息状态时，市场总是断断续续地、暂时地纠正错误，然而，在未达到最终的休息状态时，在未实现所有订单的即时同步平衡时，它总是错误的。不平衡越严重，错误就越大。

继续前进

尽管儿时成为一名场上交易员的梦想最终实现了，随着时间推移，我从交易一手合约，逐步增加到几十手、几百手合约。我一直把目标瞄准在通过期权获得更大的债券价格变化（从债券期货交易池穿过交易楼层，进到债券期权交易池），同时我的优势也慢慢远离做市商的优势了。而且那是在 1997 年年初，不断增长的电子交易（在芝加哥交易所称作 A 计划）的竞争敲响了公开竞价的丧钟。

这种新技术的出现，催生了美股牛市，前所未有的资产泡沫，前所未有的货币扭曲——格林斯潘一直在纵容宽松的货币政策，之后出现了墨西哥债务危机，促成了比尔·克林顿再度当选总统。⊖结束泡沫，要么由格林斯潘来踩下刹车（这似乎不太可能，因为他和克林顿已经说服自己相信"新经济"远离了泡沫——不是太热，而

⊖ Gene Callahan and Roger W. Garrison, "Does Austrian Business Cycle Theory Help Explain the Dot-Com Boom and Bust?" *The Quarterly Journal of Austrian Economics*, Summer 2003, 6(2), pp.67-98.

是恰到好处的"金锁经济"），要么由资本和资源紧缩代替他踩刹车。无论是哪种方式，利率市场都处于极度失衡状态，只是一种虚幻的暂时喘息。当可以在水面下看见鲸鱼的时候，为什么要潜入浑浊的麦克艾利奥的池塘里呢？

我跳槽到华尔街工作，在一家主要的政府债券交易商（其直接参与美联储的交易和国债拍卖市场）那里担任自营交易员，从债券期货和期权转入了一个新领域——欧洲美元"中期曲线"（midcurve）"期权（或短线期权，基于 3 个月 LIBOR 的远期合约，一年后到期）。自然这些期权的溢价很小，一旦市场苏醒过来，持有这些期权就可以让我在欧元期货上处于一个有利的位置。这就像回到了债券交易池：期权合约是获得即时性的一种手段（尽管是以"执行价格"为价格门槛）；持有它们就可以满足客户的即时交易要求，而对冲它们（期权交易员称之为"做多伽马对冲"）总是可以通过为池内提供流动性（之后在即时交易的价格上赚回来）获得回报。

这种市场与奥地利学派投资法非常契合。然而，很快变得清楚的是，交易的重要性并不主要在于希望获得一次性支付，而在于支付时机赋予的优势。我所瞄准的利率震荡（或者是意外收紧，比如1994 年，或是由于不可避免的信贷崩溃而意外放松）将伴随一个整体市场错位，市场出现急切交易的极高需求，而且基本上只有我一个人有资金能利用好这个机会。期权交易虽然有效，但它只是序曲，是一个走向更大优势的中间点，一个用推手做的攻击和反击。在期权交易中，资本在最有利和最适当的用途上达成了暂时协调。这是一次采用迂回投资的机会，是克里普的方法和悖论的关键：最有效的捕鱼方式不是捕鱼，而是建造鱼叉供以后使用——那时正好赶上鲸鱼的出现。

结果是，市场没有在 1997 年停息下来，特别是在 1998 年夏天尤其动荡。对欧元期权交易账面收益的明显反击是做空新推出的"新券—旧券"价差交易——因为这个价差必然收窄，我会一直做到价差为零。这是一个纯粹的"流动性逃离"造成的市场扭曲，由于每个人都需要流动性更强的债券而不是旧券，加之倒霉的对冲基金长期资本管理公司无法从这个价差收窄交易中脱身造成的放大作用，扭曲变得越来越严重。（事实证明，这家公司的名字起得非常合适，因为这种价差交易肯定是一笔完全有利可图的长期交易，可惜利润完全被他们的短浅目光制订的交易策略吞没了。）

当然，格林斯潘在危机期间继续执行其货币扭曲政策，这意味着市场动荡将继续。实际上，1997 和 1998 年的"鲸鱼"只是为更大"危机"的到来在做准备。在纳西姆·塔勒布（Nassim Taleb）1999年组建安皮里卡资本（Empirica Capital）公司时，我加入了他们，我俩都具有共同的场内交易背景，而且都认为美股泡沫市场肯定会慢慢崩溃（直到今天，没有人比我更喜欢在市场尾部寻找机会。）我们把自己叫作"危机猎手"（实际上，我们确实是首家一直在尾部寻找市场机会的机构）——我们在 2000 年股票暴跌中安然无恙。这将是安皮里卡总体记录的重点，尽管尾部套期保值功能进行得很顺利，但在我职业生涯中，这次的回报率是最低的。（尽管随着竞争对手的到来，我们学到了很多东西，建立了一个极好的进入壁垒。）我们在 2005 年分道扬镳，我建立了自己的投资机构普世投资（Universa Investment），业务超越了安皮里卡。（在我开始之后，纳西姆又加入我的行列中来，但严格说来，他没有插手，是被动的。）纳西姆后来在不确定性尤其是"黑天鹅问题"（以及他的新词反脆弱性）上做了大量意义重大的工作，这令人惊讶。我认为，这些工作对资本投资的影响深远，尽管并不那么直接。我在第九章讨论了过去一个世纪美国股市大萧条（包括我职业生涯中的股市大萧条）的情况，并非因为极端的不确定性和黑天鹅，而利用这种萧条或"尾部套期保值"的有效性如何，高度取决于具体经济环境的扭曲程度。导致股市崩盘的真正黑天鹅问题不是一个不可预见的远距离事件，而是一个可预见的事件，尽管它被认为是遥远的事件，我花了职业生涯的大部分时间来利用它（这解释了为何我的一些合伙项目都用过这个名字）。

虽然我很自然地采用了不对称、凸回报这种老生常谈的说法，就像大家熟悉的"有利的风险/报酬"一样，但所有的数据都清楚地表明，大多数这种"喜欢波动性"的回报，无论事先还是事后，都是被高估的（使用幂律尾部和其他严格的估值方法），这就是我不应用后来被称为杠铃战略的方法的原因。这些大多是赌徒和金融推销员的玩意儿，从非线性衍生品证券到高度波动性的股票，再到各种形式的动量策略；仅此而已，它们是一种直接的正面攻击。相反，对于我来说，凸性是一种有效（低风险）的工具，用于利用被压抑的迫切交易需求和市场扭曲，但也仅用在合适的情况下（正如推手游戏）；而且这只是迂回策略的一部分，是朝着丰厚资本投资的终极目标（反击）前进的中间步骤（像走黏）——而不是博弈本身。这是奥地利学派投资法使用的一个工具，而不是关键，属于迂回和长线。

在我的办公室墙上挂着一个旧的阿尔法夹克（上面有墨水和血渍），像海明威式捕猎中得到的一张兽皮。另外还挂着一条破旧的亚当·斯密领带。从第一天在芝加哥交易所工作开始，我的制服就包括这条领带。在交易所要戴上徽标，还要系上领带，但大部分时间我都在效仿乔治叔叔，充满热情地自豪地穿着这套制服。当然，斯密是自由市场的使徒，他极力主张市场有机的协调作用；米塞斯宣称斯密的巨著《国富论》的出版日期和美国"独立日"是同一天，带来了"政治和经济的自由曙光"[⊖]。那条领带还提醒我，交易池（和广义上的市场）不是一个赌场，而是一种力量，在文明进程中，米塞斯的市场过程位于其中心地位。

这是沿着奥地利投资方法论的迂回道路上的一个迂回式起步，从交易池到我目前的普世资本，就是从 2008 年开始打造应对危机的"鱼叉"开始算起，得以在那一年结束时（尽管不是巧合）投入使用，然后就是这本书（包括第九章和第十章的奥地利学派投资法 I 和 II）。这就是我们跟随资本之道所走过的路径。

大师的智慧

传说在中国古代的战国时期，七国中有一个国家开始衰落，老子决定此时应该远离这个乱世，找个荒野安度余生。他骑着一头公牛上路了，抵达函谷关（发生过许多血战的地方）城门，出去就是老子未知的新归宿。故事说，守门官吏意识到老子此去将一去不返，带走他的全部智慧。他要求这位大师写下他的思想，把他的智慧留给后人。老子遵嘱写了一篇简明的约 5 000 字的文章。

我们可以猜到这个故事是虚构的。然而，不可否认的是，那些延续了两千多年，至今仍回荡在身边的超越时空的智慧的功效：对时间的感知和超常的耐心，视野的深度，为无为的迂回方式，以及历史经验的虚幻本质—— 一个愿意赔钱的老谷物交易员的智慧，以及一个将永远改变世界的伟大经济学派的智慧。那些人会被蔑视，但他们都会坚持下去，总有一天他们会以一种典型的投资方法走到一起。

⊖ Ludwig von Mises, "Why Read Adam Smith Today," Introduction to *The Wealth of Nations* by Adam Smith, 1953, Henry Regnery.

老子，退出尘世，将智慧抛在身后

第二章

松果与松林：迂回式生长与成长的逻辑

在埃弗里特·克里普的晚年，每当我路过芝加哥的时候，总会去拜访他。我一直尝试带给他不同类型的书，从奥地利经济学类（无疑，他对其似乎有一种自然的亲近感）到概率类（此类书对这个依靠直觉的老交易员来说没有什么实际意义）。我们坐下聊天时（通常他会把高尔夫球杆摆在身后），他也总会提起那个自己十分喜爱的概念——正是我以前听过很多次的克里普主义（Klippisms）。然而，有句谚语尽管陈词滥调，但有重大意义，自从离开了交易所，我对此也有深刻共鸣："任何人都能看到树上的松果。但没有人能从松果中看到松树的样子，也没有人能预见到松果将在未来孕育出的松树林。"

这句再简单不过的谚语，蕴含着克里普对那种只关注眼前显而易见事物的做法的轻蔑态度。事物表象的背后，往往隐藏着一个充满斗争和征服的戏剧性故事。实际上，从一颗松果到无数棵松树，再到这些树上长出的更多松果，这种对比显得苍白无力。我们把目光从现时可见的实物松果，转向种子、幼苗，再到针叶树，在不断变化的环境和跨代机会的此起彼伏中，经过多代演化，松果最终成为郁郁葱葱的松林。我们把每颗种子都看作一条单独的路径或乐谱线，它们有可能被安排在一个喧闹的赋格中。有些乐句突然结束，而另一些则可能持续很长时间。那么，这些"种子"是如何经历了森林火灾、疾病和竞争而发生转变的呢？如果我们能沿着其中一条路走，它又会带我们去哪里呢？路线会是什么样的呢？会漫无目的地闲逛吗？或者，它更愿意遵循一个目的性更强、更加直截了当的模式？实际上，这正是针叶树生长的迂回路径。

若要洞悉这条路径和其中的时间点，需要的正是道家思想的深度。最重要的不仅仅是单一松果的存在，以及让针叶树得名的种荚（内含球果），还有针叶树能够"感知"的未来的机会。林地是否因过度生长而变得拥挤？是在其竞争者无法茁壮成长的多岩地区，还是火灾后肥沃而荒芜的地区？这些因素将影响针叶树种的生长模式。

正如老子所言，大自然是我们最伟大的老师；事实上，道教的一个重要主题，与这句话的含义密不可分，就是观察自然，并从中学习。这种理念甚至也出现在了我们最基础的小学课程中。在这个公理式的框架下，饱含着不朽的智慧，此类象征手法在古文中很容易找到，比如《老子》中的"上善若水"，以及"合抱之木，生于毫末"[⊖]。另一个典型的例子则是没有雕琢过的原石，称为璞，代表着一种纯粹的潜力。在未被雕琢的状态下似乎是无用的，需要极大的想象力和耐心去看它究竟是何结果；"朴散则为器，圣人用之，则为官长"[⊖]。时间将两种状态联系在一起——在此之后，优势出现，而潜力消失了。其中，老子的智慧很简单，将朴实无华、未经雕琢的玉石看作不起眼的松果，看作终将蓬勃生长至成熟的生命。

⊖ Gia-Fu Feng, trans., Lao Tsu, *Tao Te Ching*, 1972, Alfred A. Knopf, NY.
⊖ 同上。

从伊利诺伊州曼蒂诺（Manteno）一个奶牛牧场中长大、后来又成为"乡绅"的克里普，自然能够更好地理解老子的这个观点。从播种到等待丰收的过程中，人们不会去干预庄稼的生长，也不会去催熟果实。在刚刚播种的牧场中，庄稼会持续不断地长期生长下去，每年春天又是新的开始。因此，牧场在不同时期的处置方式（比如庄稼或牧草的轮作）一直都是畜牧策略的关键所在（此外，谚语"趁热打铁"，也自然就成为畜牧业中等待时机果断出手的最佳体现）。正如伟大的德国作家歌德所作的最耳熟能详的诗句［不仅是他自己的座右铭，还出现在了其小说《迈斯特的漫游时代》（*Wilhelm Meisters*）第一版中］："我的遗产多么壮丽、广阔、辽远！时间是我的财产，我的田亩是时间。"

克里普借松果作比喻，在将针叶树的象征性意义赋予投资之道的同时，也让我们对其迂回曲折的生长策略有了更深刻的理解。我们跟随那些道家著作中的圣贤，感悟自然，借镜历史；他们使用象征、隐喻和类比等修辞手法，来表达高深复杂的思想、理论和概念。著名汉学家安乐哲（Roger Ames）发现，"在文章中，能使读者恍然大悟的，往往是明确的象征或比喻性修辞，而不是枯燥的理论；有时也是不可胜言且独一无二的经历，而不是据理力争；也可能是极具感召力的隐喻，而不是逻辑堆叠起来的事实。"[⊖]象征手法的价值恰恰在于，它能在传达一个人学识与智慧的同时，保留对喻体的尊重。一旦特定的寓意得到表达，修辞上的技巧就不再重要了。[⊖]

如此说来，我们看到的不仅仅是针叶树如何适时开拓资源来获得生长；还有超出树木本身的，最根本而普遍的道理。我们通过探

⊖ Roger Ames, *Sun-Tzu*: *The Art of Warfare*, 1993, Ballantine Books.

⊖ Hans-Geor Moeller, *Daoism Explained*: *From the Dream of the Butterfly to the Fishnet Allegory*, 2004, Open Court.

究针叶树的生长逻辑，认识到了自然界有史以来最伟大的一种景象。针叶树以其极强的适应力在自然界存活了上亿年，这告诉我们：若要长久生存下去，就应该尽量避免对稀缺资源的直接竞争，而应找到一种间接而灵活的方式，引导我们到达有利位置。

针叶林与针叶树

　　早在约三亿年前恐龙诞生之时就已经出现的针叶树，是地球上最古老的物种（已知的裸子植物，意为"裸露在外的种子"）。针叶树是植物界公认的最伟大且长寿的物种（还有其他一些古老的物种，诸如蟑螂与蕨类植物）。早期针叶树的八个科依然存在，包括松、雪松、铁杉、云杉和冷杉，其化石更是可以追溯到 1.5 亿～6 500 万年前的白垩纪时期。在 1.5 亿～2 亿年前的侏罗纪及白垩纪早期，一些食草性恐龙，比如剑龙和蜥脚类恐龙，则以针叶类树木为食。这些食量惊人的掠夺者把原有的大片针叶林变成了新竞争者——被子植物的天地。从此以后，针叶树的世界发生了翻天覆地的变化。

截至 6 500 万年前的白垩纪晚期，被子植物几乎已完全取代了针叶类植物，甚至在所有的维管植物中，十有八九都是被子植物。如今，大约 25 万种不同的被子植物依然统治着植物界，从不同种类的草本植物到木本植物：落叶枫、橡树、白蜡树、桦树、柳树等。由于在特定昆虫（被子植物的花会吸引某些昆虫）的帮助下有着得天独厚的快速生长及繁殖能力，被子植物利用一切机会广泛繁衍，其速度与范围相比针叶类植物明显占了上风。这也就导致了针叶类植物在热带与亚热带雨林等地的极度缺乏，因为被子植物在此类环境中的繁衍速度比针叶树类植物快得多。

然而，在特定的情况下，针叶树不仅能达到生长所需的临界值，而且还能超过其他的被子植物。如图 2.1 所示，针叶树在一种具有欺骗性的"变化"中改变它们的生长速度：在早期，针叶树的生长速度一般滞后于迅猛生长的被子植物。事实上，这一行动也来自精心计算的决定，它们在早期就已经落后了，因为它们正在聚集自身的"资产"，发展出强壮的根和厚实的树皮，这使得它们在资源使用上变得非常有效率，并且拥有令人吃惊的寿命。这也意味着，随着时间的推移，针叶树在生物量和高度上可以超过被子植物。

叶片窄而细的针叶树可能缺乏宽叶被子植物的内部运输效率（如细管流体传导）。尽管如此，针叶树还是比被子植物效率更高，当然，这得益于其迂回策略带来的优势——叶片表面面积的缓慢积累。常绿针叶树的叶子可以存活好几个季度（与落叶树相比，它的针叶可以持续数年不落），最终甚至超过了叶表面积最大的被子植物。⊖

⊖ Aljos Farjon, *A Natural History of Conifers*, 2008, Timber Press, Portland, OR.

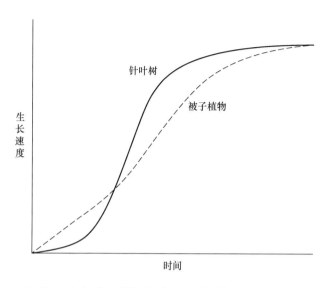

Reprinted with permission from Biological Journal of the Linnean Society, *1989, 36: 227—249*: W. J. Bond, *"The Tortoise and the Hare: Ecology of Angiosperm Dominance and Gymnosperm Persistence."*

图 2.1　常绿针叶树最终赶上并超过了被子植物的生长速度

对于针叶树来说，生长是一个漫长的过程，需要韧性和毅力，并且最好（甚至必须）采取迂回式的策略。早期缓慢而平稳的生长，为接下来快速而高效的发育打下了基础。针叶树的生长模式反映了一种目标导向的"行为"，即在行动中以目标为导向的机制，先撤退到多岩崎岖的地方生长，以此作为达到目的的手段。换句话说，针叶树为提高生长效率付出了代价。在提高效率的过程中，它们的首要目标是方法（第一步），而被子植物在它们快速生长的过程中，是直接指向终点的（最后一步）。

这种迂回策略主要是为了实现理想目标，并不仅仅发生在单个针叶树的生长过程中，它也代表着整个针叶林的生长模式。（当然，我在这里不是想说针叶树有认知能力，它们的策略只不过是进化过程中适应性的产物。）针叶树为了提高自身的整体生存机会，会在最明显的地方将机会直接让给竞争对手，这样它们就能在以后更适时且更有效地繁殖。至于养分与生存，针叶树不会直接指向源头；相反，就像鲁滨逊·克鲁索一样，它们首先向相反方向前进，避开鱼群或肥沃的土壤，寻找用以过渡的步骤，以便能在今后更有效地向源头进发。为了更充分地认识这一策略的重要性，在直接和间接的（对投资者隐喻式）的教训中，我们必须首先了解正面冲突的潜在致命性。

缓慢生长的幼苗

　　自然界的万物总是会相互影响的。当针叶树与被子植物在同一地区生长时，相互间会产生更大的影响。森林中阳光照射下的阔叶被子植物之间，存在着对水、土壤和阳光等稀缺资源的激烈竞争。在对统治地位的争夺中（尤其是在土壤最肥沃、最宜居的地区），机会总是不利于针叶树，从白垩纪到现在，这种情况一直都在重复上演。那么它们的策略分别是什么呢？这两个物种又将如何竞争？

　　多年来，人们一直认为被子植物和针叶树之间的竞争主要出现在发育阶段的后期，当树冠形成时，成年树木的树枝就会重叠在一起。这被认为是被子植物入侵导致针叶树在特定区域内消失的根源。植物学家也是在近期才开始研究两者间的竞争在初期的影响。现在大家都清楚了，面对迅速生长的被子植物，当针叶树幼苗试图在斑斑点点的阳光下扎根时，两者间的竞争就开始了，但它们很快就会失去争夺足够资源的能力。

　　森林越茂密，个体的生长发育受到竞争效应的负面影响就越大，这些影响包括邻近植物的数量、大小以及它们之间的距离。率先扎根或面对较少竞争的植物，很容易通过垄断当地资源来获得优势，因此，它们生长的速度比后来播种或生长于更拥挤地区的植物快得多。[1]

当面对资源短缺或资源被剥夺的情况时，年轻的针叶树看上去很虚弱，而且发育迟缓，容易受到昆虫、疾病、有害真菌、落叶（树叶、树皮和树枝覆盖森林）、食草动物和贪婪的捕食者的攻击。在这些条件下，被抑制的针叶树幼苗失去了苗壮成长的条件，这种情况被称为"慢苗假说"。[2]

奇尔滕山国家公园（Chiltern-Mt Pilot National Park）位于澳大利亚维多利亚州西北部，是多种野生动物的家园。这里可以说是用来测试慢苗假说的独特实验室，在 2004 年到 2010 年间，那里吸引了大批生物学家前往考察。在实验时，我们选取两个截然不同的样本：对照组是在相同条件下生长的针叶树幼苗，而另一组由针叶树和被子植物的幼苗混合组成。具体地说，植物学家研究的是松柏属针叶树和桉树的相互影响。在 2003 年一场严重的火灾之后，柏树与桉树均在公园里重新播了种。然而，在这两种幼苗混合生长的环境中，桉树幼苗的生长速度明显占了上风。总的来说，柏松属针叶树的幼苗比桉树的个头更矮小，健康状况也更差。此外，低矮的针叶树幼苗上没有球果，这对繁殖不利。事实上，只有最高且生长最旺盛的针叶树才会产生球果，且它们大量生长在种群基本一致的地

[1] Jay E. Anderson, Marshall Ellis, Carol D. von Dohlen, and William H. Romme, "Chapter 4: Establishment, Growth, and Survival of Lodgepole Pine in the First Decade," *After the Fires: The Ecology of Change in Yellowstone National Park*, Linda Wallace, ed., 2004, Yale University Press.

[2] W. J. Bond, "The Tortoise and the Hare: Ecology of Angiosperm Dominance and Gymnosperm Persistence," *Biological Journal of the Linnean Society*, 1989, 36: 227-249.

方，除了少数被子植物，几乎所有的针叶树都生长在这些地方。⊖

这项研究表明，年轻的柏松属针叶树在直接竞争中往往是输家；而且它们的播种属于"劣质播种"（其幼苗的生长不适合当前的生态系统），由于存在"补充瓶颈"，它们的幼苗将受到极大限制，无法达到足以继续苗壮成长的状态。不可避免地，它们甚至无法完成开始时的任务。发育迟缓意味着这些幼树需要更长时间才能达到形成"防火能力"（如果确实会发生的话）所需的最低高度。⊖（对于一部分针叶树来说，这种性状包括生长出较厚的树皮，以及在高处长出叶子并形成树冠的过程中通过脱落位置较低的树枝来"自我修剪"的能力）。如果小针叶树无法苗壮成长，它们就会沦为小型草原火灾的牺牲品，低强度的火灾虽然对那些较为成熟的树木没有什么杀伤力，但将烧毁那些还未到野草高度的幼苗。

森林火灾与资源再分配

在森林中，富有攻击性的被子植物与受到抑制的针叶树共同生长，其后果就好似一个越来越危险的"火药箱"，特别容易受到如闪电或雷击这种灾害的袭击。或者换句话说，这是在森林"经济体"（操练灭火的地方）中发生的"不当投资"的证据，也是对现有资源进行重新分配以促进更健康成长的需要。不是因为枯木，也不是因为许多小火苗引发了大火——那些都是陈词滥调，更确切地说，是对生态系统及其生长模式的人为干预——一种不加修复的损耗，才使得森林非常容易起火。一旦树木无法苗壮成长，森林未能适应内

⊖ Ian D. Lunt, Heidi C. Zimmer, and David C. Cheal, "The Tortoise and the Hare? Post-Fire Regeneration in Mixed Eucalyptus-Callitris Forest," *Australian Journal of Botany*, 2011, 59, 575-581.

⊖ W. J. Bond, "The Tortoise and the Hare."

部竞争，则会产生不健康、不合理和不可持续的生长模式，从而扰乱生态系统的平衡。"不当投资"的继续存在，将使大火进一步危害森林，导致更加广泛的过度生长，就好像有更多的可用资源一样。护林人误导森林对一个更加温和、资源充足的环境做出反应。如果在火灾后加以人工干预处理，将导致森林中植物的生存策略遭到破坏，针叶树的策略也不得不变为寻求眼下的生存（我们将在第七章再次看到这一现象）。具有讽刺意味的是，这个永恒伊甸园的幻境只会造成致命的直接冲突，即使对于看不到明天的针叶树来说，也是如此。然而，即便如此，随着系统寻求内稳态（homeostasis，第八章的主题），扭曲情况最终也会被纠正。在某些时候，必然会发生某种改变，重新进行资源分配。这主要通过掠夺者，特别是小规模的局部野火来完成。

　　火灾的爆发将使一切置于危险之中，针叶树也不例外。针叶树由于易燃性较强，所以在火灾发生后往往会迅速燃烧起来。（在烈焰中，松树会像火把一样燃烧。）然而，规模更小的、自然发生的火灾，是大自然调节资源分配的方式，资源将从难以蓬勃生长的树木转移至有极大生长潜力的树木。这是这个系统内部最重要的一个部分——发现、控制和沟通流程，以决定合适的品种和数量搭配。特别是在低海拔或较温暖的地区，周期性的火灾是森林自我生态调控的一种方式，通过不断打破不平衡来寻求平衡。否则，譬如橡树和枫树这样的被子植物，会在很长一段时间内占据主导地位，因为两者的幼苗在初期更能相互包容，也能够为它们的针叶树竞争对手"遮阴"，剥夺它们的阳光。然而，较小型的火灾也可以改变森林内部的生态系统。这些愈发猛烈的火焰，也有助于阻止那些对森林造成致命伤害和对任何人都没有好处的虫害。因此，表面上极具破坏性的力量其实也有积极的一面，正是这种力量维持着森林中万物生长的短期平衡。

这并不是说森林需要"无序"或毁灭性的大火来促进其生长，比如 1988 年黄石国家公园那场臭名昭著的火灾。对森林来说，如此大规模的破坏，就如同战争对文明的毁灭性打击一样（战争对文明产生的影响永远是消极的）。文明借助高度配置的资本积累而演进，在极端的动荡和破坏中则难以繁荣；相反，资本主义想要稳定——但同时也渴望通过竞争来驱动资源转移（比如投资失利、破产和盈利机会），以最终与消费者的需求契合。然而，当存在受到一定约束的自由市场时，即使出现经济危机，也确实能带来一定的好处，因为它能消除不良的"发展"或不当的投资。与森林的例子并行的是：规模较小的森林火灾能够引发资源的转移，让它在竞争对手之间流动，从我们可能认为的较低的生产秩序（快速生长的被子植物），向更迂回的、高阶的生产秩序（针叶树）流动。虽然小规模的野火会以精确方式造成破坏（根据定义），但剧烈的、非自然的森林大火会肆意破坏。这是为必要的演替而付出的不幸代价。

以这种方式来理解森林生态机制，关键在于我们要认识到，真正的讨论对象不是森林中众多的大同小异的植被，而是一种高度异质化的时间结构。因此，针叶树的高效生长模式，只是资本配置过程中迂回策略的一个测试性案例，这一策略也是本书和奥地利学派投资的最终目标。

针叶树效应

大自然采取的是一种迂回式跨代发展路径；事实上，这种策略正是针叶树用于对付更具攻击性的被子植物的独特方式。针叶树会选择把阳光普照地区的更优质的养分和资源拱手让给被子植物，而自己（得益于它们借助风播下的种子）则去岩石较多并且相对裸露的地区（条件很恶劣，但阳光依然充足）。这并不是说针叶树喜欢生长在崎岖、酸性、多沙、多涝这种劣质土壤中；事实上，如果它们在较好的气候和土壤条件下生根、成长，也会有更强的生长势头。然而，为了避免对稀缺资源的直接竞争，针叶树会退而求其次，在土壤较差、被风侵蚀的山脊和水资源充足的低海拔地区生长，而把优质的土地和资源让给生长更快的被子植物。[○]（一个值得注意的巧合是，奥地利松，作为欧洲黑松的亚种，这种松树似乎特别喜欢在崎岖贫瘠的地区生长，就像奥地利学派传统的关注点和英雄——创业家一样，向着还未被其他竞争对手发现的领域挺进。）

显然，针叶树是无法把自己的种子送到特定地区的；而从某种意义上来说，它们种子的去向又是确定的。例如，由野火产生的强风会将种子从外围的树上送至火灾地区。只有在遇到高温和火焰消失后才会裂开的、晚熟的松果，也会在火灾后提供用来恢复植被的种子。甚至连树上断断续续掉落的种子也慢慢适应了野火。所有这些因素都指向大自然的逻辑。尽管针叶树在这一章以至整本书中都是一个主要的隐喻，但在森林的真实世界里，一个通用策略是尽力使这些树成为最成功的有机生命体。

在这些不太理想的、贫瘠、多岩且营养缺乏的土壤上，其他物种是很难存活的。但针叶树找到了自己的位置，当然，这要归功于一定的适应能力，使它们能够高效地利用稀少的资源，在裸露出的非常小的基底上争取获得尽可能多的养料，并最终获得收益。例如，菌根（mycorrhiza）是针叶树和真菌之间的一种共生物，它们在树根之间大量繁殖，帮助树木吸收多岩土壤中的养分。其适应性特征还包括针叶的大小和形状，可以减少蒸发，防止水分流失。（针叶树也有一定的防御机制，比如生成粗糙的树皮和细而尖的针，来阻碍食草动物的觅食，有些针叶是有毒的，一些驯养的山羊会因误食

○ Farjon, *A Natural History of Conifers*.

而绝种——"不要吃针叶树"的忠告。）[⊖]

　　针叶树还能忍受日间甚至季节性的剧烈温度波动；它们的祖先也曾在极端的气候变化、板块漂移和地质剧变中幸存下来。同样的一幕在北方广袤的泰加林带曾经更大规模地上演过。北方森林环抱着地球北部的纬线，覆盖了加拿大和阿拉斯加的大部分地区以及美洲大陆的极北部，从冰岛、瑞典、挪威、芬兰，一直延伸到欧洲的高山地区、俄罗斯、日本北部、中国北方等（它们大多是本书主角中的落后者）。在贫瘠土地和有限阳光的恶劣气候下，竞争对手无法生长，而针叶树却开拓了自己的领地——世界上最大的陆地生态系统。

　　在密歇根州北部我的家乡（叫作"Nabatic"，奥吉布瓦语意为"在树中"，在一百多年前由这个地方的所有者命名，他是一家公司的创始人，该公司制造了第一个手动变速箱，是第五章中提到的福特公司的主要供应商），在北方森林的一角，大量的东方白松（北美乔松）排列在悬崖顶端，俯瞰着密歇根湖。这些耐寒的树木已经在多岩土壤（我们发现了巨大的岩石）和严酷条件（特别是漫长而寒冷的冬天）下生长了许多年，也许有一个世纪甚至更久。每当我看到它们，就禁不住羡慕它们的坚韧，它们会充分利用那些阻碍其竞争对手的条件，从而畅通无阻地成长。

　　在大约 260 万到 1.17 万年前的更新世时期，由于冰河的不断冲击作用，巨大的冰川下移将针叶林推向南方，到达由被子植物主导的地区。然而，每当冰盖消退，针叶林就会沿着冰盖重新回到北部，夺回它们的领土，在那里，针叶林比被子植物更有优势。当冰川不断向南延伸时，针叶树会大量生长。这些针叶树会由高至低，犁出一条条肥沃的山谷，作为日后与被子植物竞争的战场。结果，经过数百万年的进化，一部分针叶树从"筛选"过程中幸存下来，

⊖ Farjon, *A Natural History of Conifers*.

它们能够适应恶劣的条件，也能适应针叶林带较短的生长期，随后在欧亚大陆和北美北部的冻土气候下建立了地球上面积最大的森林帝国。⊖

尽管生长环境无情且严酷，针叶树还是几乎可以永远生存下去，或许在 200 年后，它们将完全占据主导地位，淘汰掉除了个别的被子植物之外所有的物种。但这里也并不是针叶树唯一的避难所。在北方高海拔山区以外，针叶树甚至可以在被子植物的海洋中，就像一个个"岛屿"一样，在恶劣的条件下利用贫瘠的土壤生长起来。

然而，故事到此还没有结束。正如克里普一直在提醒我们的，松树在何处生长，松果将何去何从，都无关紧要。因为这些都是显而易见的事情。相反，我们应该把注意力集中在一般现象背后隐含的逻辑上：通过稀缺资源的再分配过程，森林中的植物得以借机施行其迂回策略。柔软、脆弱且易燃的针叶树，利用迂回策略，通过直面暂时的失败而达到最终的成功——这恰恰就是它们强大的一面。这一过程通常分两步进行：找到一个通向某种潜在优势的跳板，借助这一跳板，最终为自身甚至整个物种带来益处。

针叶树迂回式的生长反映了一种不断进化的择偶机制，寻找理想对象并不在于为自身带来什么实质性的好处，很大程度上是为了后代的健康考虑。其实，针叶树称得上是自然界中迂回策略的最佳实践者，它们选择在崎岖荒芜的地方生长，放弃直接优势，继而让自己从掠夺者（尤其是火灾）与竞争者之中存活下来，为其后代提供更好的生长环境（火灾之后）。其实，针叶树在漫长的进化之路中，得益于较强适应力及专注后代发展的基因组合，使其即便在最恶劣的环境中也能生存下去。

⊖ Farjon, *A Natural History of Conifers*.

　　这就是针叶树通过放弃眼下的利益而为打翻身仗做准备的方法。正如老子所言："将欲歙之，必固张之；将欲弱之，必固强之；将欲废之，必固举之；将欲取之，必固予之。"[一] 安乐哲（Ames）与郝大维（DavidHall）也写道："盈满的月亮终将消逝；衰老的柏树也将被慢慢赋予新的活力。"[二] 大自然告诉我们，具有过程性的事物才应当成为我们关注的重点，而不是单一且孤立的事物。在此，针叶树也为本书的写作开辟了一条新思路：我们应当全面而透彻地看待在大自然中体会到的东西，这对人类具有启示性。[三] 于针叶树而言，迂回策略使其首先退而求其次地选择在贫瘠荒芜的地区生长，不断产生数不清的带有种子的松果，它们很容易地被风捎带到遥远的地方，生根发芽，长成一群拥有顽强生命力的战士，迎接未来与被子植物之间的竞争。

　　针叶树的寿命可以达到令人吃惊的长度，是现存最古老长寿的物种之一（与大约 2.5 亿年前在新墨西哥卡尔斯巴德市古老海盐下的浮游生物中发现的 一种细菌，以及 8 万～20 万年前发现的一种深海水草并列）。针叶树几乎只在严酷的环境下生长，那里的竞争不激烈，不会出现过度生长而导致树木变得更加易燃。在被子植物无法生长的瑞典北部冻土地带，一种古老的挪威云杉惊人地生存了 9 550 年之久，甚至可追溯至冰河时期。（事实上，只是树根生长了 1 万年之久，而从这些根中发芽的树木就没有那么古老了——佐证了针叶树有这样一个有效的时间结构。）这个现存的遗迹证明了针叶树超强的适应力和寿命，它比身边所有的竞争对手，甚至地球上的所有物种，存活能力都更强。

○ Gia-Fu Feng, *Tao Te Ching*.

○ Roger T. Ames and David T. Hall, *Daodejing* "*Making This Life Significant*"：*A Philosophical Translation*, 2003, Ballantine Books, NY.

○ 同上。

其他长寿的针叶树还包括温哥华岛上生长了 4 000 多年的阿拉斯加黄雪松。在加利福尼亚州、内华达州及犹他州的多山地区，盆地狐尾松的寿命就如其学名一般：Pinus longaeva（字面意思是“古老的松树”），它有一个特别的种类，即加利福尼亚州白山的玛士萨拉树，据估计有 4 800 年左右的历史。太平洋西北部海岸也生长着一些超过 2 000 年历史的红杉。在我的洛杉矶研究所窗口外的街道上，矗立着巨大的红杉，树干比我手臂所能环抱的上限还要粗，它们是一种标志，代表着迂回策略的普遍性。（有这么多明显的提醒物，我实在不理解为何加利福尼亚州如此不情愿提及其过往迂回发展的工业史？）

生长于岩石上的针叶树似乎是大自然的遗弃者，但它们利用的正是道家智者所谓的谦逊：它们退至其他植物难以生长的地区，然后等待合适的时机开始行动（比如火灾之后）。这便是“为无为”——或者我们把它称作针叶树的“不下种子的播种”。在岩石间生长的它们，有效避免了在肥沃土壤中可能出现的不均匀播种，并且静待时机，以退为进，将种子散布到空中，让风将它们带去发生过火灾后的地区——针叶树退让前生长的肥沃土壤。针叶树完美地演绎了大自然中的“推手”角色，在肥沃土地上避开与被子植物的竞争，做出让步，选择在偏僻而崎岖的地方生长。然而，一旦被子植物由于过度生长而招致火灾，针叶树将带着它们的种子，重新扎根于这片曾吞噬掉被子植物的土地上。

随着土壤慢慢冷却，松果壳中耐受住高温与火焰的种子将开始在此生根发芽。远方崎岖而恶劣的地区不会受到火灾的影响，而大火也会产生特定的营养物质，使火灾后的土壤更加肥沃。（某些针叶树也会产出专门在火灾期间开花的有树脂包被的松果——称得上是针叶树中最会把握时机的物种了。例如，美国黑松的产种量非常高，果实会在树冠中保存很多年；成年树木可以储存超过 1 000 个成熟松果，而每公顷土地可储存的种子总数高达几百万个。（⊖）对于针叶树这种森林中最伟大的机会主义者而言，火灾是它们的朋友，而不是敌人。

尽管一些被子植物也会进入这片地区迅速生长，但针叶树通常会在最初的竞争中获得栖息之地，并最终遍布整片森林。因此，生物学家兼针叶树专家阿约斯·法里昂（Aljos Farjon）写道，针叶树因其本性"不仅比它们的竞争者长寿，还会占领其竞争者的生存空间……"。⊖ 借助对生态环境和气候的改变，针叶树的生长策略为其带来了更好的资源利用机会，结合自身的适应机制，通过不断的自我调整和探索来维持动态平衡。

在阿拉斯加的波丘派恩河（Porcupine River）沿岸，为针叶林的繁衍创造机会的不是大火，而是水。缓慢蜿蜒流淌的河水将外围的森林截断，然后在内部沉积沙子、沙砾和黏土，为新植物的生长提供新的土壤。生长迅速的柳树和杨树可能先在河边播种，但最终本地的云杉也会设法进入这片土地。并不是气候对被子植物不利，更确切地说，幼苗的生长速度较慢反而有利于云杉生长，使它们最终在森林演替中获得优势。随着云杉的寿命变长、数量增多，它们会改变光照和土壤条件，从而获得极大优势。随着时间的推移，在这个北部的生态系统中，这些针叶树会同周围其他森林一样，最终繁茂生长。⊜

一些人将针叶树的迂回策略与《伊索寓言》中的龟兔竞赛做比较。它确实是一个很精致的版本，叫作"最终变成兔子的乌龟"；在这个寓言中，乌龟不满足于慢慢前行，而是不断积累力量并逐渐加

⊖ Anderson et al., "Establishment, Growth, and Survival of Lodgepole Pine in the First Decade."

⊖ Aljos Farjon, *A Natural History of Conifers*.

⊜ 同上。

速——针叶树的策略。(一个令人印象深刻的例子就是加州巨杉，与较年轻的巨杉相比，这些树在生长到 200 英尺以上的高度后，生长速度也会有所提高)。《道德经》里也有一个贴切的比喻再次提醒了我们：“弱胜强，柔胜刚”[一]。

　　上善若水。水善利万物而不争，处众人之所恶，故几于道，居善地。[二]

成长的逻辑

　　正如我们所看到的，只有针叶树而缺少被子植物，并不会使森林变得更好。相反，为了在资源之间建立最有效的平衡，必须存在给予和索取、发现与探索的过程，以及一种对机会的警觉——总是来自静止状态的失衡。在森林生态系统中，优势不是一成不变的，它会随着时间而发生变化。在茂密的森林里，被子植物可能会在一段时间内占据主导地位，针叶树则更加迂回曲折，因此它们在放弃肥沃土地的瞬间就会有所失。随后，野火或其他干扰会湮灭被子植物的领先地位，为善于把握机会的针叶树创造了良机，使其反败为胜。在资源的流动过程中，当生态系统渐渐发现了正确的资源分配方式，成长的逻辑也就应运而生。

　　失调将导致世界的变化；事实上，导致这种变化的过程十分自然，然而同时也会产生最终将其消除并加以纠正的力量。在森林中，失调（过度生长，易受捕食者伤害）预示着系统性的变化。在寻求平衡的过程中，改变无疑是一个自然规律——既不是秩序，也

[一] Ames and Hall, *Daodejing*.

[二] 同上。

不是混乱。我们只能通过对整个过程以及诸多相关联中间步骤的洞察来把握。

　　针叶树后期更快的成长是效率上的巨大优势；这也许是无法抗拒的，若非被子植物有同样强有力的对抗——某种程度上就像累进税制——针叶树将进入后期生长阶段。针叶树的迂回策略要求牺牲眼前利益来换取今后更高的效率，这就是森林中的生长逻辑；它们将获得森林的"继承权"，这是等待者应得的奖励。大自然进步的秘密，就在于她的视野之深，就像针叶树的迂回路线，起初指引自己向着其中一方，以便在未来更轻松地转向另一方。

　　我们已通过对树木的生长模式的分析，形成了对迂回策略的理解。我们现在将从北方的森林，向 20 世纪军事战略家如云的中国和普鲁士以及 19 世纪经济学伟人辈出的奥地利进军。也许我们仍会在针叶林、松果甚至尚未出现的森林中看到它最深刻的一面。

第三章

跨期战略之"势"

横跨 2 000 多年、4 000 多英里，人类历史上两个出奇暴力而又有着高度创造力的时期——中国古代战国时期以及拿破仑征服欧洲，极大地改变了当时的政治格局，也创生出已成为范本的两套通用战略方法论：孙武（兵圣）的《孙子兵法》和普鲁士少将卡尔·冯·克劳塞维茨的《战争论》。

人们一直错误地认为这两者存在较大差异，在先后顺序及哲学意义上"完美地相互补充"。⊖《战争论》尤其受到英国军事历史学家巴兹尔·亨利·利德尔·哈特（Basil Henry Liddell Hart）爵士的激烈批评，他认为克劳塞维茨主张通过最致命的直接对抗而发动全面战争，但孙武则主张尽可能避免破坏性冲突，而是通过操纵或欺诈等间接手段制服敌人。

对于什么是人类最伟大、最有效战略思想的思考，虽然纷繁复杂，但将使我们更好地理解它是如何应用于人类活动的其他领域与更复杂的目标——我认为其中最重要的就是投资方法（特别是奥地

⊖ Ralph Peters, Introduction, *The Book of War*: Sun-Tzu's "*The Art of War*" & *Karl Von Clausewitz's* "*On War*," 2000, Modern Library, Random House.

利学派投资方法论）。这条线索可以说是一种"元系统"，尽管它很难实现，但或许是显而易见的。难点在于它对中间目标的不断追求，继而可以使我们实现一个理想的最终状态，而不是直接地朝着最终目标前进。

最近对这两部古典著作的某些考察揭示了卷帙浩繁的《战争论》与《孙子兵法》之间的战略共性，前者晦涩难懂，需要精心提炼；后者就像密码书，非常细致入微。然而两者间也有明显的联系：都是关于战争——对人类的极端偏见和对文明进步的完全诅咒，并且都带着作者对战争的血腥和破坏性的坚定的现实主义。此外，这两位卓越的军事战略家是各自时代的产物。他们既不是纸上谈兵的理论家，也不是冲突的煽动者，而是沉浸在他们自己的战争文化中。毫不奇怪，他们的著作如今也成为美国西点军校等机构的教学范本。（如果你问任何一个学生，必须掌握哪些语言才能读懂原文，那么答案必然是中文和德语——除此之外，后者对于读懂经济学著作而言也是非常必要的。）

除了以上这些相似之处，孙武和克劳塞维茨之间还有一种更加深刻且更具意义的共性。双方都认识到，并非所有的战斗都是决定性的；更确切地说，采取迂回策略——我们已经讨论过——要好得多，关键在于耐心地获取过程中的优势地位，高效而有目的地实现最终目标。克劳塞维茨使用了中间目的（Ziel）、手段（Mittel）和终极目标（Zweck）的这一理论框架：以下级军官的中间目的作为手段，来实现终极目标。孙武使用了相同的跨期策略，当下采取非直接对策，以便在未来能够直接达成目标，总而言之就在于一个字："势"，明智的将领从敌人身上获取战略优势，"在冲突开始前以非武力介入，以避免后续的激战"。⊖ 正如《孙子兵法》中："是故百战

⊖ Fran. ois Jullien, *A Treatise on Efficacy: Between Western and Chinese Thinking*, 2004, University of Hawai̇ Press.

百胜，非善之善者也；不战而屈人之兵，善之善者也。"[1]

"势"在英文中的译意较为模糊，但通常可以用以下几个词来描述，其中包括潜力、部署、布局、势力，以及对军事理论家来说最重要的一点：战略优势[2]，可以扩展到位置优势或优势利用。我们可以把它理解成培养当前对未来的影响力。其包含的多重定义不在于让人们选择一个解释，而是更宏大、更复杂整体的一部分。从"势"的词源来讲，它象征着一只手握着某种物体——"播种、种植、培养"（包括对艺术的培养）[3]，或象征着手中握着一块泥土，通过"力"来使其就位。"势"的一个同音异义词"时"（在口头上，它们本质上是同一个词，可以互相替换）带来了一种时间上的联系，也就是"机会"。[4]

专注背后的潜能体现在"龙"这一形象上，这也是"势"在中华文化中的另一种象征。龙作为"势"的另一种体现，可以灵活、战略性地上天入海，在具象与无形间自由转换。[5]

虽然"势"在中国文化中是一个相当普遍的说法，也并没有赋予其任何特殊的哲学意义，但是，"势"却是《孙子兵法》中的一个典型概念（当然，还有本书中类似的"目的、手段、终极目标"三层次）。对于军事家来说，"势"传达了通过"不干涉"和"不利用"[6]来获得影响力的重要性，而最终确保了战斗优势。因此，孙

[1] Roger Ames, Sun-Tzu: *The Art of Warfare*, 1993, Ballantine Books.

[2] 同上。

[3] D. C. Lau and Roger Ames, *Sun Bin: The Art of Warfare: A Translation of the Classic Chinese Work of Philosophy and Strategy*, 2002, State University of NY Press.

[4] Fran. ois Jullien, *The Propensity of Things: Toward a History of Efficacy in China*, 1999, Zone Books.

[5] 同上。

[6] Roger T. Ames, *The Art of Rulership: A Study of Ancient Chinese Political Thought*, 1994, State University of NY Press.

武的"势"就像老子的"无为"。事实上,"势"更像是一种"无为"策略,正如老子所言:"行无行"。⊖

"势"作为布局上的优势,与"形"这一战略布局上的概念有些许重叠;或者,正如我们可能会说的,"势"正是通过"形"而获得更大优势。刘殿爵(D. C. Lan)作为道家文献的主要翻译家,注意到在《孙子兵法》中,"形"与"势"这两个概念是近义词。⊜军队的战略部署(形)就像山涧中倾泻的水流的位置;"势"就是其中潜在的力量:水流最终裹挟着巨石,在强有力的水浪中俯冲而下,克服它前进道路上的一切阻碍。智者会将自己置于"上游",从而蓄势待发。⊜(有些自相矛盾的是,水是自然界中最柔软又最强大的力量之一。)

"势"有时就像斧头的把手,能够加强斧头的效果。⑳其中的优势在于工具本身及组装方式——"借力"(势的另一个含义)——通过配置有用的事物来达到最终目标。(一种有用的事物不一定是一种实物或者材料;它也可以是一种状态,比如有利的准备状态。)

战略部署上的优势并不是一成不变的,而是总会出现一些迂回方式和不断变化的因素——如敌方的位置、地形的凸凹、光照条件、气温条件、太阳与雾,等等。在意识到所有这些因素后,指挥官必须在军队处于最佳状态时才会行动,并积极利用军队的最佳潜在状态。⑩孙武提出的"势",意味着"求之于势"以及"安则静,危则动,方则止,圆则行"。㊅也就是说"占领关键地带,并且做好埋伏"。而在缺乏适当的地形时,你就必须"躲在阴影和迷雾

⊖ Gia-Fu Feng, trans., *Lao Tsu, Tao Te Ching*, 1972, Alfred A. Knopf, NY.

⊜ Ames, Sun-Tzu.

⊜ Jullien, *A Treatise on Efficacy*.

⑳ Ames, *The Art of Rulership*.

⑩ Arthur Waldron, "The Art of Shi," *The New Republic*, June 23, 1997.

㊅ Ames, Sun-Tzu.

中""出其所不趋",这样就会让敌方措手不及。[⊖]就像"推手"一样,目标是等待一个可以利用敌方软肋的时机,从而更有效地击溃对手。

我们同样可以在《战争论》中找到"势"这一概念。它往往出现于军队朝着一个目标、通过特定手段达到最终目的时进行的战略部署中。比如,克劳塞维茨主张抓住一个方向打击敌人,而不应在全面进攻(即屠杀)中试图攻破敌人坚固的防御而消耗大量资源(尤其是士兵)。因此,这个两者共有的思路,终结了几个世纪以来的争论,也改变了人们认为孙武和克劳塞维茨截然相反的这一看法。这两位将领,一个中国人,一个普鲁士人,并不是哲学上的两个极端,其战略是十分相似的。

(军事战略家)孙武与克劳塞维茨

⊖ Ames, Sun-Tzu.

克劳塞维茨无疑是最伟大的军事战略家之一，他为人们提供了研究战争策略所需的重要线索与视角，帮助人们更深刻地了解其他复杂的人类追求。正如他在《战争论》中所写到的，"因此，我们认为战争是不属于艺术和科学领域的；相反，它是人类社会的一部分。战争往往缘于利益冲突，需要流血牺牲才能使问题得到解决，这也是战争有别于其他冲突的唯一方式。与其将战争与艺术相比，还不如将其与同样因利益冲突而起的商业做比较；此外，它与政治的关系更加密切，而这反过来又可以被认为是一种更大范围内的商业"。[⊖]

手段—目的理论实际上也暗含于"势"这一概念中（有些人过于简单化地看待这个问题，所以会提出异议），即不断获取有形抑或无形的"上游战略"和有利手段，以更好地达到最终目的。因此，其中的首要概念和关键字就是"道"的表现形式"势"，以及类似于目的—手段—终极目标三层次的理念，它们都是本书将强调的重点。

为了进一步加深理解，我们必须再次回到中国古代这样一个极富哲学多样性的时代。在此期间诞生的这位道家将领，理所当然地成了最著名的军事思想家之一。

孙武之道

从毗邻黄海的齐国，到西部平原上的秦国，中国的七个封建王国在战国时期（公元前 403 年到公元前 221 年）从未停止对统治权的争夺。那时，所有男性都有服兵役的义务。到公元前 300 年，地

[⊖] Carl von Clausewitz, *On War*, trans., Michael Eliot Howard and Peter Paret, 1976, Princeton University, Press.

方军阀调动军队，招募了成千上万应征入伍的步兵。当战争在半自治的国家爆发时，战争途中的军事战略家往往向封建统治者提供他们的专业知识；在这些军事专家中，据说有一位名叫孙武的将领，后来被称为"孙子"或"兵圣"。伟大的军事哲学家孙武，在政治生存极为重要的时代背景下，必然地成了"应用哲学"的象征。[一]

与《道德经》一样，《孙子兵法》来自一个口头传说，这使得整个创作过程中的"作者"随着时间的推移变得越来越多。因此，人们开始质疑孙武在历史上是《孙子兵法》及其派生理论的唯一作者。《孙子兵法》自 1772 年由一位耶稣会传教士翻译成法文，此后也以世界上的大部分主要语言出版过。它的广泛影响（连同《战争论》）超越了毛泽东（尽管许多人把他的"游击战略"归功于孙武，但他的思想实际上更类似于欧洲的战略家）、亨利·基辛格、苏联和越南共产党。（当然，从表面上看，它在商业管理方面的应用很快就变成了陈词滥调。）

凭借对军队与战争的深刻理解，孙武自然很清楚如何把士兵训练成一支高素质的部队，再把部队变成一部高效的"战斗机器"。关于孙武有一个略显夸张的传说是：他当年为吴王服务，吴王将他任命为军队首领以大展身手，孙武随即同意把后宫的宫女当作士兵来训练，并把这 180 名宫女分为两个营，还任命了吴王最喜欢的两位妃子担任指挥官。但是，当孙武发现他的命令带来的是宫女们的哄笑而不是严格的服从时，他下令处死了那两位指挥官。虽然吴王对此有些不满，也失去了对这次演练的兴趣，但后宫其余的宫女从此一心一意听从孙武的命令。[二]（道家中当然不是所有人都是和平主义者。）孙武是间接战略的鼻祖，在真正需要行动时，间接地、主动地

[一] Ames, Sun-Tzu.

[二] Nicholas D. Kristof and Sheryl WuDunn, *Thunder from the East*: *Portrait of a Rising Asia*, 2001, Vintage.

把握时机。他的战略思想是一种固有的（尽管不是明确的⊖）手段，得益于计划带来的功效。因此，胜利花落谁家不再取决于运气。正如《孙子兵法》所言，"夫未战而庙算胜者，得算多也"。⊜

然而，更妙的是，在孙武眼中，一位明智的将领必须能够认识到战争的破坏性，要借机建立位置上的优势，从而用威胁、操纵和威慑来征服敌人，使对手放弃或投降。将领"拔人之城而非攻也，毁人之国而非久也。"⊜ 不需战斗就获得了胜利。这些话也恰恰呼应了"无为"和《道德经》（其本身是一篇军事和政治论著）："吾不敢为主，而为客；不敢进寸，而退尺。"⑩ 此外，我们并不是把战争问题归咎于《孙子兵法》，把哲学问题归结于《道德经》，而是，我们认识到，战争是老子这一哲学的根源，是圣贤们对这一可怕时代的回应，在这一时期，战略思想从可憎的战场上萌芽。

在战争行为上，也许是道家（也同样是自然主义者）的孙武从针叶树身上找到了灵感——撤退到敌人不想要的领土，作为他们的战略前哨（在"出其所不趋，趋其所不意"的地方行军，"攻其所无守也"，"守其所不攻也"⑮）。也许这就揭示了孙武提出的号召——看好"种子"，"甚至在它还未成熟之前"。⊗

然而，当发动攻击的时机出现时，有一种武器，是那个时代最重要的技术革新之一，甚至改变了战争的方式。它就是弩，它潜在的间歇性的力量体现了"势"。

⊖ Jullien, *The Propensity of Things*.

⊜ Ames, Sun-Tzu.

⊜ 同上。

⑩ Gia-Fu Feng, Lao Tsu, Tao Te Ching.

⑮ Ames, Sun-Tzu.

⊗ Jullien, *A Treatise on Efficacy*.

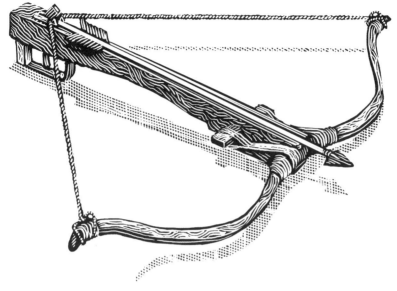

弩，公元前 500 年左右引入中国

"势"与弩

　　弩很有可能在公元前 500 年时就由其他民族传入中国，在公元前 200 年得到了广泛传播。在孙武的家乡吴国，精锐部队往往身穿厚重的盔甲和头盔，背后绑着长矛，腰上挎着剑，肩上扛着弩和 50 支箭，每天行进 50 公里。[⊖] 弓箭手将箭平行支在弩上，并将弓弦拉紧（用脚和脚箍来支撑弓）。如此，他们就算是"准备就绪"了，手指放在扳机装置上，随时准备释放弓弦的能量，以使箭产生足够的动量和速度。这样，弓箭手可以百步远的距离射穿敌人的盔甲和盾牌，而自己仍然远在对手的射程之外。在使用弩的情况下，距离成

⊖ Patricia Buckley Ebrey and Anne Walthall, *Pre-Modern East Asia: A Cultural, Social and Political History*, vol.1: To 1800, Third Edition, 2013, Wadsworth Publishing.

为战斗中时间与空间上的一个重要因素，因为一个人可以突然在距离很远的地方有效地射杀敌人，因而武器装备及其效能就成了目的。就像孙武所说的，"鸷鸟之疾，至于毁折者，节也。是故善战者，其势险，其节短，势如扩弩，节如发机……抓住准确时机。"⊖

这样的优势永远不会来自针锋相对的交战，或者对手之间激烈的对峙。然而，"势"蕴藏在拉满的弓弦中，被弓箭手人格化。弓箭手并没有仓促行动，而是把握好时间和自身位置，伺机而动。（在此，我们看到的是一个掠夺者惊人的控制力与协调力，正如张三丰和太极拳，像蛇一样做好伪装并突然袭击。）

对于"势"的理解是极其重要的，数年前，在五角大楼上交国会的有关中国的报告中，使用了"势"来解释中国的"伟大战略"——不断平衡竞争优势，维持经济发展势头，维护发展所需的安全环境，以保持有利的发展势头（越来越多的证据表明，"势"这一概念是十分容易混淆的）。美国国防部长办公室（Office of the U. S. Secretary of Defense）出具的一份报告指出，在西方，对于"势"还缺乏直接的翻译，因此将"势"定义为"战力的战略配置"，大致相当于"战力的协同"，是"只有高超的战略家才能加以利用的潜力与倾向"。⊖

总之，"势"这一策略可以归结为获取位置优势和为一场更易获胜（如果没有确保）的战斗取得绝对优势。"势"总是更加注重未来，而不是当下，强调"上游"中间的目标或焦点，利用恰当的手段，使最终目标能够更易实现。因此，通往胜利的道路可以归结为对取"势"的坚持，即利用时间慢慢建立优势，而不是像"力"一样，直接参与冲突。

⊖ Ames, Sun-Tzu.

⊖ Office of the Secretary of Defense, Annual Report to Congress, "Military Power of the People's Republic of China," 2006.

"力"——直接途径

凡事都有两面性，两个互补的方面交替发生。在道家思想中，阴（无形的、隐藏的、被动的）与阳（可见的、明显的、主动的）相互平衡。与预示未来迂回的"势"对立的，是反映现状的、直接的"力"。在"胜负攸关"的激战中，"力"寻求的是每次交锋的果决胜利（老子不提倡的"错误捷径"[⊖]）——希腊人遗留给我们的战争模式[⊖]，也代表着当时的汉尼拔——伟大的迦太基名将，其观点与"力"的追求当下的胜利密切相关（所谓西方人的世界观）。

相比之下，"势"却由诸多步骤组成，我们需要借助长远的眼光，一步步地走向终点。它就像道家思想中"沿着山腰攀登的过程（因而能够保持稳定），在某一点出现，然后消失在山坡上，重新出现在更远的地方。"[⊜]

具有前瞻性的战略家利用"势"，以迂回的方式达到过程中微妙甚至无形的每一步，而使用"力"的战略家则专注于当下，凭借现有的力量，踏上直接而明显的道路，朝向切实的目标，依靠武力来决定每一场交锋的结果。简而言之，"力"在于直接命中，而"势"则是先寻找位置优势。前者较为激进，与时间赛跑，因其极度明确的指向性，冒着巨大的风险，因而十分容易因遭受反击而溃败。后者丝毫不需激进，不需着急，计划好时间，甚至有时会为了确保未来更强的力量，将无关紧要的胜利拱手让人。

⊖ Jullien, *A Treatise on Efficacy*.

⊖ Jullien, *The Propensity of Things*.

⊜ 同上.

手谈中的"势"与"力"

也许最明显、最具启示性的"势"与"力"战略博弈的例子就是围棋了。围棋起源于 4 000 年前的中国，是世界上现存最古老的棋类游戏，其中蕴涵着诸多战略理念和地域争夺手段。（传说围棋是当年一位皇帝发明的，用于启发他的儿子）。正如孙武所主张的，以取"势"的方法逐步战胜敌人，在不要求每场战役都占据主动的前提下，以柔克刚，最终取胜。同样的策略也可以在围棋中发挥巨大的作用。通过学习并练习围棋，我们能够理解并实践《孙子兵法》中的具体战略和运作理念，也能对其哲学、战略战术进行深入的研究。

"势"与"力"

势	力
迂回地，跨时期地	直接地，即时地
强调手段	强调结果
耐久而平和	急躁而激进
通过完成眼下的目标来确保未来优势	注重短期结果，而不是水滴石穿
细腻而无形	激烈而实际
大部分战斗结果不重要	每场战斗都是决定性的
细水长流	步步为营
更注重成因	更注重效果
目的、手段	最终目标
无为	为

围棋对弈的过程体现了"势"与"力"战略思想的碰撞。自然而然地在哲学、战略与外交上，形成了东西方思想文化之间的差异。围棋大师兼作者彼得·肖特维尔（Peter Shotwell）指出，"力"

这一概念，一般来说代表着直接追求利益，尽力把事情做好的"阳"性策略。而"势"则是一种以直接利益为代价来追求最终控制力的"阴"性策略。[一]"势"放眼未来，而"力"专注当下。

围棋通常在 19×19 格的棋盘上进行（初学者有时也使用 9×9 或 13×13 的棋盘）。棋盘呈方形，平整，代表大地；四个角落代表着四季；黑白棋子象征着石块；棋子平滑的外形象征着石块的流动性，而棋子相同的外形意味着它们之间不存在子力差别。[二]（显然，这与国际象棋相比有明显的不同，国际象棋棋子间子力不同，并且追求全歼敌方。）

从本质上讲，围棋是一种简单的游戏。但其简单性也恰恰带来了高度的复杂性。其实，围棋也是计算最精确的博弈类游戏之一。在围棋中，双方未来着子的可能性将呈指数倍增长。围棋的最优策略并不是去预测并考虑未来的行棋方式，而是通过不断回溯，将最终的决定性优势转化为眼下可以达到这一目的的最佳手段。

围棋的目的在于，用棋子在棋盘上围出更大的区域。对弈开始时，双方面对的是空空如也的棋盘。执黑棋者先行，可在任意两线交叉的位置着子。随后，玩家要轮流在空余的地方着子。如果一方玩家设法将对方某个或某群棋子所有的"气"堵住，并且成功，那么玩家将可以"提子"，即把对手相应的棋子从棋盘上拿开。最终，围地多者为胜。

清楚了游戏目的，那么很明显，围棋中最基本的技巧就在于占领棋盘四个角落的位置，以便最高效地围出同样大的区域（棋盘的四个角分别已经提供了两个边缘）。追求眼前利益在围棋中往往只能

<hr />

[一] Peter Shotwell, "Appendix VII, The Use of Shi and Li in Weiqi and American Politics：Some Notes on a Forbes Opinion Article by Mark Spitznagel," 2012.

[二] David Lai, "Learning from the Stones：A Go Approach to Mastering China's Strategic Concept, *Shi*," Strategic Studies Institute, May 2004.

算是下策；而"取势"则是围棋中的首选策略：通过慢慢占领关键位置，不断取得潜力与相对优势；[1] 起初难以察觉，但这些优势会随着时间的推移慢慢浮现。

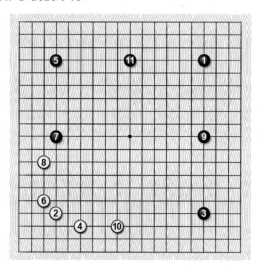

图3.1　棋盘上的势（黑子）与力（白子）

图 3.1 向我们展示的是一局对弈最初的 11 手棋，黑棋与白棋均以十分常规的"星位"开盘。我们可以看到双方策略的分歧：白棋（第 4 步）并没有直接应对黑棋的开放式布局着子，而是将子力聚集在棋盘的一角，希望迅速在此打开局面。白棋接下来的几手（6，8，10）奠定了其在这一区域的统治地位，但这样无疑也给了黑棋在其他区域积累潜力甚至取胜的空间。黑棋通过使用间接而迂回的"取势"策略，放眼未来，厚积薄发。就好似双方在进行两场不同的博弈；黑棋真正的对手并不是白棋的既定阵型，而是白棋未来的布局。

　　然而，这样的优势很难在一开始就显现出来。广义来讲，这是一种极度困难的时间上的取舍：起初，黑棋看起来并没有占据任何

[1] Henry Kissinger, *On China*, 2011, Penguin Press.

区域，一系列着子之后也没有产生任何确定的优势。而白棋已有 30 个点的优势，似乎证明了"力"这一策略的实用性——但其精髓只是在于有形而直接。就黑棋目前的布局来看，很有可能在未来以 50 个点的优势遥遥领先。（专业的围棋比赛胜负往往在于十分微小的差距。）相比而言，白棋所占的围地更加保险，而黑棋的潜在围地更大。这恰恰就是黑棋在未来取得优势而付出的一点代价：以当下的劣势换取今后的优势。黑棋厚积薄发，以退为进，在未来更加关键的时机利用自己最大的资源——黑棋接下来在棋盘中央的着子将有很大帮助。简单来说，这就是在追求最终目的途中，黑棋必须要做时间上的取舍：迂回策略。

我们同样可以看到，在围棋比赛中，位置优势可以为最后发生的决定性一击提供机会（对于只看得分板的人来说，这甚至就像一个令人吃惊的"尾部事件"，见第九章）。实际上，这就是通过牺牲当下而"取势"这一策略的关键所在。而"力"又在"势"之中（"力"在写法上也包含于"势"字之中）。在装载、蓄力之后，弩必须要将箭射出（若最终无法将箭射出，则"势"也就失去了意义）。

就像图 3.1 中的开局，我能想象到的取"势"最鲜活的体现，或许正是存在于围棋之中。然而，在现实世界中还有很多更加微妙的例子。但我们也清楚，为了更加有效地实行取"势"策略，"力"也是必不可少的。正是后者的迫切与直接，为前者奠定了优势（很像第一章中的路·伯德特）。两个采用与此相同策略的对手之间的围棋比赛，远远超越一局简单的游戏（对于黑棋而言更加困难）。

东西方的共同主线

说罢中国古代的文化与哲学，我们来看拿破仑时代的欧洲，正如中国的战国时期，各势力间为了艺术、科技上的统治地位与进步而进行着鏖战。同中国古代一样，在那个年代的欧洲，也有一位无与伦比的军事学家：卡尔·冯·克劳塞维茨。克劳塞维茨生于战争年代，1780 年，当时的革命运动改变了欧洲与美洲的政治格局，也催生了拿破仑·波拿巴（Napoleon Bonaparte）的专制政权。克劳塞维茨在 13 岁时，作为预备役军官加入了普鲁士军队，并于 1793—1794 年成为第一次反法同盟的一员。[由于当时的普鲁士将领弗里德里克（Frederick）禁止平民担任正式军官，因此克劳塞维茨和他的兄弟们在 1786 年国王去世后，只能被选为候补军官。尽管出身中产家庭，并非贵族，克劳塞维茨和他的兄弟们也最终成了将领，理所当然地赢得了其父亲为家族成员添加的贵族标志"von"（冯），也许这是虚构的与某位古代名人之间的血缘纽带。直到 1826 年，这个家族才正式确定了贵族身份○]。1801 年，克劳塞维茨考入柏林军事学院，并于 1804 年以优异成绩毕业，成为当时普鲁士王子奥古斯特（August）的副官。也正是在那段时期，他邂逅了他未来的妻子，一个地位显赫的女人——伯爵夫人玛丽·冯·布吕尔（Marie von Brühl）。

作为一名终身服役的军官，克劳塞维茨跟随其父弗里德里克·加布里埃尔·克劳塞维茨（Friedrich Gabriel Clausewitz）的晋升足迹。其父在 1759 年作为见习军官加入普鲁士军队，随后参与了普鲁士与英国等结盟，对阵法国与西班牙等国的七年战争（1756—1763 年）。战火很快蔓延至欧洲、非洲、印度、北美（即法国—印第安人战争）、南美，甚至菲律宾。

七年战争之后，老牌欧洲强国弱势显现，动荡和革命接踵而至。美国殖民地脱离了大不列颠，从而鼓舞了法国大革命；法国君主制的崩塌作为一个转折点，永远地改变了欧洲。在法国的街道

○ Peter Paret, *Clausewitz and the State: The Man, His Theories, and His Times*, 2007, Princeton University Press.

上，当君主和他们的拥护者在断头台被当众处死时，鲜血撒满街头。混乱与鲜血中造就了一位法国军官，他是科西嘉人，出身于高贵的意大利血统家庭，也成功地领导了法国战役，他就是拿破仑·波拿巴。1799 年，拿破仑在政变后就任第一执政官，并于 1804 年加冕为皇帝。

尽管克劳塞维茨憎恨拿破仑，但还是对他做了大量研究，甚至十分钦佩他的战术；拿破仑领导过的战争，成为克劳塞维茨的著作《战争论》中最重要的部分之一。然而，拿破仑经历的失败与克劳塞维茨的毕生事业同样重要。（讽刺的是，为了以简驭繁，我们假定他从来没有读过《孙子兵法》，因为克劳塞维茨鄙视法国的所有东西，还拒绝说法语，然而，法语正是当时的欧洲将《孙子兵法》翻译过来的唯一语言。）

从政治角度来看，由于拿破仑有着想占领欧洲大部分地区的企图，相应的联盟和帝国也就形成了。1804 年，为了对抗拿破仑，奥地利帝国（之前是哈布斯堡王朝的神圣罗马帝国）诞生了；其包括如今的奥地利、克罗地亚、捷克共和国、匈牙利、意大利、波兰、罗马尼亚、塞尔维亚、斯洛伐克、斯洛文尼亚和乌克兰的全部或一部分。奥地利和普鲁士为了争夺德语地区合法统治地位而经历了长期冲突。尽管在七年战争期间，奥地利和普鲁士曾势不两立，但两国在拿破仑战争期间仍可以站在同一条战线上。（无人能及的音乐家路德维希·冯·贝多芬，也同样因为对拿破仑的进攻与自我加冕的憎恶，一气之下把其第三交响曲原先扉页上的标题《波拿巴交响曲》（Bonaparte Symphony），改成了《英雄交响曲》）。

对于一向果断的拿破仑来说，时间在他的征途中是最重要的；正如他所说的那样，"我可能会输掉一场战斗，但我永远不愿意浪费一分钟"。[⊖] "拿破仑的基本策略在于扰乱敌人的平衡，一旦对手的

⊖ B. H. Liddell Hart, *Strategy*：*Second Revised Edition*, 1991, Plume.

平衡被打破，就容易被其击败了。他对奥地利（法国最主要的对手）就采取了这一战略，将意大利北部（称为"初级伙伴"）看作拿下奥地利的跳板（"高级伙伴"）；之后，就该轮到西班牙和意大利了。他的计划取得了成功："他将奥地利军队诱入意大利，进行连续进攻，并在那里击败了他们，12 个月后，他自然轻松踏上了通向奥地利的路。"⊖

1806 年，克劳塞维茨在与法国军队的战斗中，亲身体验了一次拿破仑的战略。最终，普鲁士士兵被制服，克劳塞维茨和奥古斯特王子均被抓获。克劳塞维茨随后一直被关押在法国和瑞士，监禁给了他充足的写作时间，也加深了他对法国和普鲁士军队在发动战争时本质区别的理解。后来，他甚至对自己的国家和军事领导层提出尖锐的批评，同时意识到拿破仑军队是普鲁士的强大对手。然而，克劳塞维茨不得不承认，法国的胜利"与其说是由于其现代化或数量上的优势，不如说是来自拿破仑被其对手的愚笨和懦弱所激发的才能。"⊜（克劳塞维茨对普鲁士军队的批评是如此激烈，以至于这些作品在近 70 年的时间里都没有在德国出版过。）

克劳塞维茨的囚禁一直持续到 1808 年，此后，他回到了普鲁士军队，成为格哈德·冯·沙恩霍斯特（Gerhard Von Scharnhorst）将军的助手。这位将军以创造了现代参谋制度闻名，而克劳塞维茨最终也帮助格哈德·冯·沙恩霍斯特将军重新组织和领导他曾经尖锐批评过的军队。1810 年，克劳塞维茨被任命为柏林军事学院的教授；同年，他也克服了玛丽的母亲对两人是否门当户对的顾虑，终于和玛丽喜结连理。两人示爱的信件展示出了克劳塞维茨的另一面，与他平日里冷酷无情的军事战略家形象截然不同。恋爱中的克劳塞维茨成为一位诗人，他显然受到了浪漫主义时代的影响，这一

⊖ B. H. Liddell Hart, *Strategy: Second Revised Edition*, 1991, Plume.

⊜ Paret, *Clausewitz and the State*.

时期更加重视审美、直觉和情感，而不是法国大革命期间启蒙时代的理性。

　　然而，在战争中，克劳塞维茨变得沉迷于战场上的艺术与科学（他称之为“Feldzug”），不仅是他的智慧，还有他的哲学家本性。显然，他还受到了同时代德国哲学家的影响，尤其是伟大的伊曼努尔·康德（Immanuel Kant），克劳塞维茨从他那里学到了两种形式的真理：形式上的和实质性的。在《战争论》中，他把两者结合在一起，用逻辑加以抽象，但他非常反对从历史经验中学习。尤其是在战场上，人们遇到的情况变幻莫测，波诡云谲。因此，克劳塞维茨可以说有着康德主义思想［实质上，也许人们应该说他更像德国理想主义的奠基人之一威廉·弗里德里希·黑格尔（Wilhelm Friedrich Hegel）］。⊖ 正如传记作家彼得·帕雷特（Peter Paret）笔下的克劳塞维茨，“德国哲学赋予了他在战争中进行逻辑探究的手段”。⊖

　　为了坚定地阻止拿破仑征服欧洲，克劳塞维茨称得上是一位实干家。当普鲁士由于两国间的短期联盟而拒绝与法国作战时，心生厌烦的克劳塞维茨在 1812 年加入了俄国军队（此举使他在列夫·托尔斯泰的《战争与和平》一书中被简短地提到，包括法国入侵俄国）。然而，这一行为使他永远失去了普鲁士国王弗里德里希·威廉三世（Friedrich Wilhem III）的支持，从那时起，他就把克劳塞维茨视为叛变者和革命者，甚至在与法国的联盟结束、克劳塞维茨于 1814 年回到了普鲁士军队后，仍是如此。

　　当普鲁士对拿破仑发动战争时，克劳塞维茨正在约翰·冯·蒂尔曼（Johann von Thielmann）将军的指挥下参与 1815 年的瓦夫尔战役，那是百日战役和拿破仑战争中最后一次重大军事行动，普鲁士

⊖ Hew Strachan, *Clausewitz's On War*：*A Biography*，2008，Grove Press.

⊖ Paret, *Clausewitz and the State*.

决定对拿破仑的军队进行致命打击，从而阻止更多的法国士兵加入滑铁卢战役。

滑铁卢战役之后，战败的拿破仑被流放，最终在 1821 年死于南大西洋的圣赫勒拿岛上。至于克劳塞维茨，尽管他在 1818 年晋升为少将，但由于没有得到国王的支持，也面临着各种各样的放逐：他被分配到一个军事学院办公室工作，持续担任行政职务 12 年，并且学院任何课程的更改都被国王明令禁止。因此，正如一位历史学家所写的那样，"满腔热忱的克劳塞维茨最终心如死灰"。[○]（他会很高兴地退休，在一个乡村农场平静地写作，这也算是他力所能及的事）。然而，在军事学院漫长的岁月里，克劳塞维茨每天都要花上几个小时的时间来做笔记，并把它们（很多时候不止一次）汇编成详尽的、有时甚至是次序混乱的总结。

1830 年，克劳塞维茨终于再次看到了行动的机会，他被任命为波兰边境普鲁士军队的参谋长，以应对波兰危机和欧洲其他地区的动乱。这也引起了人们对欧洲另一场冲突的担忧。在 1831 年该地区爆发霍乱时，克劳塞维茨命令军队建设一个卫生区来控制这种致命的疾病，但很快就同样成了受害者。每次回家后，他的精神和健康状况似乎会好转一小段时间。在他与妻子一起度过了八天之后，第九天，他再次病倒，且显示出霍乱发作的迹象。51 岁的他终因心脏病发作去世。在他死后，玛丽在她哥哥和克劳塞维茨两个朋友的协助下，出版了他的作品。第一批手稿出版于 1832 年，还有一些在 1836 年，也就是玛丽去世前的那一年出版。（不幸的是，玛丽对于她的丈夫及其创作所付出的努力，还算不上是一个专业的编辑，因为她整理的作品杂乱且不完整。）克劳塞维茨的最后两篇文章在玛丽去世后得以发表。

○ Ralph Peters, Introduction, *The Book of War*.

出于误解的攻击

尽管克劳塞维茨对战争有着天才般的见解〔军事历史学家拉尔夫·皮特斯（Ralph Peters）称《战争论》是那个时代除了歌德的《浮士德》之外，最历久弥新的著作之一⊖〕，但由于它处于未完成的状态，也成为过去两个世纪被误解最深的书籍之一。由于经常被引用而很少被通读，《战争论》成为被误解与刻薄攻击的目标。对克劳塞维茨最著名、最直言不讳的批评家利德尔·哈特（Liddell Hart），用他自己的作品《大战略：间接路线》（*Strategy：The Indirect Approach*，1954 年初版，即克劳塞维茨去世后 101 年）对《战争论》大加驳斥。在第一次世界大战期间，利德尔·哈特作为英国步兵遭受了毒气袭击。后来，他于 1927 年从陆军退役，并成为一名军事作家。（他描绘了自己心中的诺曼底登陆计划，并撰写了一篇评论，在军官和政治家之间广为流传。最终，温斯顿·丘吉尔（Winston Churchill）下令以叛国罪逮捕他，并怀疑他是一名纳粹支持者。哈特一直受到监视，但后来被证明无罪，并于 1966 年被授予爵位。）

在《大战略：间接路线》中，哈特称克劳塞维茨为"全面战争的倡导者"⊜，指责他在西部战线大屠杀的想法，并声称欧洲军官追随克劳塞维茨，危及 1 600 万多名军人和平民的生命，成为人类历史上最惨痛、最致命的一幕。这种反对克劳塞维茨的主张源于他对"Gewalt"（即德语的"力"）这个词的使用，也使得他提倡在激烈的战斗中选择直接进攻。正如哈特所说的，"他们接受普鲁士军事

⊖ Ralph Peters, Introduction, *The Book of War*.
⊜ Hart, *Strategy*.

哲学家克劳塞维茨作为他们的主人，盲目地采纳自己不理解的格言，例如，'用血腥的方式解决危机，尽全力摧毁敌人的力量，是战争的首要信条。''只有全面战争才能产生伟大的结果。''鲜血是胜利的代价。'"⊖

哈特提出他所谓的"间接战略"，作为对克劳塞维茨的反驳，认为它远远优于有可能削弱攻击者并增强防守者抵抗力的直接进攻。哈特解释，在最佳战略时机采用间接进攻可以削弱对手，从而避免了对敌人顽固阵地的全面进攻而带来的高伤亡率。哈特的间接战略无疑是对克劳塞维茨的质疑。克劳塞维茨主张"在战斗中对敌方进行直接的致命打击"⊖。然而，哈特的观点也被认为是不准确的——而且我敢说他的观点完全错误。在《战争论》中的"1827 年 7 月 19 日公告"（Notice of 19 July 1827）中，克劳塞维茨描述了两种战争：一种是直接征服敌人，另一种是先占领一些边境地区，然后在谈判中尝试吞并或用来讨价还价。所以说，哈特也没能意识到《战争论》中"战争的双重性质"，一方面是"绝对"的武力，另一方面则是"有限度"的武力。然而，那些将战争作为政治工具的人的目的是"有限武力"。这种相互关联但迥然不同的概念（战略/战术，绝对/有限，进攻/防守，等等）正是克劳塞维茨那个时代哲学观点的一部分。⊜

因此，我们可以与克劳塞维茨的拥护者站在同一边，支持他们最近的分析；这场大规模的武装冲突以及大屠杀（甚至包括那些同样尊敬他的可怜的纳粹分子）都不能归咎于克劳塞维茨，而应当怪罪那些为了自己的目的而利用其理论的将领和指挥官们。（如果说克

⊖ Ralph Peters, Introduction, *The Book of War* Hark, *Strategy*.

⊖ 同上。

⊜ Capt. Kenneth L. Davison, Jr., USAF, "Clausewitz and the Indirect Approach: Misreading the Leader," *Airpower Journal,* Winter 1988.

劳塞维茨的策略完全错误，那是因为理解他文章的难度太大）。

《战争论》——间接战略

克劳塞维茨的《战争论》充满辩证思想，从最基本的前提开始说起，第一章的标题是"什么是战争？"在书中，他拒绝了"出版人员所使用的有关战争的深奥定义"，而是以两个摔跤运动员做比喻。"每一个人都以武力来迫使对方屈服于自己：他的首要目标就是将对手摔倒，从而使其无法做进一步的抵抗。"⊖（克劳塞维茨也用"太极推手"作为他的主要喻体？）他后来也描述了基于"交易"而进行的军事交锋，这个词如今指的是通过"交换"或"贸易"以获得有利地位：

那些虽无法直接摧毁敌人，却能通过迂回曲折的途径达到这一目的的策略，有着更加巨大的影响。占领省、城、堡、路、桥、弹药库等，可能是战斗的直接目标，但绝不是终极目标。这类目标物除了能让自己获得更大的优势外，永远不能被看作一种手段。因此，以这样的方式最终向敌人宣战，根本是不可接受的。所有这些东西都只能被看作中间环节，只是基于某种有效原则所做的准备工作，而不是它本身。⊖

交易是战争的基石，是直接目的，也是跳板。⊜ 这样说来，战争中充满着各种各样的策略与战术。（在阅读克劳塞维茨的作品时，常常很难说出他的战术与战略在何时交替出现。由于其作品有着严

⊖ Carl von Clausewitz, *On War*, trans., .James John Graham, 1873, N. Trübner.

⊖ 同上。

⊜ Michael Howard, *Clausewitz：A Very Short Introduction*, 2002, Oxford University Press.

重的不连贯性——克劳塞维茨使用的是多为过去时态，且句子长而难懂的德语——几乎很难分辨出战术和战略在哪里出现）。他在研究军事史之后得出结论：瑞典国王古斯塔夫斯·阿道弗斯（Gustavus Adolphus）在 1618—1648 年的 30 年战争中，是第一个在实践中区分战术与战略的人，他也因此成为军事战略之父。[⊖]（由于从来没有读过《孙子兵法》，克劳斯维茨这样说当然是错的。）

对于克劳塞维茨来说，作战的方法就是利用一切可行的手段来达到预定目标。[⊖]亚里士多德式的目的论使克劳塞维茨的理论框架拥有了另一个概念，即中间目标。克劳塞维茨的"中间目标"意味着，战争的目的不是为了获得胜利和战利品，而在于获得达成最终胜利的手段。因此，战斗的目的既不是绝对的胜利，也不以和平为最终目的；任何战役的目的都在于达到最终目标的手段。由于这些手段往往在时间和空间上都远远偏离了目标，并且具有很明显的间接性——孙武笔下看起来有些自相矛盾的"间接效力"[⊜]——而克劳塞维茨在战争中取得决定性胜利的道路正是漫长而迂回的道路。他很清楚，向右走就是为了向左走，也明白自己应该做什么，因此可以更有效地做出决定。（人们不禁回想起针叶树自愿撤退到那些岩石密布、与世隔绝的地带，以便有一天它们能扎根于更肥沃的土地。）

克劳塞维茨所定义的最终目标也是有多重含义的，因为持久的和平要优先于赢得战争这一目的。（这种较为高级的目的也就是道家思想中的"大势"。）谈到战争，克劳塞维茨并不是在鼓吹血腥与屠杀。他警示人们，最终的和平必须始终存在于心中，把握好每一个中间环节来慢慢实现它，Mittel（"手段"也译为"工具"）——就像孙武指示人们回到"微妙的"早期阶段，以确定什么才能够"更容易赢得胜利"。[⊕]（许多译文都没有严格区分"Ziel"和"Zweck"的

⊖ Strachan, Clausewitz's *On War*.

⊖ 同上。

⊜ Jullien, *A Treatise on Efficacy*.

⊕ 同上。

区别，将它们译为"目标""目的""终点"等。因此，克劳塞维茨也从未想过，这些术语的含义是模棱两可的。）

在克劳塞维茨的迂回策略中，另一个概念（也被严重误解）就是重心（即 Schwerpunkt）。这一概念可以用物理学的术语来理解，将一个专业名词作为类比（曾是克劳塞维茨的意图），也就是"焦点"。这样一个接合点变成了平衡点；正如现代军事战略家所描述的那样，"给定一个向心力"，从而执行一个"向心过程，使能量聚集于中心，在某些情况下也会赋予它们目的和方向"。[⊖] 这一"重心战略"需要时间和空间上力量的集中，在正确的地点和恰当的时间，也就是"决定性的时刻"[⊖]——克劳塞维茨的一个跨期主题（正如孙武，"运筹帷幄之中，决胜千里之外"[⊜]）。这是克劳塞维茨的最终战略目标（追求和平），被压抑的军事潜力最终在激战中充分（或者更好地、彻底全面地）释放。他非常反对将兵力分散在一个大范围的交战地区，而是宁愿将它们聚集在一起，为取得关键优势而寻找敌人部队的重心进行打击。这种战略中的"势"应该是显而易见的。

人们对于克劳塞维茨的重心战略的困惑，在于如何将焦点解释为力量之源。然而，有人指出，克劳塞维茨在他的德文原版中并没有提到力量的来源，也就是"Quelle"；更确切地说，他用的词是"Gewicht"，也就是"全副武装"的敌军部队，这可以被解释成尽可能少的重心。而在敌方的部署中，各个部分之间存在着"Zusammenhang"（也就是关联）。^⑳ 从表面上看，集中力量的决定性打击会导致敌人的整个防线崩溃，减少甚至消除进一步进攻的必要

⊖ Lt. Col. Antulio J. Echevarria II, "Clausewitz's Center of Gravity: Changing Our Warfighting Doctrine-Again!" 2002, Strategic Studies Institute.

⊜ Clausewitz, *On War*, Howard and Paret.

⊜ Jullien, *A Treatise on Efficacy*.

⑳ Echevarria, "Clausewitz's Center of Gravity."

性；因此，克劳塞维茨（就像孙武一样）表示，他喜欢在布局和状态最佳时刻果断出手，这样，进一步施加武力就变得没有必要了。

一个类似的概念是克劳塞维茨的"力量均衡"，它是自发产生的，运作起来就像自然法则一样。在"力量均衡"中，克劳塞维茨观察到了战争和政治的相互作用，即一个侵略国家打乱了平衡，消耗了资源，在攻击一个固若金汤的对手时，这些资源显得太过贫乏。因此，侵略实际上是一种劣势，而遭受侵略的一方则具有一种决定性的优势，正如克劳塞维茨所写的那样，作为防守者，可以"在其没有播种的地方收割"，暗指《圣经》中马太的"天才寓言"。即"每当侵略者暂停进攻，无论是出于错误的判断，还是出于恐惧，或是出于懒惰，都会有利于防守的一方"。⊖

无论是侵略者还是受到侵略者，进攻还是防守，战争都不是一场持续的围城，而是紧张局势和暂停行动之间的交替（此术语由克劳塞维茨先于米塞斯提出）。在局势紧张时期，寻求立即行动的侵略者和通过等待获得利益的不进攻者之间存在不同的相关性。当侵略者的能量几乎被耗尽时，接下来就会进入"行动暂停"时期，也是一种休息与暂时的平衡，同样会带来新一轮的紧张期——"而大多数时候，局势将向相反的方向发展"⊜。

克劳塞维茨强调了一种跨期战略，特别是在军队打算集中精力获得更为重要的、时间及空间上的"决定性机会"之时。他建议将领应该在初期设法减少损失，养精蓄锐，直到平衡局面发生变化，导致战况升级。⊜ 克劳塞维茨还举例说，假设两支军队各有 1 000 名士兵，其中一方留出 500 人用于未来的部署，并立即派遣 500 人与对方的 1 000 人作战。假定双方都蒙受 200 人的伤亡（1 000 人无疑

⊖ Clausewitz, *On War*, Graham.

⊜ 同上。

⊜ Strachan, Clausewitz's *On War*.

是更大的目标，但消耗也更大），派遣人数较少的一方获得了优势，因为他们其余的 500 名战士在预备队中是"完整"的，面对的是一个疲惫不堪、过度消耗的对手。虽然现在双方总人数是相等的（各有 800 人），但这将是一场不平衡的战斗，因为先前规模较小、作战能力较弱的军队获得了优势。被侵略一方反而成为进攻者，防守战胜了侵略——最终也做到了以柔克刚。事实上，通过"延迟还击"，局势变得对自己更加有利，在未来也就能更有效地作战。这是一个将战斗分为进攻和反击两个阶段的时间问题："等待对方进攻，然后躲避它"（Abwehr）。⊖克劳塞维茨把它简化为"Beati sunt possidentes"：受到庇佑的拥有者。⊜因此，他还总结了在时间选择上的权衡，提出了一种极具实用性的论点，即为了获取今后的优势而先在上游积累资源（即使这需要以暂时撤退为代价），"这样，很明显，在战斗中使用过多的兵力是不利的；无论优越与傲慢在这一刻会带来什么好处，我们在下一刻都可能要付出巨大的代价。"⊜

这正是拿破仑在 1812 年入侵俄国时犯下的严重错误：他为进攻部署了大量兵力，有"力"而无"势"。后来，拿破仑的军队以溃败告终。

势、目的、手段与最终目标

孙武与克劳塞维茨这两位战略大师告诉我们，胜利往往是一条迂回之路的终点。用中文和德文混合起来讲，就是：先以"取势"为目标，而"取势"正是达到最终目标的必要手段。

在此，我们也可以看到，奥地利学派的与众不同之处，就在于

⊖ Howard, Clausewitz.

⊜ 同上。

⊜ Clausewitz, *On War*, Graham.

使用独特的手段（或资本），来达到长远目标。正如路德维希·冯·米塞斯所言，"通过实际行动所达成的结果被称为终点、目标或目的。人们在日常用语中使用这些词汇，也表示中间目的或目标；人们追求中间目标，只是因为相信自己将通过完成或超越中间目标而达到最终目的"。⊖ 如果不以这种手段—目标的框架来看待事物，我们可能会在成功之路上将其中任意一个环节赋予错误的价值。如果我们认为事物在本质上是分离的，错误地把中间目标当成最终目的——只关注眼前的事物，那些我们能看到的事物，我们就会因此失去视野的深度，也就无法欣赏那些暂时看不见的事物。

现在，我们可以带着对"目的、手段、最终目标"这一理论框架的理解，暂时离开这两位伟大的战略家。我们将把精力从普鲁士转向距离很近的、出现在世纪末的奥地利维也纳（穿过法国）。数十年后，人类终于创造了一个伟大的思想圣殿：奥地利学派投资法最终成形。

⊖ Ludwig von Mises, *Human Action*, 1998, The Ludwig von Mises Institute, Auburn, AL.

第四章

表象与预见：奥地利学派传统

人们通常最先能抓住的是直接可见的表面事物，随后才是表象背后隐含的在未来会被发现或领悟的东西——未来的事物。我们在此指的是时间顺序下的表象与暂时隐含未见的事物——而不是两者同时存在的情况。需要强调的是，这一理论的重点在于跨期决策，或是一种可以跨越表象的不凡的视野深度。"预知"（foreseen）这个概念来源于本章的主要人物，奥地利学派大师弗雷德里克·巴师夏。他提出，通过对最终目标的不断逼近，未来会变得愈发清晰，而不归功于相对单纯的用数据分析与数学模型所做的预测。由于事物的因果关系常常迷惑性地存在于意识之中（也就是所谓的"目的论谬误"），因此人们很难从历史中学到什么。相反，在很多情况下，预见来源于严密的逻辑推理，来源于一个有知觉的人所知道、观察到或经历过的事物。

表象与预见之间往往有一条目的明确的路径，人们需要借助相应的手段走向终点——很像我们熟悉的"以若干中间目标作为手段来实现最终目的"这一理论体系，它同样也是克劳塞维茨战略的主线。所谓的手段都是充满目的性的；也就是说，这些手段就是实现最终目的的工具。中间目标（手段）与最终目的间的差别越大，实现的过程就越间接、越迂回，往往效果也越好——本书最基本的信条与投资方法。通过已知与未知、手段与目标这样一个思维范式，我们看到的是奥地利学派基于先验论与偏好的主观性的一套独一无二的分析方法。奥地利学派由卡尔·门格尔在 19 世纪后期创立，永远地改变了经济学思想的格局；维也纳大学曾是此学派发源的中心（后来其地位被纽约大学取代，因为大批奥地利学派经济学家逃离了奥地利，我们将在第七章讨论）。

然而，在门格尔之前也有先行者，也就是"前奥地利学派"，虽然他们的思想并不完全是"奥地利学派"式（也不全是奥地利人），但他们的确为奠定这个学派的理论根基做出了一定贡献。这些先驱者包括譬如 A. R. J. 杜尔哥（A. R. J. Turgot），他在亚当·斯密的《国富论》出版之前，就发表了有关自由市场的观点；还有让-巴蒂斯特·萨伊（JeanBaptisteSay），他以清晰易懂的方式阐述了亚当·斯密的观点，使得自己的作品广受欢迎；托马斯·杰斐逊（Thomas Jefferson）则在 1821 年首次将其译成了英文版。然而，萨伊不仅仅是亚当·斯密思想的解读者与演绎者，两者的观点之间存在着显著的差异。此外，萨伊对亚当·斯密的部分观点是持批评态度的，也指出了其思想的前后矛盾之处。例如，萨伊将企业家这个词变成了经济思想的中心（据说是他发明了这个词，字面意思为"殡葬者"，奥地利人称之为"unternehmer"，意思是"热衷于冒险的人"），⊖ 而亚当·斯密却

⊖ Mark Skousen, *The Making of Modern Economics：The Lives and Ideas of the Great Thinkers*, 2009, M. E. Sharpe, Armonk, NY.

没有提到这一概念。[虽然奥地利学派普遍承认亚当·斯密的自由市场学说，但也遭到了一些人的质疑，其中最著名的就是穆瑞·罗斯巴德，主要是因为他无意中为马克思主义者提供了支持，并且把斯密誉为开山之祖。对许多奥地利学派学者来说，自由市场理论始于杜尔哥和萨伊。]

萨伊也曾出现在我们第三章的时间线中：拿破仑时代的欧洲。他曾是拿破仑百人法庭的一员，直到他对政府政策的批评导致他下台，其写作也被禁止——拿破仑镇压他曾拥护的空想家。尽管如此，1803年，萨伊著名的《政治经济学概论》（*Traité d'économie politique*）还是突破拿破仑的阻挠问世了，在萨伊的一生中，出版了四个不同版本。我们在此有必要提起萨伊的伟大思想的继承人——法国经济学家兼作家克劳德·弗雷德里克·巴师夏，主要由于他对国家干预主义的有效攻击，他本身也是奥地利学派一位重要的先行者。

在我们将军事战略抛诸脑后之前，值得思考的是，为什么我将其视为人类战术战略方面极其重要的思想模式。我并没有假装要像克劳塞维茨那样，借战争或太极推手来暗喻企业竞争。事实上，战争和创业是相互对立的。巴师夏为我们指出了战争和商业之间的矛盾："那么，就停下把工业竞争比作战争这样的幼稚做法吧；不管这个错误的类比有什么合理性，它都是将两个相互竞争的单位隔离起来以确定它们竞争的结果。而一旦人们将幸福感产生的影响一同考虑在内，这个类比就会失效。"⊖（尽管巴师夏和克劳塞维茨是同一时代的人，尽管他们有着共同的目的论方法，但由于前者的反军国主义和后者的仇法心理，他们肯定会相互反感。）

企业竞争使这个世界变得更美好（矛盾的是，通常是以大多

⊖ Frédéric Bastiat, *The Bastiat Collection*, 2007, Ludwig von Mises Institute, Auburn, AL.

数竞争对手的失败为代价），而战争毁灭了世界（同样以牺牲大多数人的利益为代价）。但是我们所遵循的战略思想的历史发展道路，特别是目的论思想，把我们引向了奥地利学派投资中的手段：目标法。我们了解间接手段的普遍效果，也能认识到时间在起着主导作用。由于这种普遍性，我们不必过于区分每种实例之间的不同。可悲的是，战争已经成为人类历史的一大主题。也许先进的资本主义制度可以减少战火，也许这只是一个天真的想法。尽管如此，我们对资本主义制度下，对随机数据的干扰中难以察觉的因果关系以及成功投资的理解，很大程度上归功于此——事实上，恰恰需要一种目的论思想，对手段与目标、表象与预见进行思考。

那些应该预见到的

常年体弱多病的巴师夏，在不到 50 岁的时候就去世了。对于像奥地利学派这样持久的经济思潮来说，他似乎不太可能成为其先驱。然而，他的人生经历为他提供了一个重要的"制高点"，他的经济学著作也因此变得永恒且广为流传。出生于 1801 年的巴师夏，9 岁时成了孤儿，后来由祖父抚养长大。17 岁那年，他在法国贝永一家做出口业务的家族企业工作，在那里，他体会到法国政府的保护主义并没有带来经济繁荣；相反，却导致了在城市中随处可见的高企的失业率和贫困。正如巴师夏所预见的那样，如果政府不加以限制，贸易就会在所有市场参与方的推动下蓬勃发展。这一观点后来也成为他最具思辨性、最引人注目的经济理论基础。

巴师夏：乡绅和学者

　　25 岁的巴师夏在祖父去世后继承了家族财产，这使他在后来成为乡绅和学者的路上更加轻松。（1830 年波本家族遭到法国驱逐时，巴师夏率领 600 名年轻法国人组成的军队来到了一个皇家要塞。接下来等待他们的并不是战斗和光荣的胜利，对方反而迅速宣布投降，还邀请他们共进晚餐[⊖]。）作为一位乡绅，他在农业科学方面是有实践经验的，他知道农作物的最佳轮作周期，也雇用了佃户来经营农场。但承认自己不怎么在乎钱的巴师夏，很快就放下了农场的日常工作，深深地沉浸在思想和书籍的世界中。然而，像他在乡村庄园里那样生活，离这片土地很近，感知也变得清晰起来。农夫看到的只是一块新耕种的田地表面上的贫瘠——我们再一次想起孙子的教诲，观察"种子……即便还没有成熟之时"[⊖]。他会不会像克里普一样，更愿意集中注意力于未经雕琢的玉石，而预见到庄稼幼苗的未来成长呢？他又会不会将农夫们的方法视为通过多年收割而达到预期目标的最直接、最切实的手段？

　　根据在自然界中的经验，巴师夏发现，市场及人与人之间的交易应当足够自由地进行，这也是一种高级的、追求欲望满足的机制。即使初期存在着明显的不平等，追求欲望的过程会出乎意料地消除这些不平等性，指向更高层次的、需要间接实现的目的——所有这些都是为了资本主义制度下的受益者，也就是消费者的利益。正如巴师夏在《和谐经济论》（*Economic Harmonies*）中所写的那样，"必须引入竞争，因为需要竞争来改变不平等的事实。劳动力本能地朝着承诺其会得到最好回报的方向前进，所以最终必然会达到一个能够享受超常优势的结果；因此，不平等仅仅是一种对自身的鞭策，驱使我们走向平等。这便是目的论在现实社会中最好的例

⊖　Skousen, *The Making of Modern Economics*.

⊖　Fran. ois Jullien, *A Treatise on Efficacy: Between Western and Chinese Thinking*, 2004, University of Hawaii Press.

子之一"。[⊖]

巴师夏使用人类行为学（研究人类行为的学科）术语来描述经济学现象，展现了其典型的奥地利学派风格。社会中的人们"彼此支持，为他人工作，互利互惠，运用自身能力，抑或任凭他人支配，都是为了取得回报"。个人就像国家一样，并不是孤立的；事实上，个体的生存取决于个体间的相互作用。巴师夏也恰恰使用了这一逻辑来反对保护主义者，后者"最终会将人类变成像蜗牛一样的绝对孤立的状态"。[⊜]

在早期，一对一交流曾是巴师夏最喜欢的表达想法或说服别人的方式。他最亲密的朋友是菲利克斯·库德罗伊（Felix Coudroy），一位年轻的知识分子，也是住在附近的乡绅。刚从图卢兹的法学院毕业不久，库德罗伊就成为一个深受卢梭影响的社会主义者。可以说，卢梭的政治哲学对法国大革命有着深刻的影响。很难想象这两人的观点如此尖锐对立；然而，随着时间的推移，巴师夏将库德罗伊转变成了古典自由主义信徒。巴师夏对国家权力可以服务一切这一观点感到气愤，并挖苦式地嘲笑了这一想法："想象一个至善的国家可以喂饱所有人，杜绝失业，养活所有企业，筹建所有项目，抚慰所有伤痛，解决所有困惑，消除所有疑虑，传播一切真理，人们可以随心消遣，孩子和老人衣食无忧——它可以满足我们所有的需要，满足我们的一切好奇心，纠正我们所有的过失，弥补我们犯下的错误，从此我们就不必有远见、不必谨慎、也不必拥有自我判断、睿智、经验、秩序、节俭、节制和主动性。"[⊜]这一想法简直荒谬得不切实际。

经过多年的论证，巴师夏将这些观点传播给了更多人，并在

⊖ Bastiat, *The Bastiat Collection.*

⊜ 同上。

⊜ 同上。

1834 年 4 月发表了他的第一篇文章——一篇呼吁废除所有关税的文章，接着是第二篇反对对葡萄酒征税的文章，第三篇反对土地税（毫无疑问，这是有些自私自利的）及贸易限制的文章。当他主动提出的关于英法关税的手稿发表在享有盛誉的《经济学人》杂志上时，巴师夏真正成为自由贸易和经济自由的强烈支持者，同样也是抵制保护主义浪潮的一员。巴师夏在他的第一本书《经济诡辩》（Economic Sophisms）中发表了大量文章，这本书至今仍被认为是捍卫自由贸易的最佳作品。在此之后，他真正伟大的作品《和谐经济论》也问世了，他认为，如果私人财产权能够得到足够尊重，社会所有成员的利益就可以和谐共存。在他看来，政府的主要作用是维护生命安全、自由和财产，以及消除不公正。

当巴师夏在法国起草捍卫自由贸易的经济论文时，卡尔·马克思则生活在伦敦，撰写着《共产党宣言》和《资本论》，并向社会主义者宣传资本主义社会中的阶级斗争和对工人的剥削。（马克思认为巴师夏是"庸俗经济学"的"最肤浅"的辩护者。[○]）巴师夏领头批驳马克思（作为马克思主义最大的反对者，或许奥地利学派最擅长此事），并在他的《和谐经济论》中阐述了资本家阶级（企业家）和工人阶级都将从自由企业制度中受益这一观点。这种经济上的和谐可以这样来表达："劳动行为与自然规律是相辅相成的。而效用就来源于两者的融合。每个人都会根据所造的价值的多少或其提供的服务而获得相对应的效用；换句话说，每个人都可以争取到自己应得的效用。"[○] 他认为资本积累能够通过提高生产效率、提高薪水以及降低物价，来造福工人和工厂老板（巴师夏认为所有这一切都会在工业化经济体中发生），他的这一思想后来成为奥地利学派的资本理论。他还抨击了社会党对人为组织的追求，他们相信，由

○ Skousen, *The Making of Modern Economics*.

○ Bastiat, *The Bastiat Collection*.

于资本与劳动力、生产者与消费者之间的"对立"，社会的自然组织形式是有缺陷的。在巴师夏看来，真正的对立是"两项永远无法相互调和的原则：自由和约束"[⊖]，也就是"工人与雇佣者之间的利益和谐"[⊜]。

1848 年，革命再次席卷法国，结束了后拿破仑时代重新建立的君主制，法兰西第二共和国成立。巴师夏被选入国会，就任财政委员会的副主席。那时，他在人们心中的印象是"一个瘦瘦的、佝偻着腰的人，坐在左边，在自由党和激进党中间，与坐在右边的保守党相对"（政治中右翼和左翼的起源）。[⊜]尽管他强烈反对社会主义和共产主义，但在反对政府干预的问题上，他明显站在左翼比站在右翼的时候要多。（巴师夏准确地预见到了第二共和国的终结，因为其经济政策的出发点在于保护主义，将促成资源匮乏而非经济繁荣。）

可以说，巴师夏最著名的文章当属 1850 年发表的"看得见的与看不见的"（*That Which Is Seen, and That Which Is Not Seen*，可惜的是，手稿在一次搬家中丢失了，巴师夏不得不重写一遍。他的第二次尝试也不尽如人意，后来，在 49 岁死于肺结核的前几个月，他终于完成了新稿。^㉓如果他当年没有复原那份丢失的手稿，那么这个世界就会永远与这部经济学巨著无缘：巴师夏和亨利·黑兹利特的《一课经济学》，这无疑是我和其他大部分人用来介绍巴师夏以及奥地利学派的作品）。通过一系列的经济寓言故事及对自由贸易和干预主义模式的对比，巴师夏将读者的注意力从看得见的事物移到了暂时看不见的东西上，而这些东西又是可以预见的。正如巴师夏在书

⊖ Bastiat, *The Bastiat Collection*.

⊜ 同上。

⊜ Skousen, *The Making of Modern Economics*.

㉓ 同上。

中所写的，"在经济领域，一个行动、一种习惯、一项制度或一部法律，可能会产生不止一种效果，而是会带来一系列后果。在这些后果中，有些是当时就能看到的，它在原因发生之后立刻就出现了，人们都能注意到它；而有些后果则得过段时间才能表现出来，它们总是不被人们注意到，如果我们能够预知它们，我们就很幸运了"。[一] 正如巴师夏所指出的那样，当用于达到某种目标的手段（及自然的时间因素）被忽视，因而难以预见后果时，两难的境地就会出现。

在巴师夏看来，这种越过眼前显而易见的事物来预见未来结果的能力才是产生区别的关键所在。这种区别可太大了，因为一般情况都是，当时的后果看起来很不错，而后续的结果却很糟糕，或者恰恰相反。于是，事情经常就是，糟糕的经济学家总是为了追求一些当下的好处，而不管随之而来的巨大坏处，而好的经济学家却宁愿冒当下的小小的不幸，而追求未来的较大的收益。[二] 巴师夏对"一系列后果"以及"当下的好处"伴随着"随之而来的巨大坏处"等词句的使用，反映了他对时间的强调，同时也是对鼠目寸光的蔑视。在此，演绎推理能力是十分重要的，它是一个"更温和的老师"，而不是一种看似很有效、但结果可能很残酷的经验归纳。关键在于，要把自己从过分关注当前效果的思维定势中解放出来，这种想法会让我们高估眼前发生的事，而牺牲对之后发生的事情的关注。正如巴师夏警示我们的，"习惯的果实越甜，后果就越痛苦"。[三] 我们将在后面的内容中看到，这本书汇集了奥地利学派投资法的精髓。

巴师夏通过其作品获得了那个时代人们的广泛尊敬，成为 19 世纪最具影响力的经济学家之一。他受邀继续为《经济学人》撰稿，此外，他还被任命为法国政治经济学领域的首位大学主席。在 1852

⊖ Bastiat, *The Bastiat Collection*.

⊜ 同上。

⊜ 同上。

年，也就是巴师夏去世后的第二年出版的《政治经济学大辞典》
（*Dictionnaive d' Economie Politique*）就是专门献给他的。（如果巴师
夏能更长寿一些，他对经济学思想的贡献一定会更大，也会更多地
解释他早期的思想。）巴师夏作为一名作家，并没有得到所有人的尊
重；态度乐观些的人认为他更像是一位思想的集大成者而不是开拓
者。（经济学家约瑟夫·熊彼特认为他"不是理论家，而是才华横溢
的记者"。⊖）显然，对于那些把浮夸和愚钝视为真正才华的人来
说，巴师夏就显得太单纯且容易被理解了。他的命运提醒我们，"在
他自己的国家，没有人能作为先知，即使是在国际经济学家的行列
中"⊖（我们将在后面讨论到，奥地利学派正是如此）。然而，后来
其他著名的奥地利经济学家则称赞巴师夏是有史以来最重要的经济
学家之一，同时也是价值理论的"重要理论家"。⊜

　　巴师夏对其风格进行了解释和辩护，他说："我们总是想对最简
单的事实给出复杂的解释，而且我们认为把简单的事情复杂化才是
聪明的。"他相信简单是"真理的试金石"。⑩随着时间的推移，他
逐渐变得默默无闻，成为被凯恩斯主义压迫的又一名受害者，在那
时，许多主张自由市场的人都面临着被扫地出门的危险，而巴师夏
也几乎从大多数经济学文章中消失了，留给人们的只是一点模糊印
象。然而，巴师夏因其对先验论与人类行为学的预见，在奥地利学
派占有着一席之地。（穆瑞·罗斯巴德和他最亲密的朋友们在 1953
年建立了巴师夏学术圈，使巴师夏这个名字得以一直延续下去，而

⊖ Gérard Bramoullé, "Frédéric Bastiat：Praxeologist Theoretician," *Journal des Economiseset des Etudes Humanies*, vol. 11[001], no.2, art.8.

⊜ 同上。

⊜ Jörg Guido Hülsmann, "Carl Menger：Pioneer of 'EmpiricalTheory,'" excerpted from *Mises：The Last Knight of Liberalism*, 2007, The Ludwig von Mises Institute, Auburn, AL.

⑩ Bramoullé, "Frédéric Bastiat：Praxeologist Theoretician."

此学术圈也一直延续到 1959 年，一直作为学术讨论及感情交流的场所。）尽管巴师夏或许没有得到应有的重视，但人们普遍认为他的作品是"前奥地利经济学思想与正式起源于门格尔的奥地利学派传统之间的智慧桥梁"。[⊖]

如今，巴师夏被广泛认为是前奥地利学派的一员；然而，门格尔并没有接受他，因为他并不认同巴师夏的规范分析方法。尽管这确实算是奥地利经济学的发展历程中意料之外的一个小插曲，但路德维希·冯·米塞斯认为经济学是中立且客观的，但也存在争议（或许可以理解，因为他目睹了纳粹主义中最极端的干预主义的恐怖性。）在门格尔看来，巴师夏和任何一个社会主义者一样，都是一个理论家。米塞斯说，门格尔"由衷地反对奥地利政府的政策，甚至几乎所有时代的政府所采取的干预政策。但他认为，除了在他的书和文章中以及大学课堂上讲授优质的经济学之外，他不可能以任何其他方式为更好政策的制定做出贡献。"[⊖] 门格尔认为，经济学是无关价值评判的，因此中立而客观。这种实证分析与规范分析之间的对立，至今仍存在于奥地利学派之中。（也有可能因为门格尔在评判巴师夏时没有做到中立而客观；的确，难道仅仅因为一位医生想要资助癌症研究，就必须遵循主观医学理论吗？）

巴师夏就像杜尔哥和萨伊一样，被广泛认为对奥地利学派传统的方法论做出了巨大贡献，尤其是他极端的先验主义思想（很像米塞斯）。[⊖] 因此，巴师夏奠定了奥地利学派世界观的基石，而这一世界观强调了"行为人"的主观性和选择的重要性——米塞斯在他的

⊖ Thomas J. DiLorenzo, "Frédéric Bastiat: Between the French and Marginalist Revolutions," published in 15 *Great Austrian Economists*, 1999, Randall G. Holcombe, ed., The Ludwig Von Mises Institute, Auburn, AL.

⊖ Ludwig von Mises, *The Historical Setting of the Austrian School of Economics*, 1984, The Ludwig von Mises Institute, Auburn, AL.

⊖ Bramoullé, "Frédéric Bastiat: Praxeologist Theoretician."

人类行为学中会用到这个词。巴师夏是一位典型的奥地利人，也是一位"超越时代的人类行为学家"[一]，他表示："我们的理论仅仅在于观察普遍的事实、普遍的观点、计算方法和普遍流行的方法。在对它们进行分类和呈现时，它们变得相互协调，更容易被理解。"[二]在他的"看得见的与看不见的"中，巴师夏告诉人们的是，应当将经济理解为一系列跨期的交换，一种间接手段和最终目的之间的连接，以便我们在上游使用某种方法（间接目的、战略优势），可以在下游（用来实现最终目标的手段）创造更好的效果。因此，我们的迂回之路仍在继续，引领我们进入经济思想的核心：19 世纪的维也纳，一位富有魅力、雄心勃勃的年轻经济学家和记者；他的著作将在这一领域留下不可磨灭的印记，并无意中建立了与其故乡同名的学派。

维也纳——东西方思想的十字路口

长久以来，维也纳一直被看作"东西方之间的十字路口"（地理上恰好如此），商人和十字军曾穿过浩大宽广的多瑙河。[三] 到了 19 世纪，在拿破仑的征服者中，哈布斯堡王朝正沉浸于其辉煌的黄金时代：维也纳——世界的交汇点，人们据此重新划定边界，在法国战败投降后重建欧洲。作为欧洲仅次于伦敦和巴黎的第三大城市，它是自由之城，也是文化、音乐、艺术、政治和追求真理的中心。环城大道（Ringstrasse）散发着新时代的曙光，也环抱着整个内城区。[四]

[一] Bramoullé, "Frédéric Bastiat: Praxeologist Theoretician."

[二] Bastiat, *The Bastiat Collection.*

[三] David King, *Vienna, 1814: How the Conquerors of Napoleon Made Love, War, and Peace at the Congress of Vienna*, 2008, Harmony Books.

[四] Eugen Maria Schulak and Herbert Ünterkofler, *The Austrian School of Economics: A History of Its Ideas, Ambassadors, & Institutions*, 2011, The Ludwig von Mises Institutes, Auburn, AL.

（在我看来，维也纳是当时世界上名声最显赫的城市。）人们可以想象，维也纳宫廷歌剧院（Vienna Court Opera）的负责人、有史以来最伟大的作曲家之一古斯塔夫·马勒（Gustav Mahler），和同样伟大的科学家、哲学家以及经济学家在维也纳街头漫步的情景——包括我们将在本章讨论的奥地利学派创始人卡尔·门格尔。奥地利学派思想在各个学科中开花结果，目的论思想的复兴，在伊曼努尔·康德的哲学中诞生了一种"手段—目标"的理论框架，在历史上奠定了坚实的基础。这其中也包括一些德国生物学家等形形色色的思想家，最著名的可能是卡尔·恩斯特·冯·拜耳（Karl Ernst von Baer）。但是，康德、拜耳和他的同事们没有找到一种规范的方法来进行自然科学方面的研究；相反，他们掌握了把目的论和力学联系起来的一套清晰的原则。

康德、克劳塞维茨、拜耳以及门格尔，其智慧的汇集，都是在"手段—目标"这一框架内——正如门格尔所言，"所有事物都服从因果规律"。[⊖] 不难想象，这一共性在某种程度上就是因为德语本身清晰地区分了间接目标（Ziel）和最终目标（Zweck，拜耳受到了康德的影响，显然也读过几十年前出版的克劳塞维茨的著作），这一差别或许是不会在其他西方语言中出现的。[⊖]

目的论的复兴始于自然科学，几位德国生物学家认识到生命形式是存在目的性的，但他们同时也接受定量研究的实验科学（两者并非相互排斥）的成果。这便是目的论思想的最新进展。目的论思想始于亚里士多德，到中世纪时，已经受到基督教神学以及神圣计划的影响。然而，康德最终否定了这种思想的正确性。有两种形式的目的论：一种是有神论的，即自然由一种神秘力量所引导，另一

⊖ Carl Menger, *Principles of Economics*, 2007, The Ludwig von Mises Institute, Auburn, AL.

⊖ Timothy Lenoir, *The Strategy of Life*: *Teleology and Mechanics in Nineteenth Century German Biology*, 1989, University of Chicago Press, Chicago, IL.

种则是机械论的，即"控制论"（一种科学方法，我们将在第八章讨论）会在个体和物种间发挥作用。查尔斯·达尔文（Charles Darwin）在他 1859 年的《物种起源》（*On the Origin of Species*）中没有专门反对目的论（事实上，他作为目的论者受到过严厉的批评，如今看来其中有更多的神学含义），他通过自然选择的进化论，产生了削弱目的论的影响之效。事实上，对达尔文来说，自然选择这一理论并不会与亚里士多德和康德的目的论形成冲突，反而具有一定的支持性。除了人们熟悉的物理法则之外，目的论中也包含了自然界的许多其他力量。⊖

与此同时，拜耳拒绝自然科学中有神论的、拟人化的、以人为本的观点，尽管如此，他还是以康德的"目的论"框架为基础，提出了一种绝非达尔文主义的进化论观点。拜耳认为，目的论是探索有机体和自然界中万千形态与功能之间因果关系的基础。⊖［比如，达西·汤普森（D'Arcy Thompson）在 1917 年出版的关于生长和形态的著作中也提到了这一点，此书对生物生长和进化过程中涉及的物理和力学规律进行了定量研究。］

德国的生物学家们受康德启发，意识到了原初状态的重要性，这种状态在随后的阶段中起着决定性的作用。因此，正如康德所主张的，较高级的组织形式不会从较低级的形式中产生；相反，更高级的形式被编码于较低级的形式中。［这种观点让人想起史蒂芬·沃尔夫勒姆（Stephen Wolfram）的现代科学方法，该方法假设复杂的系统具有"明确的进化规则"，而不是依靠自然选择式的随机突变］⊖。虽然这些目的对我们而言是不可见的，但康德还是极力主张他们的假设在人类行为中比在生物系统中更易于理解。这种想法在拜耳的

⊖　Thomas Nagel, *Mind and Cosmos：Why the Materialist Neo-Darwinian Conception of Nature is Almost Certainly False*, 2012, Oxford University Press.

⊖　Lenoir, *The Strategy of Life*.

⊜　Stephen Wolfram, *A New Kind of Science*, 2002, Wolfram Media.

胚胎学研究中得到了重要的应用，拜耳认为胚胎是成年动物最基本的组成部分，因此"动物会从最普遍、最基本的形式，发展到更具特点和个性化更强的形式"。[⊖] "事实上，正是最普遍的特性，而不是新增的特性，会直接导致后来的发展与个性化；简而言之，未来正塑造着现在"。[⊜] [虽然我们又开始简短地切换到生物学，也就是我们在第二章讨论过的针叶树的目的论，这种迂回式的叙述是有目的的，用于突出一个非常重要的结论：在康德目的论的范畴内，这是我们战略提升中的另一种表达方式（通过前期劣势来获得后期优势），超越了任何一个主题或学派。它在许多学科中都被标为重点内容，其中也包括经济学。]

目的论与拜耳眼中的蝴蝶

也许，如果要讨论未来需求对当下的影响，蝴蝶的蜕变（或生产）过程——从毛毛虫变成蝴蝶后以及它当前的状态与行为（尤其是它惊人的胃口），应该算是最好的例子了。这又是一个类似于之前提到的针叶树与龟兔赛跑的故事。

首先，毛毛虫有厚厚的脂肪体，对于不熟悉它的人来说，这种体态与它最终将变成的优雅形态完全没有任何相似之处。然而，即便是在这样低层次的原始形态中，它最终也会成为一只独一无二的蝴蝶。例如，大多数动物会吸收所需的营养并排泄多余的营养，毛毛虫则不同，它们会将一部分营养储存在其消化道中，以便以后在蛹阶段继续使用。在发育相对完全之后，毛毛虫就会失去它贪婪的胃口，然后寻找一个可以缠绕茧丝的地方，开始一个新的变形过程。这将改变它的神经系统，并长出翅膀、触角还有肢干，以及蝴

⊖ Lenoir, *The Strategy of Life*.

⊜ 同上。

蝶特有的其他结构，离原先毛毛虫的形态也就越来越远了。

毛毛虫保留了今天的资源手段，而这些资源是构成明天身体结构的有目的的结果的因素。换句话说，最终要变成蝴蝶这一事实影响着毛毛虫的形态变化。肥胖的躯壳逐渐脱落，以提供必要的养分与材料，形成现在的身体结构，"既然这一系列形态变化都是有序且迎合未来需求的，又怎么可能会出错呢？"它们均被导向未来将会产生的事物。这一概念被拉丁哲学家定义为"终极原因"（causa finalis），即一种"存在于目的或结果中"的原因。○

如果拜耳没有成为博物学家或生物学家，那么他一定会成为一位备受赞誉的奥地利学派经济学家。我们在毛毛虫身上看到了这一非凡的目的论机制，就像鲁宾逊漂流时，手中的工具看似对生存没有什么用处，却可以帮助他造船，以便在后来的阶段能够存活下来。这正是奥地利学派式的资本运作、生产及投资模式，我们将在奥地利学派投资法Ⅱ中对其进行深入讨论（第十章）。

拜耳在其胚胎学研究中认识到这样一个生物学现象：转变为未来形态（如成人）所需要的潜质，必须先存在于初始形态中（如胚胎）。这表明生物有机体中存在着一种目的性机制，也就是一种"自然和谐"，其间存在着相互调节，是不能用偶然性来解释的（拜耳认为这只会导致毁灭）。这被重新命名为"目的性"，或称作理性选择中"必要"的中间过程，即间接目的与最终目标的又一次结合。[在此，我们再次看到巴师夏非刻意的"社会目的论"，以及第八章要讲到的诺伯特·维纳（Norbert Wiener）的控制论。]这样一种和谐可能会让人联想到巴赫赋格或贝多芬奏鸣曲，正如拜耳所描绘的那样，它们呈现出"一种宏大的、亲切的而又鼓舞人心的感觉"。○ 最终目标会决定并引导我们的手段，比如，奥地利企业家就有着通过资源

○ Lenoir, *The Strategy of Life*.
○ 同上。

获取与资源配置寻求协调以最终满足消费者的愿景。

门格尔——奥地利学派的鼻祖

门格尔从未想过与古典经济学家们划清界线，抑或建立一个独特的经济学派。然而，门格尔惊人的学术成就使这一点变成了现实。他起初只是一名记者，但后来作为一名全才的经济学家兼维也纳大学（University of Vienna）著名的教授，他在学术领域变得越来越强大。罗斯巴德指出，门格尔并没有创立一种全新的思想流派，而是进一步发展了那些无法在古典学派中生存的早期的奥地利学派（甚至是亚里士多德学派，但我希望提到老子的观点）；这就是人类在探索中能够不断积累的本质。

卡尔·门格尔·冯·沃尔夫斯格林（Carl Menger Edler von Wolfesgrün）生于 1841 年，是加利西亚（Galicia）一个古老家族的后代，那里曾经是奥地利帝国的一部分（现属波兰）。他的祖先中包括音乐家、军官、工匠和公务员等；其外祖父是一名波希米亚商人，在拿破仑战争期间赚了一大笔钱，之后他用这笔钱买下了门格尔童年生活过的一个庄园。（后来，门格尔从他的名字中去掉了贵族标志"冯"一词，并将其名字大大缩短。）1859 年到 1863 年，门格尔先后在维也纳大学和布拉格大学学习经济学，之后，他成为一名财经记者。1866 年，他辞去了在《维也纳日报》（*Wiener Zeitung*）的经济分析工作，开始准备法律博士学位的口试，然后在 1867 年成为一名实习律师。同年，他在克拉科夫大学（University of Krakow）获得了法学博士学位。此后不久，门格尔重返经济新闻行业，并协助创办了《维也纳日报》（*Wiener Tagblatt*），即《维也纳新日报》（*New Wiener Tagblatt*）的前身，是维也纳最具影响力的报刊之一。[⊖]

⊖ Joseph T. Salerno, "Carl Menger: The Founding of the Austrian School," published in 15 *Great Austrian Economists*, 1999, Randall G. Holcombe, ed., The Ludwig Von Mises Institute, Auburn, AL.

卡尔·门格尔：学者，教授，作家，奥地利学派创始人

他在 1871 年的第一本著作永远地改变了当时的经济学领域：一本薄薄的《经济学原理》（*Grundsätze der Volkswirtschaftslehre*）。这本书是他在维也纳做财经记者时写的，在那段时间里，他发现了主观需求在定价中的重要性。正如奥地利学派经济学家弗里德里希·哈耶克（Friedrich Hayek）后来指出的那样，门格尔受到了"传统价格理论与实践者认为对价格具有决定性作用的事实之间的明显反差"的打击。[⊖] 他曾试图努力解决这一分歧，《经济学原理》也就应运而生了，《经济学原理》的传播受到了作者完美主义倾向的限制，也就是说，后来他又对其进行了无数次的修订。

门格尔带有记者背景的写作风格，并不符合人们对一名德国学者的期望。再次说明，门格尔不是德国人，而是奥地利人，甚至不是典型的奥地利人，而只是维也纳的居民。[⊖] 与之前传统的德国经济学书籍不同，门格尔的《经济学原理》不倾向于道德或宗教下的存在主义形而上学；的确，这是第一本德语的通俗经济学教科书。[⊜]

门格尔与威廉·杰文斯（William Jevons）和里昂·瓦尔拉斯（Léon Walras）同时发现了边际效用原理（简单地说，人们根据优先级用不同手段来达到不同的目标）。门格尔研究的目的是提出一种统一的价格理论，用它来解释所有价格现象，特别是利息、工资和租金。[⊕] 门格尔在《经济学原理》的序言中写道："我已尽力减少人类经济活动的复杂性，并把它们分割为最简单的、可被准确观察的元素，根据其本质而采用不同的测量方法，并研究更为复杂的经济现

⊖ F. A. Hayek, "Carl Menger," Introduction to *Principles of Economics*, Carl Menger, 2007, Ludwig von Mises Institute, Auburn, AL.

⊖ Bruce J. Caldwell, ed., *Carl Menger and His Legacy in Economics*, 1990, Duke University Press.

⊜ Schulak and Ünterkofler, *The Austrian School of Economics*.

⊕ Hayek, "Carl Menger."

象是如何按照一定的原则从其基本要素演变而来的。"⊖

　　与杰文斯和瓦尔拉斯不同，门格尔更偏爱基于演绎、目的论以及富有人文主义的研究方法。虽然门格尔和他同时代的人都喜欢抽象推理，但他最感兴趣的是解释人在现实世界中的行为，而不是创造一种人造的、程式化的表象。在进一步论证了他的目的论思想后，门格尔看到了人类选择中的内在"美"——手段——目标。然而，杰文斯和瓦尔拉斯是反对因果关系思想的，而因果关系后来成为了经济学的标准——除了门格尔和奥地利学派。相反，杰文斯和瓦尔拉斯选择了"方程联立"的方法来寻找经济平衡。

　　当门格尔在写他的《经济学原理》时，一项突破性的、主要关于价值确定的经济学研究也就横空出世了。他发现，在判断某种事物的好坏程度时，必须考虑其有用程度（效用）。正如门格尔所说："我们的幸福在任何时候都取决于我们的需要能否得到满足，如果我们能够以某种手段得到达到满意状态所需的物质，幸福就能得到保证。"⊖

　　门格尔目的论思想的影子可以在他的早期笔记中找到，在这些笔记中，他记录了自己生命中不同时期的活动和思想，包括对他产生的诸多影响。在他儿子捐赠给杜克大学的物品中，其中一个笔记本记录了他构建独特经济学框架（手段—目标）来组织其经济学思想的关键词。例如，其中包含将一件物品或商品作为一种手段（Mittel），以实现欲望或得到满足（Bedürfnis）。⊜

　　门格尔还提出了四个具体的标准，这四个标准必须同时具备，

<hr />

⊖ Menger, *Principles of Economics*.

⊖ 同上。

⊜ Gilles Campagnolo, *Carl Menger*：*Discussed on the Basis of New Findings*, 2011, The Ludwig von Mises Institute.

才能证明一件东西是好的，或者用他的话来说，就是"明确物品的性质"，即人们的需求；使其能够"被代入某种因果关系"以满足需求；对这种因果关系的把握；以及"对该物品的使用"足以满足需求。⊖ 因此，幸福源于我们通过所拥有的物品来实现需求的满足，这也就突出了目的论的思想，即对人们需求的满足（目标）在某种物品的性质中是必不可少的。

目标	手段	成就
人类	环境	生存
需求	物品	满足

然而，那些能够直接满足我们需求的物品（"一级物品"）并不是唯一具有"物品性质"的东西。以"一级物品"面包为例，除了面包本身，也有其他可以满足消费者需求的物品，比如说用来做面包的面粉和盐，以及用来加热烤箱的燃料等。"我们发现，用于生产面包的工具，以及使用它们所需的熟练劳动力，都是会被定期替换的。所有这一切，至少到目前为止，都无法以任何方式直接满足人们的需求。有谁会简单地因为一位烘焙师或烘焙用具或一些普通的面粉而感到满足？这些东西在经济社会中还能像一级物品一样被当作商品，是因为它们可以被用来生产面包或其他的直接消费品，即便它们并不能直接满足人们的需求"。⊖

此外，正如门格尔向人们证明的，这些生产要素的价值（用于生产最终消费品）来自最终消费品的价值，而不是相反。（举个例子，一瓶红酒的价值，并不直接取决于土地和劳动力的投入，相反，正是因为消费者认为红酒有价值，用于生产的土地和投资于酿

⊖ Menger, *Principles of Economics*.

⊖ 同上。

酒的劳动力才变得有价值。）⊖

门格尔还扩充了亚当·斯密所述的"普遍富裕"的核心驱动力，即人类文明在经济上的进步和全面繁荣的进一步扩大。斯密把这种劳动分工上的进步看作驱动力。然而，门格尔很清楚，这只是"人们福利提升的原因之一"，只能作为一个直接原因，而更高层次和更加根本的原因是"随着可供人们使用的商品（一级物品）逐渐增加，其生产要素的使用量不断提高"。⊖这一简单的逻辑正是奥地利学派投资的重要组成部分。

除了写作，门格尔主要还通过教学来扩大自己的影响力（其最出色的学生是欧根·冯·庞巴维克，他曾是米塞斯的老师——他的思想在学派内得到了传承）。门格尔在维也纳大学的政法系执教（在奥地利，经济学属于法学课程的一部分），一开始是一位临时的兼职讲师（学生通常直接付钱给他们），后来，在 1873 年成为一名全职教授。在他的研讨会上，一群优秀的学生，包括那些已经获得博士学位的学生，聚在一起讨论大家精心准备的论文。虽然大部分时间是学生们自主讨论，但门格尔也极大地协助了他们论文的撰写，比如向学生开放他规模宏大的、藏书超过 2 万册的个人图书馆（目前位于东京的一桥大学图书馆）。他平时会审阅论文，与学生们讨论要点，甚至教他们演讲和呼吸及换气技巧。⊖

杰出的思想和教学天赋成就了门格尔，不久后他就引起了哈布斯堡皇室的注意。1876 年，他接受了最光荣、最有影响力的教学任务：作为王储鲁道夫·冯·哈布斯堡（Rudolf Von Habsburg）的导

⊖ Jörg Guido Hülsmann, "Carl Menger：Pioneerof 'EmpiricalTheory,'" excerpted from *Mises：The Last Knight of Liberalism*, 2007, The Ludwig von Mises Institute, Auburn, AL.

⊖ Menger, *Principles of Economics*.

⊖ F. A. Hayek, "Carl Menger."

师。鲁道夫是奥地利皇帝弗朗兹·约瑟夫一世（Franz Josef Ⅰ）和皇后伊丽莎白（Elisabeth）唯一的儿子，也是奥匈帝国王位的继承人。

王子的导师

1876 年的前三个月，门格尔给 18 岁的鲁道夫王子上了经济学速成课，而亚当·斯密的《国富论》则是他的主要教材（门格尔认为，斯密的著作足以让鲁道夫王子学好经济政策，而对经济理论的深入理解是没有必要的）。[一] 每次讲课结束后，他都会要求鲁道夫凭记忆写下大量笔记，门格尔之后会对这些笔记进行审阅和编辑。正式的私人课程结束后，门格尔和鲁道夫一起在欧洲旅行了两年；其中一些对话将改变历史的进程。

门格尔试图反驳普鲁士大学在全世界掀起的破坏性思潮。[二] 然而，这场战斗是徒劳的，门格尔也因此变得十分悲观，正如米塞斯对这位奥地利学派创始人所说的那样：他预见到，欧洲大国正在推行的政策将导致"可怕的战争，而这场战争将以彻底的革命、欧洲文化的消失以及各国人民繁荣的毁灭而告终"。[三] 这种悲观的预感也传到了鲁道夫那里，最终导致一场全球性的悲剧：梅耶林惨案（Mayerling Incident）。

1889 年 1 月 30 日的早晨，30 岁已婚的鲁道夫和他 17 岁的情人玛丽·亚历山德琳·冯维特瑟拉（Marie Alexandrine Von Vetsera）的尸体在维也纳森林里的梅耶林猎邸被发现。随着王储的去世，哈布斯堡王朝的直系王位继承被打破，弗朗茨·约瑟夫（Franz Joseph）的弟弟卡尔·路德维希（Karl Ludwig）也是如此，他很快就放弃了

[一] Skousen, *The Making of Modern Economics.*
[二] Ludwig von Mises, *Memoirs*, 2009, The Ludwig von Mises Institute, Auburn, AL.
[三] 同上。

王位，不久之后又死于伤寒，其子弗朗茨·费迪南德（Franz Ferdinand）大公成了王位的继承人。权力的过渡打破了帝国内部的平衡，导致奥地利和匈牙利之间的不稳定局势进一步升级，1914 年 6 月，塞尔维亚民族主义者在萨拉热窝刺杀了弗朗茨·费迪南德和他的妻子索菲（Sophie）。

在《回忆录》（Memoirs）中，米塞斯［他的祖父曾与门格尔的哥哥马克斯（Max）交谈过］针对鲁道夫之死，从一个令人吃惊的视角进行了解读：门格尔这位学生自杀的原因，不在于爱情，而在于未来的经济状况。"他选择了自己的生活，是因为他对自己的帝国和欧洲文明的未来感到绝望，而不是因为一个女人。"这个年轻的女孩自己就有死亡的冲动，而鲁道夫把她带到了死神面前；他不是为了她而自杀的。米塞斯指出，对于鲁道夫来说，他所预见的一切导致了绝望和沮丧。在 48 岁的时候，门格尔刚刚度过人生的前半叶，他所预见的无非是"自己的特洛伊注定要灭亡"，这种悲观情绪"吞噬了所有目光敏锐的奥地利人"。⊖

门格尔到底教会了鲁道夫什么？很多年后，鲁道夫曾经的笔记得到了出版，证据也就被曝光了：鲁道夫几乎记下了所学的所有内容，而更重要的是，他也记录下了门格尔对于政府政策，包括直接反对弗朗茨·约瑟夫的不干预主义的偏见（隐藏于他发表的作品中）。鲁道夫接受了这些教导，用假名写了一系列文章来批评他父亲的政策。⊖ 国王显然没有想到这位作者的身份以及门格尔带来的影响力。

与此同时，作为皇家教师的门格尔已经给弗朗茨·约瑟夫留下了深刻的印象，他任命门格尔为维也纳大学政法系主任，距离首相也就更近了一步（尽管王子的死使一切可能性都化为泡影）。即便如此，门格尔还是享受着高薪教授的生活，直到他突然在 1903 年选择

⊖ Ludwig von Mises, *Memoirs*, 2009, The Ludwig von Mises Institute, Auburn, AL.

⊖ Skousen, *The Making of Modern Economics*.

退休，时年 63 岁（教授的正常退休年龄是 70 岁）。他选择回到他曾经进行创作并且能经常与学生为伴的图书馆。虽然他表面声称因为某种疾病而退休，但他离开的真正原因很可能在于其退休前一年半出生的私生子卡尔（Karl）。门格尔从未正式结过婚，但与卡尔的母亲赫尔曼·安德曼（Hermine Andermann）有"普通法婚姻"。（估计是门格尔作为天主教徒，不能和她结婚，因为她要么是犹太人，要么有过婚史；在门格尔那个时代，所有的婚姻都是宗教仪式。[⊖]）

　　在创作的闲暇时间，门格尔花了大量精力来彻底、系统地修改《经济学原理》，但随着他学习和阅读材料的范围扩展到哲学、心理学、社会学、民族学和其他学科，他显然迷失了方向。他对自己的修改并不满意，于是不断地推迟修订版的出版，而原有的版本也已绝版。门格尔始终都不允许这本书被转载或翻译，因为他认为这本书总是不完整的；直到 1950 年，英文版的《经济学原理》才正式出版，这大大耽误了其思想的传播。不过，幸运的是，其追随者的作品，尤其是庞巴维克的《资本实证论》（*Positive Theory of Capital*），在 19 世纪末期就有了英译版。在第五章我们将据此探讨门格尔的高级理论。否则，奥地利学派的创始人则会慢慢退出人们的视线。然而，门格尔的遗产远远不止这一本书，后来发展成一种可以将奥地利学派传统区分开来的方法论。

方法论之争

　　门格尔在《经济学原理》的序言中，向德国经济学学者表达了敬意，他将此书作为"来自奥地利合作者的友好问候"[⊖]；然而，并

⊖ Skousen, *The Making of Modern Economics*.

⊖ Menger, *Principles of Economics*.

不是每个人都有同感。门格尔摒弃了德国历史学派对数据的盲目依赖，当时，德国历史学派对经济数据进行了大量的记录和分类。门格尔则采取了一种完全不同的方法，他根据基本的经济规律，遵循"手段-目标"方法及因果关系原理将其推导出来。虽然门格尔的立场并不完全清晰，但他的确是一位反实证主义者；他由此确立了奥地利学派的基本原则，即经济学不是一门从数据衍生而来的科学，而是一种以观察和推断人类行为为基础的先验方法（从而为米塞斯的人类行为学打开了大门）。从本质上讲，门格尔的《经济学原理》可以被看作是"纯粹理论的运用"。⊖

从批判的角度来说，奥地利学派和门格尔都是不够科学的反经验主义者（当然不是对奥地利学派的批评）。在关于门格尔和庞巴维克的一堂课上，罗斯巴德强调，他们这种对数学的厌恶正是由于并不缺乏对数学的了解；事实上，两人都接受过数学方面的训练。罗斯巴德在谈到数学在经济理论中的应用时说："他们对数学理解得太透彻了，然而这恰恰就是他们摒弃数学方法的原因"。因此，"奥地利学派的书读起来、看起来、闻起来都不同于旧时的经典书籍。这些书中几乎没有数学，或者说很少。他们条理清晰、富有逻辑、循序渐进。没有任何一种抽象的幻想不是建立在实际的个人行为之上的。"⊖ 后来，门格尔的支持者，尤其是米塞斯，将成为定义奥地利经济学的认知基础的先驱。

门格尔和他的追随者们并不反对使用经验主义的方法来理解经济。米塞斯认为，他们的目标是"全面而综合地建立经济学理论，并全身心投入这一事业"。然而，以古斯塔夫·施莫勒（Gustav Schmoller）为首的德国历史学派对理论分析深为不信任，其追随者

⊖ Hülsmann, "Carl Menger."

⊖ Murray N. Rothbard, *The History of Economic Thought*, lecture on Menger and Bohm-Bawerk, 2010, The Ludwig von Mises Institute, Auburn, AL.

"断然否认这种普遍有效性的经济定理的存在性"。⊖

尽管施莫勒可能并不是一位特别明确的实证主义者，但他对门格尔经济理论的攻击（不依赖经验和科学归纳，而是用推论得出普遍规律）显示了他与实证主义思想的一致性。门格尔回应了标准实证主义，有效地驳斥了施莫勒的立场。

施莫勒本人从未给出实证主义的定义。单纯从历史经验中进行归纳是有缺陷的，我们用米塞斯在《人的行为》中的话说："作为那些复杂现象的一种经验的历史经验，并不能提供给我们在自然科学中使用事实来证明已被检验的那些隔离状态意义上的事实。历史经验传递的信息不能作为理论构建和未来事件预测的基础。每一个历史经验都会有各种不同的解释，而且实际上也是以不同的方式解释的。"因此，米塞斯认为，"实证主义假设"都是"虚幻的"；一个人不可能用同样的方法来研究人类行为，这同样适用于物理学和自然科学。"没有任何手段能够构建一种关于人类行为与社会事件的后验理论。历史既不能以自然科学接受或拒绝基于实验室里那些实验的一个假说之方式证实任何一般性陈述，也不能以这种方式证伪任何一般性陈述。在历史学这一领域，既不可能通过实验来证实一个一般性命题，也不可能通过实验来证伪一个一般性命题。"⊖

门格尔学派与德国历史学派之间的冲突，被称为方法论之争。随着门格尔第二本书《关于社会科学，尤其是政治经济学方法的探讨》（*Investigations into the Method of Social Sciences with Special Reference to Economics*，简称《探讨》）的出版，冲突变得更加激烈。1883 年出版的《探讨》一书或多或少被德国经济学家视为一种"方法论的清理"，清除了德国历史学派的反理论立场。⊖

⊖ Mises, *The Historical Setting of the Austrian School of Economics*.

⊖ Ludwig von Mises, *Human Action*, 1998, The Ludwig von Mises Institute, Auburn, AL.

⊖ Carl Menger, *Investigations into the Method of the Social Sciences*, 1985, NY University Press, NY.

与《经济学原理》对德国历史学派的友好不同，《探讨》是社会科学中两派斗争的武器，[⊖]也是门格尔对普遍的、独立于时间和地点的理论及法律重要性的辩护。正如门格尔所写的，"然而，对具体社会现象的历史性理解绝不是我们通过科学研究所能获得的唯一的东西。相反，对社会现象的理论性理解具有完全对等的价值和同等的意义"。[⊖]

人们的反应参差不齐，从完全认同到猛烈批判，而最尖锐的反对声来自施莫勒，他为《探讨》撰写了一份言辞激烈的评论（"我们完成这本书了！"），声称门格尔缺乏"哲学和历史方面的教育以及广阔视野"，而这些教育将教会他欣赏历史主义的观点。[⊜]门格尔轻蔑地回答道："方法论者施莫勒""像狮子一样在施普雷河滩上发动攻击"（柏林的一条河，施莫勒当时在柏林大学任教），"摇他的鬃毛，挥舞他的爪子，遇到认知论则昏昏欲睡；从此以后，只有孩子和傻瓜才会认真对待他的方法论。"^⑳

这场关于经济学的战争再次激起了人们的不满，1866 年，奥地利击败了普鲁士。奥地利和普鲁士的分裂甚至导致维也纳大学中德国和奥地利学生之间的对峙。^㉑［关于门格尔和施莫勒的争论，有一个十分有趣的故事：门格尔在后来的生活中收集了许多其他经济学家的照片，以确定谁的胡子最长。就在门格尔 70 岁生日前夕，他希望可以收集到世界上所有经济学家的正式肖像照，以确定胡子最长者——作为一个教授尊严的真正衡量标准，门格尔可能会是赢家。毫不奇怪，施莫勒及德国历史学派学者弗朗兹·布伦塔诺（Franz

---

⊖ Caldwell, ed., *Carl Menger and His Legacy in Economics*.

⊖ Menger, *Investigations*.

⊜ Schulak and Ünterkofler, *The Austrian School of Economics*.

⑳ 同上。

㉑ 同上。

Brentano）没有参与，他们显然还对 30 年前的方法论之争耿耿于怀。] ⊖

门格尔与德国历史学家的决裂引发了人们对"门格尔学派"（Menger School）的评论，后来变成"奥地利学派"（Austrian）或"维也纳学派"（vienna School）——施莫勒因其理论晦涩而给他们贴的负面标签。奥地利学派的人逐渐接受了这一称号，后来，门格尔于 1889 年在一篇报纸的文章中提出了奥地利学派（Österreichische Schule）这一概念，⊜ 用以区别那些在奥地利出生且后来离开祖国的经济学家们。（讽刺的是，从经济角度讲，奥地利学派绝大多数都是非奥地利人。米塞斯说，"那些被称为奥地利学派经济学家的人在奥地利大学会有些不情愿地被当成外人"。）⊜ 数年后，米塞斯在他的书《理论与历史》（Theory and History）中反驳了他们的观点——经济定理是无效的，因为它们依赖于先验推理，而且只有历史经验才是有用的。正如他所写的："这样的历史经验并不能给观察者一种将自然科学应用于实验室的感觉。"他进一步批评那些"把他们的办公室、研究所和图书馆称为经济学、统计学或社会科学研究的实验室"的人是"毫无希望且糊里糊涂的人"。米塞斯说："历史事实需要在已存在定理的基础上加以解释。"⊗

然而，德国历史学派在本质上否认这种经济理论的存在；因此，正如米塞斯所言，他们的观点"等同于对经济学的绝对否定"。⊕

⊖ Israel Kirzner（author）and Louis Rukeyser（narrator）, *Early Austrian Economics: New Im portance for the Consumer*, 2006, Blackstone Audio.

⊜ Schulak and ünterkofler, *The Austrian School of Economics*.

⊜ Greaves, Bettina Bien, *Austrian Economics: An Anthology*, 1996, Foundation for Economic Education.

⊗ Ludwig von Mises, *Theory & History: An Interpretation of Social and Economic Evolution*, 2005, Liberty Fund.

⊕ Mises, *The Historical Setting of the Austrian School of Economics*.

相比之下，门格尔则致力于提炼具有普遍性的，适用于所有国家、文化和时代的经济理论。这就需要"手段—目标"这样的研究框架，而门格尔在这方面恰恰是先驱。然而，一直都否认因果关系论的德国历史学派的学者们肯定是完全无法接受这种研究框架的。

　　以施莫勒为首的历史学派和以门格尔为首的理论家之间的争论，比数据的使用和经济理论的应用有着更广泛的影响。战前帝国时期的德国历史学派，由德国主要的经济学家、历史学家和政治家组成，他们与社会主义者一起，坚持认为不受管制的自由市场最终会剥削工人，甚至损害国家利益。然而，他们与社会党在革命的必要性上存在分歧，并提出"国家社会主义"，即用社会改革来解决问题，比如 19 世纪 80 年代和 90 年代德国首相奥托·冯·俾斯麦（Otto von Bismarck，人称"铁血宰相"）实施的现代福利国家制度。米塞斯在 1952 年首次出版 的文章集《规划自由》（*Planning for Freedom*）中，将"当今干预主义上的进步主义"的渊源，追溯至"德意志帝国的最高智囊团"，尤其是施莫勒，引发了"两种正统学说的冲突"：俾斯麦学说与杰斐逊学说。⊖ 其他人则把纳粹分子的崛起与俾斯麦及其同时代人"播下的种子"联系在一起，形成了一种更强大、更隐性的联系。⊜ 如果奥地利学派的追随者把它视为自由的堡垒（正如罗恩·保罗在本书前言中所写的那样），那也是无可厚非的。

奥地利学派

门格尔大胆地承认了个人选择的优先性和人类行为的主观性，

⊖ Ludwig von Mises, *Planning for Freedom*: *Let the Market System Work*, 2008, Liberty Fund.

⊜ F. A. Hayek, "Introduction," published in *The German Question* by Wilhelm Roepke, 1946, George Allen & Unwin Ltd., London.

从而使经济学走上了一条不同的理论道路，远离了经验主义者和历史学派。个体，特别是消费者，是经济主体，因此研究的重心应该落在他们身上。（奥地利学派的常用分析方法基于主观主义，尽管在某种程度上每一个经济学家的研究方法都有所不同）。门格尔也认识到，从目的论的角度来看，上游生产（手段）和下游生产（消费者需求的目的）之间存在着一定的联系，这与那些认为目的论研究毫无价值而坚持科学主义的实证主义者是对立的。（我们看到，当今日益繁荣的批判性科学——尽管在类比方面很有用，如第八章中所述——甚至进一步推进了市场的一般均衡和现代投资组合理论，却忽视了市场行为也存在目的性的事实）。奥地利学派是实体论学派之一，研究人类行为本身；他们眼中的世界是一系列绝对的、含有因果关系的事实。以资本为根基，以消费者为目标，它们的经济世界充满目的性——手段和目标都非常明确。

熊彼特在门格尔 1921 年去世前，为纪念这位奥地利学派创始人，总结了一番他对经济学所做的贡献：门格尔不是任何人的弟子，他自己所创立的东西是独一无二的。门格尔所发现的不仅仅是人们如何购买、销售或生产商品，或者从这些商品中获得满足。他的发现具有更伟大的意义，因为人类需求的规律本身就足以解释"现代交换经济中的一切复杂现象"。㊀

这种将人与人之间的互动视为核心的独特观点，招致人们的反对和批评，甚至是对奥地利学派的公然抨击；不仅在经济学界，同样在政治上，奥地利学派也否认了许多经济政策的合法性和有效性。尽管奥地利学派在政治上的左翼和右翼中都有反对者，但这种异化也造就了其独特的客观性和独立性。

㊀ Joseph Schumpeter, "Carl Menger," *Ten Great Economists*: *From Marx to Keynes*, 1969, Oxford University Press, NY.

随着时间的推移，很多人成为门格尔的追随者；比如庞巴维克和米塞斯，他们逐渐提炼和修正理论，为学派做出了许多重要的贡献。但是门格尔，毫无疑问，是奥地利学派的开创者，他将独特的先验主义方法论、演绎法、主观选择与人类行为的重要性全部集中于目的论的框架内——企业家们需要以此为理论基础来满足消费者的愿望和需求。

奥地利学派的方法论以跨时间的方法为根本，越过事物表面的限制，去发现暂时不可见的，即可预见的事物。这也就是将间接目标作为手段来实现最终目的的过程。奥地利学派对目的和手段的分析始于门格尔，它不仅仅是思考资本的一种方式；它还区分商品和资本的上游和下游，即一个跨期的过程。在此基础上，加之巴师夏和前奥地利学派打下的基础，门格尔及其后人最终建立了奥地利学派投资理论。该理论强调通过间接资本配置（生产要素）来更高效地满足消费者需求的重要性。这也就为我们引出了第五章的主角，最终将奥地利学派发扬光大的早期继承人之一：庞巴维克。

第五章

企业家的迂回之路

很显然，本书所讲述的重点，在于以迂回方式获得的战略优势与间接手段以及最终目的或后果的关系——通过有意（且不依靠直觉地）向某一个方向发展，以便能更好地向另一个方向发展，而避免采取太过直接的方式（即"伪捷径"[⊖]）。我们通过历史上类似的战略思想概念，即从道家的"势"到普鲁士的"目标""手段""最终目的"，逐渐进入奥地利学派经济学传统的核心：迂回之路。

迂回之路就像"势"一样，作为一个平凡而普通的名词，它的哲学意义和在现实中的重要性被或多或少地掩盖了。它字面上的意思是"绕道""间接"或"迂回路线"，其在经济上的意义源于与卡尔·门格尔齐名的奥地利学派创始人之一：欧根·冯·庞巴维克。庞巴维克在门格尔早期理论的基础上对其进行了解释和推广，之后慢慢提出了一些对价值、资本和利息研究至关重要的结论。其实，如果把这些工作留给门格尔，让理论封存于他的图书馆中，加之对

⊖ Fran. ois Jullien, *A Treatise on Efficacy*: *Between Western and Chinese Thinking*, 2004, University of Hawaﬁ Press.

以前作品的不断修改，奥地利学派传统肯定会中途夭折。庞巴维克绝不仅仅是奥地利学派的追随者，也正是归功于他，奥地利学派才最终成为一个严谨的经济思想学派。

特别是在资本理论和对经济增长的理解上，庞巴维克有着如此大的影响力，以至于在 20 世纪初，他可能已经成为英国以外最著名的经济学家了（因此人们难免会奇怪，为什么这个名字如今只在奥地利学派学者中广泛流传）。庞巴维克所有重要的成就都源自迂回思路，通过引入不同的分岔路有效地将整条路径整合起来（简单说就是通过向右来更好地向左），而不是迷迷糊糊地一路向前。在别人开始转弯时绕更大的圈，以求在转弯后超过对手。本书的思路也是如此：横跨千百万年，千百万里，从军事战略家，到经济学家；从针叶树，到企业家，迂回曲折，却一直在朝着我们预想的方向前进。通过对一般战略思想的探索，我们建立了一种多元化的理解方式，从而模拟了资本家的运作方式以及生产过程中的各个中间阶段。同样，我们将在最后几章中看到，奥地利学派投资方法采用了同样的迂回式资本运作方法，即从最初的表象预见未来的最终结果。这是一种通过在上游取势而在下游容易突破的地点或时机充分发挥，在"种子成熟之前就能预见"的方法。⊖

奥地利学派发展历程中的主人公是企业家，在庞巴维克的作品中以"承办者"（Unternehmer，从萨伊的术语直译而来）出现，他们将生产所需的原料和生产要素等融合为一种暂时的资本结构。庞巴维克向人们证明，资本积累是一个连续的、用于满足市场需求的生产过程——通过慢慢积累优势来达到满足消费者这一终极目的。为了实现这一目标，企业家们必须展望未来，不仅要预测消费者们想要什么，更重要的是，还要知道他们什么时候需要。在当下和未

⊖ Jullien, *A Treatise on Efficacy*.

来的消费者满足之间存在着一种跨期的选择和权衡，企业家们会放弃"当下"而追求"未来"。

对奥地利学派来说，资本家/企业家的观点是独一无二的，他们懂得经济运行中的动态失衡，正是可以通过投资或资本运作来抓住的机会。（主流经济学家们很少讨论失衡，因为这对他们的数学模型来说太过复杂而混乱了。）这一理论结构由门格尔首先提出，由庞巴维克补充拓宽，它囊括了资本的累积和分级配置——从上游的原材料（土地、从地下开采的矿石、从森林中开采的木材），借助中间商品的过渡，逐渐变为最终消费品（作为一个整体模型，这应该不是奥地利学派所喜欢的，他们偏向于关注个人行为）。企业家们权衡机会，赋予其生产过程及资本更多迂回性，逐步实现资本结构的进步和发展，推动物质社会的进步。

实证主义的起源

欧根·冯·庞巴维克，绰号"庞"（Böhm），职业生涯横跨学术界与政界，他因此从学术与政治两个角度研究了经济运转。他 1851年生于奥地利布鲁诺，是当地一位公务员兼副州长的小儿子。他于1875 年获得维也纳大学法律博士学位，随后在 1880～1889 年间于茵斯布鲁克大学（University of Innsbruck）授课，在此期间，他最著名的作品问世了。他之后又进入政府工作，从 1890 年起担任奥地利财政部长。在这期间（1984～2002 年印刷的奥地利 100 先令钞票上是他的肖像），庞巴维克帮助国家整顿了财政并稳定了货币；此外，他还领导了奥地利税法改革。

庞巴维克因其"资本与利息"（Capital & Interest）的头两卷而闻名于世。第一卷《资本利息理论的历史和批判》（*History and Critique of Interest Theories*）出版于 1884 年（当时庞巴维克只有 33

岁），该卷广泛讨论了与利息相关的理论，同时也揭露了许多谬论，并证明利息这一概念并不代表着故意为之或高利贷，而是市场固有的内在逻辑决定的。庞巴维克在门格尔观点（特别是时间偏好）的基础上[但是也提出了尖锐的批评，而且更多归功于约翰·雷（JohnRae）]指出，质地、数量、形态等方面都完全相同的物品，现货要比期货价值更高。第二卷，也就是他最重要的作品《资本实证论》于 1889 年出版，随后立即诞生了相应的英文版本——庞巴维克和奥地利学派的惊人成就。（需要注意的是，标题中的"实证"一词绝不意味着庞巴维克有着实证主义倾向。反而，这个词意味着他对第一卷作品中理论瑕疵的"暴露"）。第三卷《资本与利息再论》（*Further Essays on Capital and Interest*）曾作为第二卷的附录，于1921 年庞巴维克去世后出版。

　　20 世纪初，庞巴维克从政府退休，回到他曾经执教的维也纳大学任教，重返学术界。他的资本理论课和研讨会吸引了许多学生，其中就包括路德维希·冯·米塞斯。

　　就个人方面，庞巴维克[他与他最好的朋友、奥地利经济学家弗里德里希·冯·韦瑟（Friedrich von Wieser）的妹妹结婚。韦瑟可以说是该学派的第三创始人]被人们描述为典型的奥地利人：安静、谦虚、深情。他平日爱好音乐（还是一个天才的大提琴手），喜欢骑自行车，到了夏天，每天还坚持去白云石山脉登山。⊖ 尽管庞巴维克有着活跃的户外生活，但他在 62 岁时就去世了，那时正值第一次世界大战爆发和奥匈帝国倒台。庞巴维克在世的时间并不长（他的许多同事都活到了 80 多岁），但他在经济学方面留下的遗产使其生命得到了延续，因此，理解他所提出的生产方面的概念，对于如今任何关于资本理论的探讨都是必要的。可以说，庞巴维克身处于奥地利学派投资理念的正中心。

⊖ Mary Paley Marshall, *What I Remember*, 1947, University Press, Cambridge.

欧根·冯·庞巴维克，他的笔比他的剑还锋利

迂回式生产

为了解释自己的经济理论，庞巴维克尝试从日常经验中提取结论，也就是第一章所描述的"自闭交流"，广义来讲，即个人主义方法论。这一原则来自门格尔的研究，他认为社会和经济间的相互作用，应当通过个体行为而不是集体行为来进行研究和解释。我们可能还会想到通过还原论思想将其分解简化为个体行为（尽管有奥地利学派倾向）。关注个体行为是奥地利经济学的核心概念之一，门格尔解释说："没有一种经济现象不能最终从经济行为人及其经济思考中找到它的起源和方法。"⊖ 奥地利学派学者并不避讳研究复杂的"宏观"经济现象，但关键的一点是，他们试图通过研究相关个体的行为和动机来解释这些事件。

庞巴维克在对个体的研究中经常使用寓言作为自己有效的教学工具之一。它们也是一个体现奥地利学派特有的经验主义风格的很好的例子，我们借助经验可以更好地理解一般经济原理（例如使用工具的好处），而不是死板的经济规律。以庞巴维克为例，我们生动地描绘了其"迂回生产"这一概念的原理。重要的是要理解，迂回生产不仅仅意味着花费更长的时间来生产，也不仅仅代表着生产的间接性；走迂回路线不等于花更多时间。拖延、优柔寡断或是无故偏离道路，都是没有好处的。在迂回生产中，人们聚集生产中间产品所需的投入，以求在未来拥有更加熟练的技巧和更高的效率。正如庞巴维克观察到的，"迂回方法会比直接方法产生更好的结果，这是整个生产理论中最重要、最基本的命题之一"（迂回投资方法也是

⊖ Eugen Maria Schulak and Herbert Ünterkofler, *The Austrian School of Economics*: *A History of Its Ideas*, *Ambassadors*, *& Institutions*, 2011, The Ludwig von Mises Institutes, Auburn, AL.

如此）。随着时间的推移，所有投入（中间产品和其他生产要素）被集中在一起，"以便得到所期望的结果，或所期望的产品"。⊖

我们利用《鲁滨逊漂流记》来说明这一点。奥地利学派学者在他们的论文中以克鲁索为例，来简单地说明单人经济发展，克鲁索的生存依赖于他不断超越勉强糊口的需求，而进行更多的迂回生产。

作者笛福（Defoe）把克鲁索生活的偏远小岛称为"绝望之岛"（地理位置上接近委内瑞拉北部的多巴哥岛，离特立尼达岛不远），而克鲁索的首要任务就是满足生活的基本需求。他一开始用最原始的方法获取食物：借助双手来抓取需要的东西——庞巴维克称之为"赤手空拳"。⊖（克鲁索平日里打猎、种庄稼、养山羊，在此我们将捕鱼看作他满足直接需求的主要途径。）克鲁索站在水里，试图趁鱼游过的时候抓住它们，但是这些滑滑的、身手敏捷的生物是很难被抓住的。于是他用一种原始的工具来改进自己的捕鱼方法（借助中间物的首次尝试）：他把一根树枝制成了长矛。虽然并不是百发百中，但他每天差不多能捕到五条鱼；当捕到的鱼消耗殆尽时，他就必须充分休息，迎接第二天的劳动。因此，克鲁索的困境在于如何在更短的时间内以更少的体力消耗捕捉到同样数量的鱼，或在同样的时间内捕捉到更多的鱼。答案是他必须再绕些圈子。

然而，问题在于，即使使用长矛，克鲁索每天也要花很多时间去抓五条鱼，因此，他能让捕鱼工具（经改进的中间物）变得更好的唯一方法，就是减少每天捕鱼的时间。换句话说，他必须"节省"一些体力，而不是把所有的时间精力都花在捕鱼上。这样，他

⊖ Eugen von Böhm-Bawerk, *The Positive Theory of Capital*, 1930, G. E. Stechert & Co., NY（photographic reprint of 1891 edition）.

⊖ 同上。

就不得不减少抓鱼的时间，每天只能抓三条鱼（这就意味着他会很饿），但是这样一来他就有精力去用中空的木头和渔网做一条简易的小船。整个造船的过程需要数周的时间，克鲁索暂时放弃对当前欲望的满足（用鱼填饱肚子），这样他就可以用船和渔网这一中间物来确保自己未来的优势。饥饿的他逆流而上，为了下游更多的鱼。从经济学的角度来看，他现在利用自己微薄的闲暇时间，创造更有效的手段来确保今后的利益。

这就是迂回之路：克鲁索专注于中间手段，以一开始少捕鱼的代价，换取未来捕到更多鱼的机会。

重要的是，克鲁索向人们证明了，节省不只是代表了放弃和退步。相反，这具有高度战略性，放弃当下利益以确保未来优势——节省的人不仅仅希望证明挫折的正当性，也在等待自己的劳动和投资所带来的回报（如果确实有回报的话，企业投资自然没有任何可行性或盈利的保证）。因此，正如庞巴维克所认识到的，节省并不意味着退步，而是意味着一种延迟的消耗，它可以为今后更大的消耗提供更多资源。

最后，船和渔网都准备好了。饥饿的克鲁索来到水里，在两个小时之内就捕到了五条鱼。既然他现在能够满足自己的日常需求，就可以把时间和精力投资于其他物品的制造，例如，除了修理他的船和渔网之外，还可以做一个晾晒鱼的架子，让海水蒸发，析出的盐分可以方便鱼的长期储存。很快，克鲁索就掌握了一套非常高效的捕鱼流程：捕到的鱼远远超过他所能消耗的鱼，并为他积累了大量的蛋白质——同样，也为替换和创造更多物品储备了大量的时间。

现在，由于船和渔网使自己的处境更加灵活，克鲁索可以通过他储备的鱼干来维持生活，而当这些鱼干消耗殆尽时，他又造好了新的渔网来代替前一个快破掉的渔网。资本是一种随时都在减少的东西。此外，如今实现的收益也都归功于以往的投资。我们意识到，相同的过程也发生在第二章：针叶树以起初落后的代价，将种子送到严峻荒凉的地方生长，缺乏养分，生长缓慢，但它们不断寻找机会，创造优势，在未来实现更繁茂的生长。

但如果克鲁索和针叶树的命运有所不同呢？就算他只需几周的时间去做好一艘船和渔网，在这段时间里，他都不得不每天少吃两条鱼（从平时的五条鱼减少到三条），何况如果这个过程需要两个月才能完成呢？同样，对于针叶树来说，如果它们需要更长的时间才能达到更快的生长阶段，或者如果在土壤肥沃的地区没有那么多火灾，从而减少了发生转变的机会，会怎样呢？由于时间太珍贵，如果整个过程所需的时间太长，又会怎样？对于克鲁索而言，问题在于，从船和渔网中获得的额外工作效率能否覆盖他所花费的时间成本？（以在此期间错过的鱼来衡量：2 条鱼乘以 60 天，即 120 条鱼）。他的体重会由于缺少热量而下降多少？可以肯定的是，如果有人给他免费的船和渔网，他一定会用，但他会以 120 条鱼的代价去亲自制作船和渔网吗？这样一种生产率的提高是否可以作为投入成本的理由？用克鲁索的话来说，这种回报能不能弥补挨饿近两个月的痛苦（无论是生理上还是心理上）？（人类不断摄入热量，自然会阻碍资本生产。）在此我们再一次看到了经济生产率在起作用：它不仅赋予我们更高的工作效率，还必定有其经济意义所在。

再次强调，仅仅因为一个过程迂回性强就认为它能带来更多优势，这是十分天真的。举个有点愚蠢的例子，我们假设克鲁索进行这样一个"过程"：每次他想抓鱼的时候都要爬上一棵树；比起直接去抓鱼，这显然不会带来任何额外的好处。然而，庞巴维克得出结论，迂回生产需要更长时间，这是为了获得未来生产率上的优势（以更少的劳动力、能源或原材料投入做得更好），以便在适当的时间创造出人们真正想要的东西。有时，迂回方法通过以相同的投入创造更多输出，来体现出其生产上的优势。也有时，迂回方法可以产生其他任何更短、更直接的过程都无法产生的输出。因此，通过使用庞巴维克所谓的"智慧迂回方法","间接方式的优越性体现为它是获取某些物品的唯一途径;而且不夸张地说,迂回方法在很多时候都是唯一的途径!"[一]

克鲁索告诉我们,企业家在迂回生产中必须考虑流程所需时间、所需成本、所需资源投入,以及获得回报所需时间等基本要素(所有这一切,正如我们将看到的,都将受到利率水平的影响)。

克鲁索的"单人经济模型"旨在"阐明最简单、最基本的特征,从而揭示整个经济过程的基本结构"。庞巴维克指出,"克鲁索所处的原始环境,有利于令事物呈现其最简单清晰的原理——来给定某种经济过程的基本框架"。然而,在某种程度上来说,这一框架在本质上必须依托于"现代经济体的现状",能够涵盖"生活中的现象与道理"。因此,对迂回生产的研究必须"超越克鲁索所生活的孤独海岸,将目光转移到拥有数百万人口的国家的工业发展上"。[二]

一切经济体,无论规模大小,其生产和资本配置方面的选择都是由直接方式渐变为迂回方式。庞巴维克写道:

> 我们要么在目标达成之前全力以赴,要么有意绕道而行。也就是说,我们可以一次性地满足生产某个目标物品所必需的条件,从而使目标物品在劳动投入之后直接被生产出来;或者,我们也可以先把相应的劳动与看似不相关的因素联系起来,继而暂时绕过最终目标,而先追求某种间接目标;重要的是,这些间接目标必须与其他合适的材料和技术联系起来,直到我们逐渐实现了过程中相当数量的间接目标,最终,满足人们需求的物品才得以问世。[三]

[一] Eugen von Böhm-Bawerk, *The Positive Theory of Capital*, 1930, G. E. Stechert & Co., NY(photographic reprint of 1891 edition).

[二] 同上。

[三] 同上。

关于战略与目的论过程——从中国的战国时期到欧洲战场，再到企业家和投资者——从未有过比这更清晰、更简明的描述。

我们可以把中间资本物的迂回结构看作一个"自动催化过程"。在此，我指的是一种反应的产物成为进一步反应的催化剂的过程。或者换句话说，这个过程是不断自我催化的，增长体现于资本积累和再投资。（"自我"一词并不意味着每一步都缺少人为决定。消费者的选择是最重要的，企业家必须对消费者当前和未来的消费需求做出反应。）生产因此变成了不断的自我催化和自我再生，上游资本品的生产推动了下游消费品的生产，资本通过创新不断得到改善，创造出更好的下游消费品。从这些方面来看，我们可以把技术、创新和生产看作一种适应性学习，由之前的步骤循序渐进产生新的步骤——长远来说，每一个步骤都像是拜耳的"毛毛虫"，尚未了解蝴蝶究竟是怎样的形态。即便每一步都只是融合了前一步，其间还是有着明显的程序性目标。科技进步与现有技术相结合，使以前无法实现的（或者至少是无法进行经济生产的）技术或消费品成为可能。

然而，迂回生产也是存在限制的，主要体现在时间偏好和利率方面。庞巴维克用他的"贴水理论"来解释利息如何在期货与相对价值较高的现货之间产生（例如，大多数人会想在今天得到某样物品，而不是明天甚至一年以后）。所有商品都是如此；因此，利率总是正的。这样一个源于主观偏好的利息市场现象是典型的奥地利学派的观点之一，也是为庞巴维克赢得赞誉的理论核心。

庞巴维克还提出一种利息的理解方式，与前辈的观点恰恰相反，亚里士多德一直相信，金钱究其本质是无法带来额外收益的；贷方的收益只能来自于对借方的欺骗。早期的基督教会也有类似的想法，他们试图保护贫穷的债务人免受富有的债权人的伤害。然而，作为时间成本的利息有着完全不同的含义；这是一个人为了尽早获得资本而必须付出的代价，而这反过来又成为投资决策和收益的指标。因此，庞巴维克关于资本和利息的理论赋予人们的投资决策更强的迂回性。

在庞巴维克出生的 19 世纪中期，上游产品转变为越来越好的中间品，进一步催化了下游产品（包括铁路运输）的生产。事实上，这种新兴的工业化世界正是以有史以来最大规模的迂回生产为基础，这显然也是庞巴维克相关理论以及资本化进程的源头。一些原材料比如煤、铁以及钢材，随着工业化进程蔓延至欧洲大陆，也开始取代旧的、利用率较低的生产要素（特别是可产生能源的木材）。在奥地利派学者提出资本化发展理论之前，早先的农业发展使森林面积急剧减小，因此，开发一种方法来权衡林业与其他行业在未来的发展前景，就变得尤其重要。虽然庞巴维克也研究木材的金融久期、现金流贴现和其他资本化概念等，但他可能未必听说过一个叫马丁·福斯曼（Martin Faustmann）的德国林务官，他在《资本实证论》出版前 40 年就提出了森林经济学理论，并给出了机会成本和资本化的正式定义。

福斯曼的森林经济理论

24 岁时，马丁·福斯曼成为杂志《林业与狩猎》（*Allgemeine Forst-und Jagd-Zeitung*）的主编之一；1849 年，27 岁的他发表了一篇极具开创性的文章 "林地与未成熟林地对林业价值的计算"（Berechnung des Werthes welchen Waldbodensowie noch nicht haubare Holzbestände für die Waldwirthschaft besitzen）。福斯曼并不是第一个进行此类研究的人。在 19 世纪早期，就有少数德国和奥地利林务官尝试估计土地价值，加特洛普·科尼希（Gottlob König）在 1813 年首次尝试在林业范畴将有形资产折现。尽管这遵循了亚当·斯密 1776 年的土地资本理论，但这一理论还是先于大卫·李嘉图（David

Ricardo）1817 年的地租理论。[⊖] 然而，如今人们认为，是福斯曼开发了严格且具通用性的森林和土地租金公式。（尽管一些人称之为科尼希—福斯曼公式，如今依然广为人知的名字却只有福斯曼）。

福斯曼试图解答一个简单而亟待解决的问题：一块林地能产生多少经济价值？具体地说，就是如何评判一块土地在未来产生的价值（福斯曼所谓的土地期望价值：LEV）与裸地当前的市场价值（即被使用林地的土地置换价值，或称 LRV）之间的相关性？也就是说，我们获得的土地是否可以用于林业或转化为林地，还是最好用在其他的地方？实质上，福斯曼试图计算待评估林地折现后的溢价或折价值与相应裸地（或者说在农业使用状态下）的市场价值之比。

我们可以将其看作两种估值的比率，即福斯曼比率，LEV/LRV。可以明确的是，如果福斯曼比率大于 1 时（LEV 大于 LRV，或者整体大于其各部分之和），则应当进行投资（在不考虑其他条件的情况下，你可以将其作为一个持续经营的产业出售）。如果比率小于 1（LEV 小于 LRV，或者整体小于其各部分之和），则不要进行投资，至少不要投资于林业。通过福斯曼比率，我们从德国和奥地利的针叶林出发，找到了本书其余部分的核心经济学概念。

使福斯曼的研究变得与众不同的是，他提出了一种可以量化林业经济效益以及那些难以得到补偿的复杂成本的方法。从本质上讲，林业范畴的问题都是长期命题；与未来市场的相关性尤其高。我们从第二章中了解到，许多种树的生长模式（特别是针叶树）都是初期缓慢生长，以便积累后期生长所需的"资产"——例如，生长出强壮的根和厚厚的树皮——这无疑能增加树木在后期的生长效率，直到树木具有在野外生存甚至占领农场土地的能力。只有初期

⊖ Guillermo A. Navarro, "Re-Examining the Theories Support the So-Called Faustmann Formula, " *Recent Accomplishments in Applies Forest Economics Research*, 2003.

学会等待，才能实现后期的高速生长。（例如，如果你砍下一棵生长了 15 年的树，会比同时砍掉三棵生长了 5 年的树获得更多木材；然而对于后者而言，你每 5 年就会得到一笔递增的报酬，如果选择前者，所有的报酬都是在最后一次性支付。）因此，在你打算将土地变成一个可能需要 15 年才能成熟、结出果实，需要 25 年甚至更久才能提供木材的森林之前，你必须明白，在未来所获得的利益比目前所能获得的同等利益价值要小。林业是迂回产业最好的教科书之一。

福斯曼为土地期望价值设计了一个公式，借助这个公式，人们可以用诸如干草或大麦这样的短期农作物生产与周期过长的林业生产做对比。这实际上是一个亟待解决的问题，因为林地间的种植正在被利润更高的农作物所取代，除了价格上存在差异，生产的时间跨度也不同。干草和松树（两者拥有极端不同的生产周期，前者每年多次收成，而后者可能每世纪只有几次收成）可能是一块特定土地上的两种不同种植选择（假设两者均适合在该土地生长），这就需要有一个经济层面的转换计算。福斯曼的公式是绝对必要的，资本化的正式概念和经济学家之后所说的"估算"（ imputation ）也是出于必要而生的。

暂时忍受当下的缓慢生长，是为了实现未来的快速生长，但是，首先，"林务官"们必须有足够的耐心来克服外部约束，即资本的机会成本。对德国"林务官"们来说，值得称赞的是，这一想法虽发源于巴师夏，但是由门格尔正式确定下来，并最终在 1914 年由门格尔的学生维塞尔创造出来。对于机会成本这一概念，奥地利学派学者不仅认识到必须付出的代价，也能认识到如果在其他地方投入相同的资本（具有类似风险）可以获得怎样的收益。举个例子，如果一个企业家计划投资于一片土地，那么他不仅要考虑在土地上建造或种植的任何东西能给自己带来的收益，还要考虑他本可以从其他形式的投资中得到什么（比如银行存款）。因此，利率就成了衡量迂回生产成本的客观标准。

福斯曼给出的简化后的土地期望价值公式如下：

$$LEV = \frac{B}{(1+i)^r} + \frac{B}{(1+i)^{2r}} + \frac{B}{(1+i)^{3r}} + \cdots + \frac{B}{(1+i)^\infty} = \frac{B}{(1+i)^r - 1}$$

其中 B 是每一次收成时木材的现值减去间伐材（thinnings）的现值以及过程中的持续成本（简单起见）；i 是适当的利率，即资本的机会成本；r 是轮作周期，即收成间隔的年数。福斯曼在此将土地未来的"地租"（森林由于木材收成持续带来的周期性年金）转换为现值，一个结果非常简单的无穷几何级数。因此，福斯曼的贡献在于他确定了一种帮助"林务官"估计土地期望价值的缜密方法，而这"一直是古典森林经济学的脊梁"。$^\ominus$ 事实上，福斯曼可能是第一个使用这种方式来估计现值的经济学家，$^\ominus$ 借助如今用于计算收入流（确定或不确定）的现金流贴现分析，尤其应用于债券和股权（它被称为现代金融理论的"股息贴现模型"）。土地的资本化价值基于净租金（福斯曼公式中的 B），即我们从土地中得到的相对于我们为获得租金而放弃的部分，即资本的机会成本（福斯曼公式中的折现率 i）。

这种方法自然是过于简单化的，因为它没有考虑到可能会有其他作物为土地带来更高的价值（例如，某些作物的收成需要更少的时间或拥有更短的轮作周期），而且随着其他因素的变化，作物可以随时被收割。在土地问题上，存在一个值得研究的转换期权。福斯曼关注的只是林地。

⊖ Guillermo A. Navarro, "Re-Examining the Theories Support the So-Called Faustmann Formula," *Recent Accomplishments in Applies Forest Economics Research*, 2003.

⊖ Christian Bidard, *Prices, Reproduction, Scarcity*, 2011（Reissue）, Cambridge University Press.

唯一不寻常的是轮作周期 r。事实上，r 的确定是福斯曼公式的另一个重要部分。即使假设树的生长率是恒定的，如果我们从零开始增加轮作周期，LEV 也会先升高再降低；LEV 的最大值对应着最理想的轮作周期。（请注意，在福斯曼公式中，每次收成时所售木材的现值 B 本身就受轮作周期的影响，因为树木在更长的轮作周期中持续生长。）当然，福斯曼公式也考虑到了利率的重要性：一个大部分人可能认为与管理森林毫无关系的因素，即"斧头原则"：当森林的实际生长和木材预期价格可以达到超越市场利率的回报时，那么现在砍伐并出售木材的机会成本就会太高；林务官应该选择不伐木。但是，当森林生长和木材预期价格带来的收益不及市场利率时，今天的收益就会超过伐木并出售的机会成本；林务官应该选择伐木。显然，在其他条件相同的情况下，利率的上升会使最佳轮作周期变短。换句话说，就是提高利率，从而缩短生产周期。（这可以从任何一本奥地利经济学教科书中找到。）因此，关于何时伐木的问题是这样解决的：在木材价格、利率及轮作周期与伐木收入之间的关系均已知的条件下，福斯曼为林务官们提供了一种通过确定最佳轮作周期来最大化土地期望价值（LEV）的方法。由此，真正的贴现值问题也就得到了解决。

顺便一提，福斯曼也证明了土地价值的资本化问题并不取决于森林由同样年龄的树木（间歇管理）还是不同年龄的树木（持续管理）组成。在森林的一个横截面上，我们只能发现相关树木生命周期的一个阶段，而土地的价值（森林价值减去存量树木的价值）相当于横截面包括了整个生命周期的森林。这意味着我们可以把年化租金看成是由整个森林（每年轮伐）的子集组合而成，而不必等到每个轮作周期结束才能计算。轮作周期仍然同样重要，因为它决定了每年的收获量（B 的大小）以及重新种植量。但是现在我们默认每年收成一次（$r = 1$），这一点同样重要，因为它简化了我们对土地期望值的计算，使结果更直观地由每年木材带来的现值与年折现率的比率得出：

$$LEV = B/i$$

尽管庞巴维克的生活环境被维也纳森林所包围，尽管他十分关注经济生产的跨期决策问题（木材行业或许可以作为经典模型），但他从未引用福斯曼公式。然而他［与瑞典门徒约翰·古斯塔夫·克努特维克塞尔（Johan Gustav Knut Wicksell）］一起得出了和福斯曼同样的结论，即"斧头原则"：只要树木的额外增长价值相对当前土地价值的百分比（资本回报率，*ROIC*）超过继续拥有土地的机会成本（资本的机会成本 i），木材行业在经济上就是有利可图的。

在此，我们依然需要福斯曼比率。我们可以说土地每年产生的经济回报（收成价值占土地重置价值的百分比）是：

$$ROIC = B/LRV$$

因此土地期望价值为：

$$LEV = (LRV \times ROIC)/i$$

由此得出福斯曼比率：

$$LEV/LRV = ROIC/i$$

正如我们所看到的，这个比率不仅描述了裸地的可购性（土地置换价值），而且更具体地，它也描述了树木的价值产生（以 *LRV* 的百分比表示）与折现率之间的关系。从本质上说，这是投资资本的回报与资本重置成本之比。如前所述，当资本回报率超过资本机会成本（利率 i）时，木材应当被砍伐并售卖。否则，利率就无法支持树木的缓慢生长；由于土壤太昂贵，用于像干草这样的快速轮作作物是最好的。事实上，这一原理已经成为当今企业融资的基本准则。

如果一开始生长缓慢，之后增长迅速，这意味着什么？就像此前针叶树的例子和龟兔赛跑的寓言。在幼树刚开始生长的时候就把它砍倒，还是等待其奋起直追？这就是迂回悖论（我们称之为克里普悖论）：人们不应该像巴师夏口中的"坏经济学家"那样简单地衡量当前阶段的经济；眼下暂时的损失或许只是长周期生产中通往后期盈利阶段的手段。

福斯曼比率不仅适用于树木和土地，也适用于所有类型的资本。因此，我们可以看到福斯曼有关林业的一般性探索及其身后庞巴维克的资本和利息理论：降低利率，或更准确地说，降低时间偏好（现在储蓄今后消费）能给生产过程带来更多迂回性，不仅适用于松树，其他资本商品也一样。

资本的年轮

从时间上来看，我们认为资本是异质的——奥地利学派传统所接受的现实（而其他经济学派通常认为不同"资本"性质均相同，这也使得他们严重低估了其重要性）。这种异质性意味着，并非所有资本的配置方式都相同，而且它们也不会产生相同的回报。此外，资本结构的扩大并不意味着上下游资本同时、同比例地增加；相反，它是在上下游资本之间重新进行配置。由于奥地利学派经济学者明确承认资本结构的异质性，他们在研究市场机制方面拥有独特的角度，在这种机制下，经济的跨期生产计划与消费者的跨期偏好是保持一致的。

庞巴维克以自己喜欢的方式做了一个资本异质性的比喻。河流"在各个地方的宽度都不一样""在某些地方有大坝，在其他地方却存在渗漏"⊖，这不禁让人联想到孙武。最棒的是，我们能很方便地回到我们的针叶树主题，庞巴维克提供了一种描述一棵树生长的方式，即树干的横切面，揭示其生长的年轮就像同心圆一样（参见图5.1）。

⊖ Böhm-Bawerk, *The Positive Theory of Capital*.

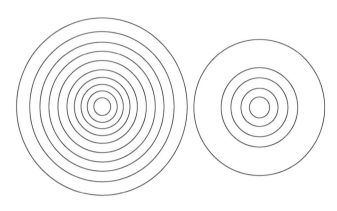

注：如图所示，两个不同经济体的资本结构，其中一个生产过程的"生命周期"从内部圆环开始，随着时间的推移而向外移动。右边的经济不那么迂回曲折（而且资金很可能更紧张，生产率也更低），因为大部分价值都产生于最接近消费者的下游商品（外圈）中。

资料来源：Evgen von Böhm-Bawerk, *The Positive Theory of Capital*, 1930, G. E. Stechert & Co., NY.

图 5.1 庞巴维克年轮

正如我在整本书中所论述的那样，还有什么比跨期的累积手段更能体现生产性投资的成功？一个人如果忽略这种跨期结构——如果失去视野的深度——生产效率就会丧失（图 5.1 也许应该贴在每个人的电脑屏幕上）。即使这本书除了清晰地阐明这个道理以外，没有起到其他任何作用，也算达到了我的预期目标。

如同心圆所示，生产过程和价值积累从核心逐渐发散。随着时间的推移，更多生产要素被加入，生产过程不断向外拓展，将它们转化为不同的中间产品。中间层越多，圆环也就越多。处在最外层的圆环即作为最终成品走向市场。（在这种情况下，与树的静态年轮不同，每个圆环的面积都在不断变化。）

每一圈年轮都代表着相应的"成熟度等级"。最外层的一环囊括了将在明年成为最终消费品的资本；第二外层的一环包含了第二年将成为消费品的资本，以此类推。根据经济体的不同发达程度，这一结构中还可能存在其他变化。假设在一个非常不发达的经济体中只存在一种原材料或一种商品，也许是一种基本的手工挖掘工具，那么整个结构将由单一圆环组成。再比如说，对于某个高度工业化的经济体而言，其相应结构将由多个圆环内嵌而成，其宽度代表相应资产类别的规模；此结构将会出现更多的圆环，代表着时间更长、更迂回曲折的生产过程。庞巴维克解释说，"在每个类别的生产中投入的资本量会随着成熟度等级的降低而升高"。[○]

庞巴维克指出，资本结构是具有累积性的（其实是自催化效应）；前面出现的会导向并包含在后来者中。实际上，我们可能会想到在下一个环中，所有先前的资本和投入被凝结（或者更准确地说，被囊括）在一起。例如，一种最基本的、可追溯到 1 万年前的资本品就是山羊，它可以作为肉食被消耗，或者（如果是雌性的话）作为一种间接"工具"，生产羊奶供人们食用。此外，羊奶（再加上山羊的胃和凝乳酶）可以成为奶酪的生产原料；奶酪，也许又可以成为制作干酪火锅的配料；等等。每一种消费品反过来又成为另一种中间产品，"包含"在下一个消费品的生产中，并且每一种都为一个迂回性越来越强的生产过程增加新的"一环"。现在不杀山羊——就像留着金鹅不杀，饿着肚子等几个月，就能得到（希望如此）大量精美的山羊奶制品，简而言之，这就是资本主义的跨期权衡，是人类从过去仅能糊口的生活状态里走出来的原因。

亨利·福特：迂回之路上的企业家

资本可以推动研发，推进工厂和工艺的现代化，创造新产品，改进分销系统以将这些新产品带给消费者。但资本几乎唯一的来源

○ Böhm-Bawerk, *The Positive Theory of Capital*.

就是储蓄。19 世纪，美国的储蓄率从内战前的 15%上升到 19 世纪 70 年代的 24%，至 19 世纪 80 年代又上升到 28%。[⊖] 在工业大规模扩张的这段时期，资本不断积累，利润被重新投资于企业中，比如卡耐基钢铁公司（Carnegie Steel）和标准石油公司（Standard Oil）。纵向兼并孕育了规模巨大的工业公司，它们控制了从原材料到成品制造（所有的"环节"）的所有阶段，从而将迂回生产的优势不断放大。工人们还可以从中间资本品中受益，这些产品使他们的生产效率更高，也增加了他们的收入（以及他们从下一级消费品中获益的能力）。测量设备、切割工具、车床和机床的普及带动了"机床的连锁反应，机床也能生产新的工具"。[⊖] "由原始工具产生更先进的工具，是资本主义生产的关键（伴随着关于货币干预对这个过程及奥地利学派投资本身的破坏的理解）。自催化的"乘数效应"在农场与工厂中带来了巨大的生产力增长；与此同时，工业发展也催生了新的商业和储蓄银行、寿险公司和投资公司，股票市场随即成为资本的主要来源。[⊖]

　　就在 20 世纪来临之际，走在"邻居"庞巴维克铺就的企业家道路上的德国发明家，创造了一种全新的、可以真正改变世界的运输方式，舍弃马车等交通工具，代之以引擎驱动的汽车（汽油车）。这款汽车可以追溯至在德国出生的奥地利发明家齐格弗里德·马库斯（Siegfried Marcus），他大约于 1870 年在一辆手推车上安装了一个内燃机："马库斯汽车"（Marcus car）。这一传说中的德国工程继续进行着，到了 1876 年，发明家尼古拉·奥托（Nikolaus Otto）、戈特利布·戴姆勒（Gottlieb Daimler）和威廉·迈巴赫（Wilhelm

　　⊖ Bernard Bailyn, Robert Dallek, et al., *The Great Republic*: *A History of the American People*, Vol. Two, Fourth Edition, 1991, Wadsworth Publishing.

　　⊖ 同上。

　　⊖ 同上。

Maybach）成功制造出了世界上第一个四冲程发动机，而功劳最终归于他们的同胞，在 1879 年获得内燃机专利的卡尔·本茨（Karl Benz，后来因奔驰汽车而著名）；1886 年，本茨为他的第一辆汽车申请了专利。

在大西洋的另一边，1876 年夏天，一个 13 岁的密歇根男孩被一件奇妙的东西迷住了，他看到一架做工粗糙的蒸汽机车在路上缓慢行驶，这是他见的第一辆除马车以外的交通工具。那个男孩正是亨利·福特（Henry Ford）。他后来回忆道："正是这台机车让我决定投身于汽车运输行业。"⊖ 作为企业家先驱，福特让普通美国人坐上了汽车，并成立了一家跨国企业，在欧洲（尤其是在德国）开展业务。1923 年，福特的自传《我的生活和工作》（*My Life and Work*）被译成德语，福特被誉为美国实业家的超级巨星。⊖（作为反战主义者，福特认为战争是一种无谓的消耗，20 世纪 30 年代早期，他的画像被挂在阿道夫·希特勒书桌后的墙上，这也让他获得了令人憎恶的荣誉）。福特并不是没有缺点，甚至有些十分严重的缺点，比如他对金融家的不信任，他把这种不信任拟人化为对犹太人的厌恶（不幸的是，他并不是唯一一个这样想的人；当时有许多人有这样的偏见）。抛开这一点不谈，我们都承认他作为迂回型企业家创建了一种新的生产范式——流水线，作为垂直一体化生产的高潮，通过工厂和发电厂将煤炭、铁矿砂和钢铁变成汽车，扩展了庞巴维克的年轮，并因此提升了生产力和生产效率。

福特被誉为现代真正的杰出人物之一（1999 年，《财富》杂志将他评为"20 世纪最伟大的企业家"），不过，他理应获得另外一个

⊖ Steven Watts, *The People's Tycoon*: *Henry Ford and the American Century*, 2005, Random House, Vintage Books.

⊖ Thomas P. Hughes, *American Genesis*: *A Century of Invention and Technological Enthusiasm*（1870—1970）, 2004, University of Chicago Press.

生平从未有过的头衔：奥地利学派传统中最典型的迂回型企业家。尽管他可能从来没有读过庞巴维克的作品（但毫无疑问，庞巴维克一定赞同福特的某些理念），但他似乎为奥地利学派唱着赞美诗，比如其 1926 年的经典作品《今日与明日》（*Today and Tomorrow*），"生产过程从原材料被开采的那一刻起，一直延续到最终成品交付给消费者的那一刻"。[⊖] 奥地利学派学者描述的是企业家的直觉。（福特在这一点上与奥地利学派观点相似，比如利润作为生产性资本的来源，必须再次为消费者的利益服务，他对银行和货币体系的实际运作表示厌恶，他曾有句名言，如果人们了解情况，"明天早上之前将会发生一场革命。"）

然而，在福特成为企业家之前，他在 1863 年生于一个农场主家庭，那时，他中西部的家乡环绕着一片茂密森林，生长着橡树、白蜡树、枫树，当然还有针叶树。家人希望福特跟随父亲威廉（William）学习务农，但他却对机械十分感兴趣：作为一个男孩，他自己发明了一套修手表的工具（由一个钉子和紧身衣做成；也许预示着这位未来的企业家会投入大量的时间和精力来组装生产工具，以提高速度、效率以及产量）。1879 年，16 岁的亨利离家前往底特律，先是在一家机械厂工作，后来又去了一家造船厂。1882 年，福特回到父亲的农场帮忙收割庄稼，之后他便对农业设备产生了兴趣，并在 1883 年至 1885 年间担任西屋电气公司（Westinghouse）的一名机械演示员兼修理工。1886 年，福特为了木材重回农场。具体来说，是他父亲给他的 80 英亩土地，作为承诺放弃机械师职业的回报。福特同意了（当然是暂时的），并开始经营木材生意（显然，用上了福斯曼比率）。1888 年，他娶了克拉拉·简·布莱恩特（Clara Jane Bryant）；他们的儿子名为埃兹尔（Edsel，以福特最亲密的童年

⊖ Henry Ford and Samuel Crowther, *Today and Tomorrow*, 1926, Doubleday & Co.

好友的名字命名）。

尽管他是这个时代最伟大企业资本家之一，但是福特喜欢简单的乡村生活

　　尽管福特和他的父亲达成了暂时的协议，但他对发动机的兴趣从未消失。1890 年，他开始研制双缸发动机。当他和克拉拉搬到底特律时，福特在爱迪生照明公司找了一份工程师兼机械师的工作（最终成为总工程师），他对"无马马车"的迷恋加深了；他于 1892 年成功制造了第一辆汽车，到 1893 年，他已有了一辆可以上路测试的模型汽车。到 1895 年福特生产第二辆汽车时，激烈的市场竞争已然形成，纽约梅西百货也展出了一辆德国奔驰轿车。⊖ 1896 年，福特卖掉了他的汽车（四轮驱动车），作为迂回型企业家，他将所得投资于后续的研发过程；的确，如果他不曾致力于持续长期的改进和

　　⊖ Henry Ford, *My Life and Work*, 1922, Doubleday & Co.

迂回生产的投资，福特公司就不会如此兴旺发达。

尽管他的名字已成为汽车制造业和成功企业家的代名词，但福特的头两次创业（在某种程度上得到了当地一位木材大亨的支持）均以失败告终。一些最伟大的企业家都遭受过类似的挫折，比如福特的好朋友托马斯·爱迪生甚至曾破产；这些经历往往可以为实现疯狂的目标铺平迂回之路。到 1903 年，福特汽车公司完成了股份改制，其原型车型 A 在一个 50×250 英尺的装配厂投产，所用的零部件是从供应商那里购买的。福特对赛车也很感兴趣，他相信（除了好玩以外）赛车会为他的车带来宣传效果。1904 年，他用 B 型发动机对赛车进行改装，在冰冻的圣克莱尔湖上比赛，并打破了世界纪录。他以每小时 100 英里的速度在 36 秒内跑完了第三英里，打破了之前每小时 77 英里的纪录。[⊖] 他的赛车噱头显然奏效了，同样在 1904 年，正在成长中的公司乔迁新厂；1905 年至 1906 年，公司推出了四缸 N 型车（售价 600 美元），以及六缸 K 型车（售价 2 800 美元）。福特真正的愿景不是为富人生产跑车，而是为工薪阶层生产中规中矩、可靠的、高质量的汽车，比如极具标志性的 T 型车，1908 年公之于众，而仅仅几年前，人们甚至都没有意识到自己渴望拥有汽车。（就像福特曾经说过的，"如果我问人们想要什么，他们会说一匹快马"。）福特借助 T 型车改变了他的公司，为美国公众带来了全新的现代生活。[⊜]

在福特的带领下，公司争取在生产的每一个流程中都从组装者向制造者转型，以降低成本，获得在配件供应上的更多话语权，并消除不必要的库存，从而在生产效率和创新能力上取得巨大进步（底特律就相当于如今的硅谷）。这一决定是由经济学原理驱动的；在大规模生产中，福特能够以更低的成本，以及比从供应商那里购

⊖ Watts, *The People's Tycoon*.

⊜ 同上。

买更快的速度来制造零部件。[⊖]福特迂回生产的标志是胭脂河（River Rouge）工厂，包括港口和造船厂、炼钢厂、铸造厂、车身制造厂、锯木厂、橡胶加工厂、水泥厂、发电厂和装配厂。作为福特公司迂回生产的缩影，它的筹备建造过程一开始确实消耗了许多时间，也需要大量的资本支出，用福特的话来说，就是"让资金回到生意中来，满足更多的生产需要，并将部分成本转嫁给购买者"。[⊖]迂回的悖论是，迂回之路需要大量额外的时间，而在这期间几乎显示不出明显效果（就像克鲁索那样），但在后期却能节省大量时间；正如一开始缓慢生长的针叶树，最终会获得加速生长的机会。

福特在迂回生产的筹建过程中表现出了非凡的耐心，当一切就绪时，福特就会暂时专注于如何加快汽车的生产过程。T 型的年产量从 1916 年的 58.5 万辆上升到 1921 年的 100 万辆，然后两年后倍增至 200 万辆。监工在工厂大厅巡逻时会用秒表计时，因此速度和生产效率都是至关重要的。媒体还报道了组装过程的惊人速度；据说在 1913 年，一个团队在不到 2 分半钟的时间内用预装部件将一部 T 型车组装完成。公司后来夸耀说，每 24 秒就会有一辆新的福特汽车诞生。[⊜]福特作为普通人中的创业英雄，相信由"胭脂河"带来的生产收益将"深深地、多方面地降低我们所有产品的价格"，从而降低整个汽车和相关设备的价格。福特说到拖拉机："重要的是它要便宜，否则，农民就会失去力量。"^⑩通过让农民体验并适应汽车的舒适性和动力，福特希望把它们改造成机械化的农业设备，以减轻农业活动中的体力劳动——这一苦差事福特可再熟悉不过了。

⊖ Peter J. Boettke, ed., *The Elgar Companion to Austrian Economics*, 1994, Edward Elgar Publishing.

⊖ Ford, *My Life and Work*.

⊜ Watts, *The People's Tycoon*.

⑩ Ford, *My Life and Work*.

　　如果对福特的生活和工作进行深思，我们会发现追求迂回生产模式是一条间接的道路，但是走这条路需要坚定的目标和坚韧不拔的毅力。的确，作为学习和发现过程的一部分，福特做过试验，也犯过错误，但他为大众生产汽车的理想从未动摇过。尽管在某些地方，谈论追逐幸福已经成为一种时尚，希望能蒙着眼睛沿着一条布满雏菊的道路行走并偶然得利[约翰·凯（John Kay），《倾角》（*Obliquity*）的作者——一位学者对迂回之路的看法⊖），这并不是真实世界运转和进步的方式。企业家们不会妄想或无休止地进行选择；他们的做法是：在实现其明确目标的道路上，接受暂时困难的处境。即使他们在迂回过程中的失败尝试曾无数次打击自己的信心，需要无数次地重新设计过程中所需的工具，但他们仍然怀有果断和坚定的目标。企业家不会因为偶然的相遇、命运和机会，而在一些风景如画的蜿蜒小径上追逐彩虹。他们的迂回之路总是经过计划的；他们知道自己要去哪里（当然，他们永远也不知道自己是否真能到达那里），同时保持开放的心态去评估和改进目标。他们以一种迂回的方式从一个目标转移到下一个目标，但永远不会忘记这些中间目标都是用来达到最终目的的手段。这是市场独特而深刻的目的论探究过程。

　　对福特来说，提高效率并降低生产成本这一中间目标，推动他朝着降低产品售价（最终提高生产效率）这一最终目的前进，他相信最终的受益者应该是大众——这一假设倒是将使他与奥地利学派保持良好关系。（如果我还可以回到过去安排一次会议，那么我肯定会让福特、庞巴维克以及米塞斯三者同时出席。）福特主张保证人们以尽可能低的成本"购买公共产品"及其商品和服务的权利。他还认为，"以较小利润销售大量汽车，远比以较大利润销售较少的汽车

⊖　John Kay, *Obliquity: Why Our Goals Are Best Achieved Indirectly*, 2010, Penguin Books.

要好得多"。由于这种态度，他认为利润"与其说是以往业绩的回报，不如说是对未来发展的保障"。^㊀"以股息的形式支付利润，尤其是支付高额股息的优先股，将利润交给少数人，而不是将它们重新投入更为迂回的生产流程之中"。正如福特所说，"价格越低，生意越好，老板和工人就越容易得到回报"。^㊁工业不可能只为一个阶级而存在。（我们稍后将再次讨论，再投资不足在本质上不是迂回而是资本消耗）。利润先于生产力，结果先于手段，用福特的话来说，这样想问题就是"本末倒置"。^㊂

　　福特劝诫人们不要将金钱与生意混淆，然而，他将这一责任归咎于股市，因为股市让人们相信，"如果股市上的赌徒们拉升了股价，生意就会好起来；如果赌徒们碰巧压低了股价，生意就会变糟"。^㊃他雄辩地将股市看作一场"旁门左道表演"，但他几乎不知道这一点会变得越来越真实——如今资本市场上的资金大多来自"投机客"而不是价值投资者。这样的区别对福特来说，就像太极拳和围棋棋局一样，股市和真正的投资其实是两种截然不同的游戏，前者只不过是后者的影子。福特一直都蔑视金融和银行业（他的刻板印象和偏见），他把华尔街"目光短浅的金融从业者"视为自己的克星，也将其视为"生意上的点缀物"，与他主张的迂回之路完全对立——反对将利润重新投入运营，只追求眼下回报。"大多数人都希望充分利用这台机器，而不需要花额外的时间来改进它"。^㊄福特还引用"人才寓言"（有趣的是，克劳塞维茨在第三章中也这样说过）"把钱给那些不缺钱的人，从那些缺钱的人手里拿走钱"，以此告诫

㊀ Ford and Crowther, *Today and Tomorrow*.

㊁ 同上。

㊂ 同上。

㊃ 同上。

㊄ 同上。

企业家不要为了积累个人财富而牺牲营运资金。他揭露了他称之为
"我国与别国在工业问题上存在的谬误——生意就是金钱，大生意就
代表着一大笔钱。"[⊖] 毫无疑问：福特是一个真正经得起考验的资本
家，他希望赚钱，但不是以消耗生产资本为代价，他懂得如何更加
明智地通过跨期投资来获得更大的战略优势。

　　随着福特汽车公司的扩张，通过在最后一个生产"圆环"上加
快产量，并在之前的"圆环"中减少钢、铁、煤等不必要的库存，
以控制成本。到了 20 世纪 20 年代中期，他夸口说："我们没有仓
库，也不需要仓库。"[⊖] 福特也不认为手头应当有过多的劳动力，他
认为雇用两个人做一份工作是对社会的犯罪，不过，他也不得不应
对乏味的流水线工作带来的高额流动率。1913 年，福特公司的流动
率达到了令人难以置信的 370%，他们雇用了超过 50 000 人来维持
平日 13 600 人的劳动力。[⊜]

　　当利润富余时，他会为工人支付丰厚的报酬，不过当他将基本
工资提高一倍至每天 5 美元时，引起了轩然大波，当时这几乎导致
求职者蜂拥而上。在福特眼里，支付更高的报酬并不是无私的。此
外，尽管他在 1929 年股市崩盘后响应号召提高工资，但这并不仅仅
是因为他希望给员工"足够的薪水来买回自己的产品"。相反，对福
特来说，支付相对较高的工资是一件明智的事情。他认为高薪的
熟练工人和优质的原材料同样重要。通过支付给员工高薪，他有
效地降低了成本，因为更高的工资降低了员工流动率，也减少了
新员工培训的频率。（当时，媒体一致认为福特主张的提薪反映了
其良好商誉。）

　　福特还用他的工资政策抨击了罗斯福新政，他认为更高的工资

⊖ Ford and Crowther, *Today and Tomorrow*.

⊖ 同上。

⊜ Richard S. Tedlow, *Giants of Enterprise*, 2003, First Harper Business.

和更少的商业限制以及更低的税收，都是对国家有利的。与其他汽车制造商不同的是，福特拒绝接受罗斯福的"蓝鹰运动"——遵守相应政府经济和工资政策的公司生产的商品都要标注上统一的徽章。愤怒的福特咆哮着，"该死，罗斯福秃鹰！我不会把它放在我的车上！"他不认可全国复兴总署（National Recovery Administration，NRA），也不接受罗斯福新政，认为这些都是空谈。相反，他鼓动美国企业"立足行业并培养良好、健全的商业意识"。[一] 或许没有任何其他企业家作为新政的反对者，可以比福特更加有信心地公开自己的立场：没有人可以指责他的言论空洞，因为他曾自愿在大萧条中提高工人的工资。这不是他个人的贪婪或对员工困境漠不关心的问题；福特确实认为罗斯福政府逾越了联邦政府的适当权力界限。

　　福特将他对生产的比喻延伸到美国这个"经济机器"，认为在事情进展顺利的时候做出改进是最明智的，而不是等到崩溃之际再做补救，他还警告人们不要把萧条视为"无法预防的流行病"。（我们将在第七章中看到，这些话在米塞斯看来都是正确的。）福特表示，"坏时光的种子是我们在美好时光中犯错误时埋下的"。然而，在经济繁荣时期，没有人愿意听到我们可能会犯的错误。因此，对策是"在应该得到的时候争取"。[二] 福特认为，经济机器失灵"是因为我们对调节经济的所有自然规律一无所知"，我们错误地认为，商业"能够长久存在而不会崩溃"。[三]（我们将在第八章中看到，"经济机器"确实有内部的自我调控机制，由于干预主义者的无知，它必定会受到削弱和破坏。）

　　警告通货膨胀恶魔会带来购买力幻觉，以及短缺导致投机盛

[一] Jim Powell, *FDR's Folly: How Roosevelt and His New Deal Prolonged the Great Depression*, 2003, Three Rivers Press, NY.

[二] Ford and Crowther, *Today and Tomorrow*.

[三] 同上。

行，福特的说法听上去绝对都是奥地利学派的论调。谈到货币改革，福特的初衷是稳定货币，但遗憾的是，在他的朋友爱迪生的影响下，他支持的货币体系不是基于黄金，而是基于美国的农产品。这项提议被称为"福特—爱迪生货币"，其动机是为了免除农场主向银行家支付利息——而这一立场显然忽视了庞巴维克利息源于时间偏好的结论；这项提议虽然受到农场主们的青睐，最终却因未能获得广泛支持而被抛弃。

然而，我们关注福特，并不是因为他的政治观点或货币理念，而是因为他作为一位天才的迂回型企业家，将资本视为商业和经济进步的命脉。他懂得跨期思考，目光长远（他骨子里就是一位优秀的农场主）。因此，福特越成功，他就越愿意接受自己农场主家庭的出身。在密歇根州迪尔伯恩附近的格林菲尔德村，从莱特兄弟的自行车店（Wright Brothers's cycle shop）到爱迪生的门洛帕克（Menlo Park）实验室（他用电灯在那里做实验），他的这一"乡村理想"永垂不朽。（当我们漫步在草地上，甚至可以感受到福特追求真实、简单和耐心的决心——人们可以想象，晚年时，他还陶醉于用手打干草；的确，他曾在这些方面取得过最大的优势。）这些被福特小心保存在心中的曾经的画面，都不仅仅是布满灰尘的遗物。它们身上保存着未来的种子，提醒人们踏上资本主义和文明进步的探 索和创新的迂回之路。

人生的迂回之路

人类的许多活动，尤其是那些更具战略性的、更高层次的活动（我在此引用克劳塞维茨的目的—手段—最终目标三部曲，即获取更大优势的途径），与那些缺乏战略性的活动相比，都会更多地受益于迂回或间接手段。尽管迂回方法拥有其战略上的优势，但以这种方式思考和行动是极其困难的（我们将在下一章中讨论）；大多数人是做不到的。（如果迂回方法十分容易，那么每个人都会这么做，毫无疑问，由此产生的战略优势将被完全消除。）此外，人们在迂回方法中"绕行的路线"很可能会被他们自己忽视，因为人们往往只能看到最终的产物或结果，而很难预测达到最终目的所需的长远手段。

然而，生活中已有足够多的例子证明了迂回的好处（即使在军事领域之外）。再次强调，我们应当像出色的道教学者那样回归自然。择偶机制的进化通常指向能为后代带来更好适应性的遗传特征，而不是带给配偶双方的直接利益。这可以说是一件非同寻常的事了，就像生长在岩石上的针叶树的跨期跨代策略一样，此时此刻的选择只是令后代获得更大优势的一种手段。这种方式也使得整个迂回过程得以持续。

当我们在寻找其他相关战略手段的例子时，或者说，当关于战略的讨论从理论转向实际应用时，体育运动便是一个不可忽视的例子。很明显，在不同的运动项目中，战术（一场独立比赛的战术执行）和战略（把个人技巧当作整体发挥的中间环节）的层次是不同的。如此说来，篮球的战术性自然更强，一场篮球赛由多次独立的两分球或三分球组成（假动作除外）。而美式足球（也包括欧式足球）可能介于两者之间，主要依靠战术，以克劳塞维茨的标准看来也只有些许战略性。其他则主要是更高级、迂回性更强的竞技运动。

例如，在 2006 年英国高尔夫公开赛上，老虎伍兹（Tiger Woods）以一种违反直觉、起反作用的策略赢得了这场比赛。在一场极其艰难的比赛中，伍兹作为当时在巡回赛中击球距离最长的球手之一，暂时放下了他标志性的"大力神球"策略，只用四五个中距杆就结束了比赛。正如作家安德烈亚斯·克鲁思（Andreas Kluth）在他的《汉尼拔和我》（*Hannibal and Me*）一书中所提到的，原因在于伍兹"颠覆了普通高尔夫球手的思维过程"。"这不禁让人想起在第三章围棋的例子中提到的反向思维,以及 19 世纪德国数学家卡尔·古斯塔夫·雅各布·雅可比(Carl Gustav Jacob Jacobi)的格言,"人们必须懂得逆向思考"或简单地说"一定要逆向思考"——考察对立或相反的事物往往是解决难题的关键。伍兹在比赛中"越过球道,看到的不是果岭,而是球洞"。⊖ 然后他就知道应该让球落在哪里来获得最佳位置优势,以便更接近球洞。因此,他前期的击球仅仅是方便自己最终推杆收尾的手段。

这种反向思考也许是在迂回博弈中实现不依赖直觉的唯一途径。就像第一章里的太极推手一样,击剑、网球尤其是更加绅士的壁球比赛,渐进式的抽射将对手调离原始位置,然后伺机进行决定性的进攻;在壁球(尤其是"软球"或"国际"比赛)中,人们通常需要(通过反演)提前想好至少两球。这是或许称得上最迂回的冰球游戏(福特的家乡"曲棍球城"的传统运动项目)中一个简单的内在策略的例子:耐心在进攻区徘徊(一个再直接不过的迂回运动了),慢慢等待对手失去平衡,利用防守上的漏洞直接击球进门或传球到目标位置,而不是在对手出现漏洞前直接尝试射门。(在进攻区抢球是另一个不那么明显的迂回策略的例子。)人们总要提前计划多次传球,采用以"势"制"力"策略,作为从目标反推回来的一系列战术。[毫无疑问,韦恩·格雷茨基(Wayne Gretsky)的这句话吸取了巴师夏的意思:"一名出色的曲棍球运动员总能在冰球所在的地方击球;而一个伟大的曲棍球运动员总能等待在冰球将要到达的地方击球"。]

当我还是个孩子的时候,就通过观察密歇根湖上的帆船(橡皮

⊖ Andreas Kluth, *Hannibal and Me: What History's Greatest Military Strategist Can Teach Us About Success and Failure*, 2013(Reprint Edition), Riverhead Trade, NY.

艇）比赛，第一次体会到了反直觉式的迂回（当然，运动是我们小时候意识到这一点的最好方式）。持续变化的风向有利于保证船体处于看似最不直接的逆风航线上，而把最直接的航线留在取得一定优势之后。即便是在顺风的时候，沿着浮标之间的直线赛道前进，尽管明显是最短路径，作为迂回策略都应该最好避免采用。首先，稍微拉开与浮标的距离，然后，以更快的帆点速度朝着浮标移动，这便是一个较长却又快得令人惊讶的航线。

对于从目标到最终目的这一过程，棒球比赛对其的刻画最为微妙而形象。这一点在棒球史上最伟大的教练之一——法默尔·厄尔·韦弗（Famer Earl Weaver）的执教哲学中得到了特别体现。2013年1月底，恰巧在我还在写这一章的时候，韦弗溘然长逝，享年82岁——在他与巴尔的摩金莺队（Baltimore Orioles）的17个赛季中，总共赢得了4次美国联赛冠军和一次世界大赛（我最喜爱的罗切斯特红翼队是棒球分会的一支球队）。他认为"棒球靠的就是普通常识"——这不禁让人想起克里普——对韦弗秘诀的最好形容恐怕就是迂回生产了，他强调利用球员轮换来把握最好的机会，而不是具体到每次挥杆和击球："势"和"力"。韦弗曾对他的球员们说过："等待那次你可以把球击出球场的机会。如果机会没有来，那就走下一垒，这样，你就可以在下一个击球手得分时同样得分。"[⊖] 韦弗的话使我回忆起泰德·威廉姆斯（Ted Williams）的建议，等待那个"好打的慢球"——巴菲特的一个著名模型，但是韦弗的方法更加微妙，依靠的是长远眼光而不仅仅是耐心。关键是眼光要超越那些太过直接的击球机会——永远不要浪费任何一个短打——最大化后期的击球力量。（跑垒员甚至通过创造　距离来为击球手提供优势。）

⊖ Earl Weaver（with Terry Pluto）, *Weaver on Strategy*, March 2002 （Revised Edition）, Brassy's, Inc., Dulles, VA.

韦弗策略的实现包括两个不同的部分。首先是把上垒作为中间目标，然后将其作为大量得分这个最终目标的手段（很有可能是通过多垒的全垒打）。但是如果击球手每一局都试着直接去找其他击球手和跑垒员，那么结果将是：一次跑一轮——一个明显不那么有效的方法。通过让球员关注场上跑垒员的目标所在，也就是说，在上垒率高时集中注意力，韦弗大幅增加了他赢得比赛的机会。[这是一种极具争议的方法，现在被称为"大球"法，来自迈克尔·刘易斯（Michael Lewis）的精彩著作《魔球》（*Money Ball*）——不过更恰当的说法或许应该是"韦弗"法、"势"法或"迂回球"法。]从奥地利学派的角度来看，韦弗通过在跑垒上建立他的"中间产品"来延长其球队每一局的"生产周期"，如果一切顺利，企业家最终得到报酬后，最终的"消费品"就诞生了：二垒全安打。我们再次看到了从目标出发来考虑手段（反向思考）这样一条迂回的路径。

我们会本能地理解运动中的迂回性——可能是让它变得如此有趣的原因。（那么，在投资领域，我们为何总是不把它放在眼里呢？）这可能是一种比我们想象的更加高级的策略，它也渗透到了平常的概率游戏中——从易受伤害的双陆棋"构建者"到扑克牌的虚张声势（早期虚张声势的损失是在优势最大时最终赢得大赌注的手段）。最后，我们回到非常古老的策略性博弈游戏：围棋。这提醒我们，胜利并非来自对目标的直接追求（力），每一次行动（每次落子，每次提子）都有自己的目标。相反，它属于取势战略，暂时后退以获得更大优势，从而达到终极目的。在这个多阶段的过程中，间接的手段指向更远处的目标，我们发现"无为"（不直接朝着目标前进，却能更有效地达到目标）才是正确的策略。围棋棋局中的情景同样适用于奥地利学派企业家，为获得优势进行跨期的权衡和交换。

庞巴维克和福特的迂回竞技

在取势和迂回之路的战略思想与决策中，奥地利学派学者认同并定义了成功创业的迂回性，而美国人则将其付诸实践——我们已经走过了奥地利-亚洲之路，并将其带入了新世界。

现在我们处于庞巴维克和企业家们的世界中，他们面对着相同的机遇和挑战：踏上迂回之路，克服我们与生俱来的对即时享受的渴望——一切为了消费者的最终利益，推而广之，为了整个物质社会的利益。然而，我们很快就会看到，对此目标的追求必定是有悖人性的。

第六章

时间偏好如何克服我们的人性

个不幸的事实是，本书所讲述内容的核心，即奥地利学派投资法，是几乎不可能实现的。十分现实的一点在于，在实施奥地利学派投资法的道路上，存在着一个天然的、内在的障碍——我们的人性。我们生来并不偏好"取势"、迂回以及资本生产和投资这些方法与概念。从本性上说，相比战略性的"势"，即延缓、间接、迂回，我们会更加偏向战术性的"力"，即即刻、直接、果断。因此，毫无疑问，拥有跨期的视角和意识是一种常常被人们低估甚至被忽视的优势，也是最有影响力、最独特的智慧之一，同样是我们成功的关键。

我们对时间的看法是本书中十分关键的一点，也是我们应用奥地利学派投资法时的关键所在——或者说，这就是我们无法应用这种投资模式的原因。你看，迂回方法与我们对时间的认知，特别是时间一分一秒流逝的感受是完全相反的。我们将看到，人们对时间的看法与对迂回之路的认识和执行能力是完全相悖的。

然而，由于直接的"力"是人类特有的，我们完全可以发展并利用这一点——也就是说，我们需要真正克服看似无法克服的东西。若要做到，我们就必须违背自己的本性，向"势"看齐。而这就需要一种与时间不一致性（在数学上一般用双曲贴现模型来表达）完全相反的行为模式。这种情况存在于我们所有人身上，并且在成瘾的情况下会被扭曲，甚至带来危险。我们现在不耐烦，却一直坚持认为以后会更加耐心。（当然，随着未来慢慢接近，我们也会变得不耐烦。）我们期望随着时间的推移，行为会与实际有所不同，可以预知的是，我们最好的计划，尤其是那些迂回曲折的计划，是会遭遇障碍的。这种现象困扰着我们生活的方方面面；不仅在经济决策上，还有譬如减肥、学习外语、和老朋友联系等。我们总是想做一些繁重的、能给我们带来长期好处的事情，而我们今天却不想做。除非我们找到一种方法来有效处理自己扭曲的时间预期，否则到目前为止，我们所讨论的一切都将失去其实际意义——一种纯粹的、根本不可能实现的空想。

按照奥地利学派投资法，我们必须在计划做好后去切实执行，来满足这些根深蒂固、完全相反的时间期望；而不是将其作为实现一个老生常谈的未来美德的一种实践。相反，我们现在显示出足够的耐心，只是为了可以在后来变得极度不耐烦；虽然很难察觉，但这就是迂回投资中的目的论、因果性的"时间之箭"。这不禁让人想起亨利·福特，他在数年间一直极其耐心地将利润再投资于工厂和设备上，以追求更大的迂回性；而当生产开始时，他迫不及待地站在那里用秒表计算每辆汽车完成装配的时间。

迂回之路的设想会有悖于我们实际的思考和行为方式。（任何一个完全相信自己明天有能力开始节食并坚持下去的人，现在肯定能接受吃下一块巧克力蛋糕的想法。）尽管现在迫不及待，却相信今后愿意并可以忍耐，实属人之常情。

因此，我们必须以一种全新的跨期的角度来看待时间。迂回（以当下的努力和痛苦换取未来的优势和利益）只有在我们摘掉使自己过度聚焦于当下的"眼罩"时才会起作用。只有这样，我们才能追求那些能够为我们提供暂时性优势的简单目标，从而使最终目的更容易、更有效地实现。如果说这是极具挑战性的，那也不为过。

造成这种困难的原因可以在我们的进化之路中找到，那些在进化历程中由于生存需要而产生的遗传特征，在那个时候，忽视或放弃眼前的需求是十分鲁莽的，甚至会危及生命。然而，沿着迂回之路获得的成果使得同样的旅程得以延续：制作简单的工具；驯化动物；种植，收割并储存谷物；冶炼矿石和金属；最终通过不断进步，积累成为最复杂的资本结构（建立资本的"圆环"，即庞巴维克提出的年轮模型），一场大规模的工业与数字革命也因此出现。如果我们没有能力暂时放弃（力），在未来争取潜在的优势（势），那么人类一定无法实现这些伟大的成就。若要遵循这条道路，掌握这一道理，我们首先必须意识到自己固有的时间偏好，避免目光短浅，而这些都能使我们现在变得非常不耐烦（很高的时间偏好），同时又期待随后的充分耐心（较低的时间偏好）。我们必须变得像那些懂得道家思想的圣人，"利用谦卑来找到自我提升的机会"[⊖]；弓箭手寻找最佳位置，或"形"，从而一举压制敌人。

对时间偏好和时间不一致性的把握，是对迂回方法的单纯了解和实际应用之间的一道门；本章的唯一目标就是帮助人们实现这一飞跃。这两个相互关联且互补的概念代表的是人们本能的习惯和行为基准，而我们必须坚决地偏离它。目标是用可以给我们带来暂时优势的手段武装自己，并且把握好长期的优势积累和分配。

这同样是庞巴维克及其他奥地利学者留下的宝贵遗产，庞巴维克在时间偏好方面的开创性工作，使得对这种行为的认知、情感和心理因素变成了人们关注的焦点。因此，他一方面为人们提供了迂

⊖ Francois Jullien, *The Propensity of Things*：*Toward a History of Efficacy in China*, 1999, Zone Books.

回策略这一概念，另一方面也阐述了其实施中的严重困难，同时也引导我们避开自己感知和认识方面的陷阱。庞巴维克认为，我们必须学会暂时搁置对当下的渴望，并尽可能扩大视野的深度，也要求庞巴维克所说的迂回型企业家在初期耐心发展，在后期才会迫切看到自己的产品或成就——定位最终的大收获机会。（正如他的学生路德维希·冯·米塞斯后来强调的那样，一再节制或等待是没有意义的；个体最终一定会选择消费，而在那一刻，时间偏好的本源——当下采取行动的愿望——就会表现出来。）这样，我所谓的奥地利学派投资模式与更为典型的投资方法就形成了鲜明对比，在那些典型的投资中，人们只权衡当前的机会，迫切渴望收益，对未来可能出现的机会与变化视而不见（非时间的迎面冲突，与"势"不同，会把夸大的当下时刻视为相同的）。我打算在最后几章中说明，如果我们无法从跨期思维中获得益处，就相当于剥夺了自己最好的投资机会。

我们从第一章就在提醒自己，目光长远绝对不仅仅意味着"有耐心"，也不仅仅简单代表拥有根植于当下的"长期观点"，这也正是许多投资者一再强调的一点——尤其是巴菲特等倡导"永远持有"的价值投资者。可是事实与其完全相反。所谓"长期"，只是从现在到遥远未来的一条轨迹，而我们必须暂时放弃中间一系列的成熟时机。

奥地利学派投资以"跨期交换"作为利润的来源——以当下换取预期的未来。这种思想正是我们的老交易员克里普就职于芝加哥期货交易所时的智慧所在，在那里，迫切交易的需求为那些能够提供它的人赋予了优势——实际上是所有投资优势的基础。为此，我们要理解"无为"之中蕴含的迂回性，"无为而治""先失后得"（以及克里普的"热衷于失败"）。要始终牢记，无为策略所显示出的耐心和"虚假的谦让"⊖既不是拖延，也不是被动等待。克鲁索发明用

⊖ François Jullien, *The Propensity of Things：Toward a History of Efficacy in China*, 1999, Zone Books.

长矛捕鱼的方法，不是为了让自己有时间躺在吊床上休息。他暂时放下自己的日常需求（放弃小而快的报偿），就可以重新分配时间和精力，造一只船，编一张渔网，从而提升未来捕鱼的效率。有了这向前的一步，他可以贪婪地捕捉尽可能多的鱼，在未来得到更丰厚的报偿；但克鲁索在初期是非常饥饿的。所以，我们也必须愿意克服困难和不适，在不同时间跨度上重新分配我们的注意力，让遥远而模糊的未来慢慢变得清晰。

有一个主题一直贯穿本书：把当下作为把握未来机会的手段；用庞巴维克的话来说，就是"我们的经济行为与当下的关系不大，但几乎完全与未来相关"[⊖]。那么如何才能做到这一点呢？从时间偏好的基本知识入手。（在后面的章节中，我们将了解自己那些错误的机理。）我们承认时间偏好是主观且因人而异的，不同个体的时间偏好（由于不同的年龄与生活环境）不同，并且同一个体在不同时刻的偏好（由于不同的情景与决策方式）也不同。但大多数情况下，我们必须认识到自己一直存在关于时间的偏见。虽然它看似不合理，但事实并非如此；相反，它是我们人类一步步进化为现代人的过程中的一部分。因此，从进化的角度来说，我们对资源匮乏与死亡依然存在着恐惧。

若要意识到甚至克服我们原有的时间偏好，只抱有这个愿望是远远不够的。如果足够容易，那么每个人都会这样做，正如我们在第五章中提到的迂回生产，如果每个企业家都进行迂回生产，那它的优势无疑会消失。（将会出现很多像福特那样暂时放弃利润而大力扩建生产设施的企业家。）关键就在于我们的大脑，以及我们对于那些控制着我们的想法、冲动、欲望和行为的大脑结构的了解和认识。但在谈及科学和经验之前，我们再次跟随奥地利经济学家，用逻辑推理的方法从个体开始入手研究。

⊖ Eugen von Böhm-Bawerk, *The Positive Theory of Capital*, 1930, G. E. Stechert & Co., NY (photographic reprint of 1891 edition).

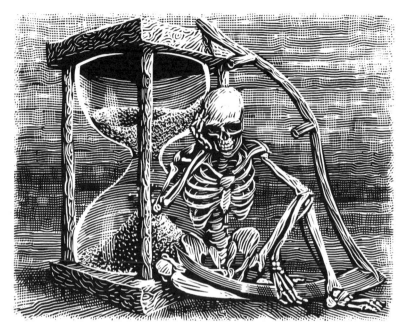

对时间的认识使我们直面有限的时间

　　谈到对人性的观察，庞巴维克是第一个（与 19 世纪一个不起眼的经济学家约翰·雷一起；庞巴维克感激他所做的贡献，而庞巴维克的贡献却远超过他）将时间偏好与时间不一致性以及双曲贴现这一迂回生产中最严峻的挑战联系起来的人。下面这段话代表着庞巴维克预料到了现代行为经济学和金融学研究："当我们面对不情愿、不可避免而又需要在一定时间内完成的差事或任务时，在合适的时候不去做，而选择推迟拖延，最终无疑会被迫匆忙采取行动。"[⊖]拖延症（人们确实打算做某事，但不是立即下手去做）不仅涉及未来享受的贴现，而且涉及时间不一致性方面更为微妙的问题，认为眼下繁重的事情在将来会更容易做。（例如，我们现在有很高的时间偏

⊖ Eugen von Böhm-Bawerk, *The Positive Theory of Capital*, 1930, G.E. Stechert & Co., NY (photographic reprint of 1891 edition).

好，偏好消费，但我们希望将来的时间偏好会以某种方式降低，使我们能够放弃消费和/或为以后做些储蓄。）而不拖泥带水对我们来说则是普遍难以做到的：颠倒我们的动机和欲望，忍受现阶段的不理想，以便有机会享受积极的未来。但是，庞巴维克所提出的时间不一致性，早期在金融领域几乎不为人知，直到几十年前，才被行为心理学家们重新发现（最著名的是对成瘾过程的研究）；迄今，它对投资和估值的巨大影响仍未得到承认。多亏了庞巴维克，我们才了解了自己，才能够将这些手段应用到奥地利学派投资这一理想目标中去。为此，我们不得不重新提起那位时间偏好研究领域的先驱。

激进的庞巴维克与时间偏好心理学

庞巴维克认为时间和经济学是密不可分的。就像时间之于音乐（几乎所有维也纳人的喜好），它是资本和经济的画板，可以被拉伸、压缩、扭曲，甚至具有戏剧性的含义。

这一含义正是他有关现在和未来之间跨期权衡的开创性思想想要说明的关键，这是首次超越资本生产和利息理论、从认知方面进行的分析。然而，在研究中引入情绪因素真正体现了他的激进，特别地，他还引入了意志力（显然是一种情绪力量）以及延迟满足所需的条件这两个概念。庞巴维克认识到，时间偏好是离不开心理和情绪因素的，他也因此与仅在认知方面对跨期选择的研究完全划清了界线，此外，这样也有助于理解相关因素如何对人们的感知与行为产生影响。⊖

虽然当下才是我们能真正把握的，但未来的重要性并不亚于当

⊖ George Loewenstein and Jon Elster, eds., *Choice over Time*, 1992, Russell Sage Foundation, NY.

下。正如庞巴维克所说，"一周或一年内将要发生的事情对我们的影响，并不比今天发生的事情对我们的影响小。因此，它同样应当囊括在我们每个人自己的'经济体'中，而该'经济体'的目标就是为我们提供福祉"。[⊖] 庞巴维克认为，我们在组织管理身边的资源时，需要"将现在与未来同等对待"，[⊖] 换句话说，就是"时间深度"。我们的生活中不仅只有当下；庞巴维克为我们找到了可以触动未来自我的方式。所有这些都是不同的自我，都拥有平等的权利——至于是原则上的平等还是现实上的平等，就是另一个问题了。（在此，庞巴维克预测到了 20 世纪 70 年代开始的"未来自我"文学。）我们无法切实感受到未来的自己，因为我们先天缺乏"体会未来情绪[⊜]的天赋。由于对当下自我抱有沙文主义的态度，我们认为只有当下才是最切实的经历——使我们经常忽视未来的自我。正如庞巴维克所说的那样，"男人经常会仓促决定，或者做出一些承诺，而他知道自己一天之内就会后悔"。他说，这种仓促的原因并不是缺乏知识，而是"意志缺陷"^⑳。这就是庞巴维克在迂回生产中所要求的意志力，容忍暂时的"损失"，以实现未来更大的优势。

因此，既然未来对我们的幸福如此重要，当下又会怎样让我们陷入困境呢？我们如果考虑第五章中贫穷的农民或饥饿的工匠的需求，这个问题就变得容易理解了。如果一个人未来的生存都是问题，那么他也只能考虑现在，因为生存是能够在未来做任何事的必要条件。尤其是那些冒着生命危险从事"危险任务"^㉑的人。

那么其他人呢，大概可以而且当然应该比考虑现在更多地考虑

⊖ Eugen von Böhm-Bawerk, *Capital & Interest*, 1890, Macmillan & Co., NY.

⊖ Loewenstein and Elster, *Choice over Time*.

⊜ 同上。

⑳ Böhm-Bawerk, *The Positive Theory of* Capital.

㉑ 同上。

未来吧？这是一个困扰了人们几个世纪的问题。正如庞巴维克所说：
"有多少印第安部落因为贪婪，将其父辈的土地以及维持生计的资源
卖给别人，只为换取几桶烈酒！"类似的行为还有"工薪族周日就
把周六的工资花光，接下来的一星期就只能与妻子和孩子一起挨
饿"[○]。当人们有机会在当下及时行乐时，未来的机会和幸福就很容
易被忽视。

当然，"当下"充满了情感元素——一种"活在当下"的渴望。
在东西方冥想中有着一套完整的思想体系，用以加强一个人对现在
的觉知；当然，停下来闻一闻玫瑰（学会在过程中享受）无疑是有
好处的。然而，我们"及时行乐"的态度应该是把握住每一天、每
一段时间，而不是以牺牲整个未来作为代价。（德国出生的物理学家
爱因斯坦曾经聪明地安慰一个悲伤的朋友，建议他把过去和未来放
在与现在同等重要的位置上。）像被一种致命的病毒入侵，活在当下
的文化提醒我们眼前的这一刻无比重要，因为这是我们所看到和体
验到的全部。这种"痛苦症状"在美国的长期低储蓄率中也可见一
斑，从经济储蓄到淡水、土壤、森林等。最令人难以置信的是，美
国政府因财政赤字越来越多地掠夺我们的后代——那些无助的未来
的自我。因此，当我们在跨期思考和行动时，就必须与我们的传统
文化背道而驰。难道我们不想过完整的生活，以尽可能最好和最充
实的方式度过每一个时刻吗？

任何积极的或有益健康的行为改变（节食、戒烟或戒瘾）都需
要有足够的努力和决心，而不仅仅是转换一下时间观念那么容易。
因为我们通常无法切实体会到未来的感受，所以容易把精力过度集
中于当下。正如庞巴维克所写的那样，"无论是由于我们的表现力和
抽象能力不够强大，还是我们不愿承担必要的麻烦，我们对自己的

○ Böhm-Bawerk, *The Positive Theory of Capital*.

未来，尤其是我们遥远的未来的考虑，或多或少都是不完美的"⊖。"想象的不完整性"⊜使我们无法准确地察觉到未来的一切。

远景并不是唯一被感知改变的时间跨度；它的反射性和回顾性，决定了它不具备足够的视野深度，称为"静态形状特征"：我们更容易记住特殊时刻发生的事——事情的结局（除高潮时刻外），最邻近的时刻标志着过去的结束和未来的开始。研究人员用作家米兰·昆德拉（Milan Kundera）的比喻解释了这一现象，"我们的记忆不像一部电影，而像一张张照片"⊜。我们可以将其视为"聚焦错觉"，正如丹尼尔·卡尼曼所写，我们经常犯的错误是"过分关注特定的时刻，而忽视了其他时候发生的事情"⑳。

无论是指向未来还是回顾过往，我们都无法很好地处理和感知时间。我们的心理时间无论是向前还是后退，都是不完美的。（有趣的是，丧失记忆和有某种缺陷的健忘症和精神分裂症患者都难以规划和想象未来。）在某种程度上，我们所有人的体验、感知和回忆，与时钟的线性运动完全不同。我们主观地、不成比例地看待过去和未来，就像从后视镜里看警示牌，看上去比较模糊，而且越来越远。㉑

幸运的是，尽管困难重重，我们仍能够做出某些跨期的妥协（克服我们天生的时间不一致观念）；如果我们不这样做，人类将仍在依靠最基本的工具在洞穴中生活。然而，人类并不是拥有这种能力的唯一生物，许多动物、鸟类甚至植物（特别是地球上最古老的物种针叶树）同样拥有这种能力。物种越进化，其视野就越远，就

⊖ Böhm-Bawerk, *The Positive Theory of Capital*.

⊜ 同上。

⊜ Milan Kundera, *Immortality*, 1991, Grove Press, NY.

⑳ Daniel Kahneman, *Thinking, Fast and Slow*, 2011, Farrar, Straus & Giroux, NY.

㉑ George Loewenstein, Daniel Read, and Roy F. Baumeister, eds., *Time and Decision*: *Economic and Psychological Perspectives on Intertemporal Choice*, 2003, Russell Sage Foundation, NY.

越倾向于把中间步骤当作后来获取竞争优势的必要手段。同样，老年人更擅长克服年轻人的冲动。讽刺的是，年轻人在当下过度拼搏，就好像生活没有未来；而不知还能活多久的老年人则能更好地进行跨期选择，为未来做好计划。（也许这个计划的时间可能会超过他们自己的寿命——从下一代人的优势和利益出发来思考和行动。）

生命的一个普遍特征，就是在某种成本—收益分析的基础上（虽然有偏差）进行跨期权衡，如果在未来有机会实现更大的利益，我们就愿意在当前付出一定的成本。相比之下，河流作为一个无生命的复杂系统，却只能沿着河道流淌。它无法为了最终向某个方向流动而事先有意向另一个方向流动，例如，先顺着山坡向上流，以便稍后可以顺着更陡峭的山坡向下流。[⊖]（虽然被压抑的水流是道家思想中"势"的经典形象，但我们并不希望看到水是盲目随意流动的。）这种时间上的目的论就是生命本身的标志。我们必须拥有这种能力来做出决定，采取行动，使结果一步步地展现在我们眼前，我们必须区分原因与后果、手段与结局、中间目标与最终目的。[⊖] 但我们将要看到，当跨期的思考和行动——遏制我们对"现在"的高时间偏好并且偏向于"今后"的低时间偏好——无法实现或遭到阻挠时，情况就会十分糟糕。最坏的情况出现时，人们只得放任于当下，失去把握未来、计划未来的能力。

菲尼亚斯·盖奇的离奇案件

在卷帙浩繁的神经学文献中，菲尼亚斯·盖奇（Phineas Gage）

⊖ George Loewenstein, Daniel Read, and Roy F. Baumeister, eds., *Time and Decision: Economic and Psychological Perspectives on Intertemporal Choice*, 2003, Russell Sage Foundation, NY.

⊖ 同上。

的离奇案件算是最常被提起的故事了。1848 年夏天，这位 25 岁的铁路工头在佛蒙特遭受了严重的脑损伤，这使他的性情和脾气发生了不可逆转的改变。在此，我们发现了时间偏好的一个极端例子，与此同时，我们也对人类行为背后的神经学和大脑结构有了独特的、早期的观察，而这些大脑结构是人类迂回式思维的指挥中心。

19 世纪中叶，工业革命在美国如火如荼，创造了对各类原材料的一连串需求，促进了经济扩张，也使铁路运输得到了发展。拉特兰·伯灵顿公司（Rutland & Burlington）主营乳制品生产，将佛蒙特州绿山的奶油产品引进市场。（这家公司以将黄油与冰块一起装在冷藏车中运到波士顿而闻名。）由于新线路的扩建，拉特兰·伯灵顿的运输人员在黑河沿岸遇到了大量裸露的岩石。人们没有走迂回路线，而是决定进行爆破。这再次说明直接路线虽然更快，但往往也更难，并且在很多情况下不如间接路线。这项工作的领班菲尼亚斯·盖奇是一个能力不凡的人，被公司器重，也受到其他同事的喜爱和尊重。

我们可以想象一下这个勤劳、技术精湛的人，将炸药粉末和保险管放入岩石的缝隙中——高度负责、头脑清醒，并且技术过硬。由此我们可以推断出其相应的行为习惯：饮食适度，没有特殊恶习（那些认识他的人后来说他像是唱诗班的人而不是痞子），甚至可能还有存钱习惯。换句话说，我们可以把盖奇描绘成他那个时代的典型人物，平凡普通，有较低的时间偏好（尽管他不得不接触爆炸物），重视当下的消费（毕竟他只有 25 岁），但很可能也包括一些比较长远的打算——也许他计划结婚，建立家庭，自己建造或买下一栋房子等。

可惜的是，直接爆破而不是绕路将给盖奇带来可怕的后果，完全剥夺他专注于未来的能力，让他永远留在浮躁的当下生活之中。有一天，他在安放过保险管之后变得心烦意乱。在他的另一位同事将沙子倒入岩石孔之前，盖奇开始用铁棒将甘油炸药填塞至孔中。炸药突然意外引爆，使 13 磅重、3 英尺长、直径 1 英寸多的铁棒直接穿过他的头部。铁棒从他的左脸进入，穿过大脑前部，从头顶穿出，最后带着血液和脑浆落在了一百多英尺以外。令人惊讶的是，盖奇竟然还活着。

后来，这作为一个可怕的事故和生存奇迹出现在了新英格兰的报纸上。同样作为一个医学案例，有人在《波士顿医疗和外科杂志》（*Boston Medical & Surgical Journal*）上讨论了这个病例，标题是"铁棒穿过头部"。镇上的医生惊讶于这个病人还有意识并且依然能够交谈，医生甚至可以通过头骨上的伤口观察到"大脑在搏动"。（医生从来没有把这个病人视为完全理性的。）虽然盖奇的左眼失明，但右眼完全未受影响，并且没有听力、触觉、说话或语言能力方面的损害。当他慢慢醒来的时候，认识他的人很快就发现，这已经不是原来的盖奇了。[○]

他在人们眼中变得"无礼且反复无常"，有时沉迷于"最粗俗的亵渎"，并且变得非常不耐烦，当凡事与自己眼前的欲望相冲突时，他就无法克制自己，也不愿听取任何建议。[○]一些媒体报道称盖奇粗俗猥琐，沉迷于酒精和性行为，并时常撒谎甚至偷窃。但这并不是盖奇在事故之后发生的唯一的大变化。他完全无法为自己的未来做任何计划或进行任何活动。他控制未来决策的脑功能严重受损。

在铁路局因其异常行为而将他拒之门外后，盖奇转到了马场工作，一度成为一个热衷于向他人展示自己脑部伤口的人。到了 38 岁，盖奇的身体状况恶化，落下了严重的癫痫，开始与他的母亲和妹妹

○ Antonio Damasio, *Descartes' Error: Emotion, Reason, and the Human Brain*, 1994, Penguin Books, NY.

○ 同上。

一起生活。最终因癫痫病发作去世。

没错，这是一个悲惨的故事，但吸引我们注意的并不是其悲惨性，坦率地说，在一根铁棒穿过大脑后仍能奇迹般地活下来，这正是令盖奇在神经学界声名远扬的原因。这个罕见的病例提供了第一个临床证据，证明人类大脑的特定部分专门用于时间性推理，可以抑制冲动，做出跨期选择和基于未来的决定。盖奇的性格翻天覆地的转变，是证明时间偏好属于生物学范畴的不可辩驳的临床证据。

"势"与"力"的思维

任何幼儿或学龄前儿童的父母都应该了解，人类的大脑会随着不断成熟，发展出更强的等待能力。（讲道理和诱导是适合父母对孩子使用的有效手段。）这种大脑发展表现在能力、情感和认知上，对欲望和需求的延迟满足，使孩子们认为较小的眼前利益产生的诱惑无法压倒更大的长期利益。自制力和意志力相结合，作为大脑接纳延迟满足的必要条件——实际上，这也是大脑接纳迂回思维的情感和心理基础。我们通过盖奇的事例，更好地理解了相应能力的决定因素。

从神经学的角度来看，这种成熟性是在海马体的发育过程中发现的，对于从短期记忆到长期记忆（跨期回溯）的转换必不可少，而额叶作为大脑皮层的一个区域，含有多巴胺敏感神经元，在控制人们的激励、专注、动机和计划等行为中起主要作用。（有趣的是，血清素能够支持额叶和其他前脑结构的功能，而这些脑结构与时间概念及未来的决定和选择相关。在临床实验中，科学家们向志愿者提供了色氨酸混合物，以测试血清素对人们未来决策的影响。结论是：血清素在人们的时间贴现和跨期决策中起着不可或缺且至关重

要的作用，但不具有排他性。) ⊖

　　在大脑结构方面，从 4 岁左右开始发育的额叶和海马体产生的冲动控制会超越脑部基础结构（包括杏仁体或蜥蜴脑），研究人员将其与本能行为联系起来。换句话说，具有全功能额叶的发达大脑是一个"冷系统"——一个理性的、思维发达的、能够产生有意义策略的认知系统；可以进行"自我调节和自我控制"，或者说是一个充满迂回性的"取势"系统。相比之下，"热系统"——一个"情绪化"的系统——决定着恐惧、热情、紧迫感、冲动和反射行为，会影响人们的自我控制。在健康的大脑中，"势"和"力"系统的相互作用，能够阻止引发冲动的强大刺激，从而使人们能发挥自己的意志力和自我控制能力。它也是摆脱所谓"快乐原则" ⊖ ——因冲动而变得不理性——的手段。"冷"与"热"之间的动态平衡是获取意志力和自制力，从而达到预设目标的手段。

　　一个经典且生动的例子是斯坦福大学心理学家沃尔特·米歇尔（Walter Mischel）于 1972 年进行的"棉花糖实验"，他针对 32 名学龄前儿童（16 名男孩和 16 名女孩，平均年龄为 4 岁半）进行了研究。孩子们可以在棉花糖、奥利奥饼干或椒盐卷饼之间进行选择，并告诉他们可以立即吃一个，或在 15 分钟后得到两个。孩子们待在安静无干扰的房间里，通过单向墙镜可以看到他们试图进行自我控制：闭上眼睛、抓弄头发等。有些孩子等待了足够长的时间，拿到了第二个奖励，而有些孩子则立即吃下了手中的零食。有趣的是，怀疑（担心自己不会得到第二块棉花糖的心理）是孩子们不愿意等待的主要因素，而不仅仅是因为他们不耐烦。最不出所料的是，年

　　⊖ Loewenstein, Read, and Baumeister, *Time and Decision*.

　　⊖ Janet Metcalfe and Walter Mischel, "A Hot/Cool System Analysis of Delay of Gratification：Dynamics of Willpower," 1999, *Psychological Review*, vol. 106, no. 1, 3–19.

龄是决定孩子们延迟享受能力的主要因素。(我记得我的幼儿园老师试图将喜爱和恐惧的情绪结合起来,来训练孩子们的自控能力。我曾在房间里不断重复着"自律!自律!"模仿她——在我十几岁的时候,我父母一定很惊讶我为何放弃了这一"咒语"。)

由于这项研究的重要性,自其公开以来已被多次重复验证,并已成为经典的"延迟满足教育"范式,它对自我控制和自我调节能力具有高度诊断性,甚至可以预测人们成年后的行为。懂得延迟满足的孩子们在后来的 SAT 考试中表现更出色,并且表现出更优的人格和更强的人际交往能力。(尽管可悲的是,很可能并没有像对冲基金经理或华尔街交易员那样有前途。)虽然棉花糖实验可能看起来与迂回生产和投资有所不同,但其中的基本原理是一致的:人们必须越过当下,窥探未来,从而遏制直接的冲动(和怀疑),朝着未来的优势或利益而努力。

时间的主观性

人们倾向于过分强调现在而对未来不够重视,因此时间存在着很大的主观性。庞巴维克指出,不同的人可能会抽出一段时间的100%、50%或仅仅 1%,投入对未来有益的事情当中。这种主观的、因人而异的变化,表明这种时间折现方式不是用庞巴维克口中的"和谐地逐渐推移"[⊖]。正如福斯曼等人所提出的那样,我们不能说如果一年的折现率是 5%,那么接下来的一年也要适用于 5%的折现率,依此类推。"正相反",庞巴维克表示,"主观上的低估是高度不均等和不规律的"。现在和将来的享受之间可能存在"巨大的差异",而未来的享受和更遥远未来的享受之间,只有非常小的差异,

---

⊖ Böhm-Bawerk, *The Positive Theory of Capital*.

甚至没有差异。[○] 尽管如此，"这些想象中的未来情绪具有一定的可比性。实际上，它们不仅可以与目前所经历的情绪相比，而且可以相互进行比较；此外，无论它们属于相同还是不同的时间段，都是具有可比性的"[○]。（这些细微的观察表明，庞巴维克超越了时间偏好，接受了时间不一致性。）庞巴维克与其他奥地利经济学家是通过对人类状态和行为的理解推断出了时间不一致性和双曲贴现等行为学现象，而不是通过临床数据。庞巴维克通过其观察结果告诉我们的是一种现象，也是一种我们共同拥有的习惯，即我们总是会为最重要、最易得和最确定的东西（通常在当下）赋予更大的价值，而非那些我们难以把握住，或者无论出于何种原因，怀疑是否会实现的事情；这些再普遍不过的性格特征将导致一些常见的（令人遗憾的）的行为，如拖延和成瘾。然而，这个研究领域如今已被双曲贴现这一现代概念所攻占，严谨的数学公式无疑是有悖于庞巴维克的直观阐述的。

关于时间不一致性研究，我们将通过"泰勒的苹果"［以提出者芝加哥大学经济学家理查德·泰勒（Richard Thaler）命名］这一简单例子来说明，其中包括以下几种选择：[○]

A1. 今天得到一个苹果

A2. 明天得到两个苹果

B1. 一年后得到一个苹果

B2. 一年零一天后得到两个苹果

典型的没有耐心的人很可能选择今天得到一个苹果（A1），而不是明天得到两个苹果（A2）。古人说，"百鸟在林，不如一鸟在

○ Böhm-Bawerk, *The Positive Theory of Capital*.

○ Loewenstein and Elster, *Choice over Time*.

○ Richard Thaler, "Some Empirical Evidence on Dynamic Inconsistency," 1981, *Economic Letters*, 8, 201-207.

手"。就像孩子们一样，我们总是希望抓住当下小小的享受，并过度珍视它。庞巴维克表示，"单纯从时间偏好（偏好当下）出发，这永远是最大的益处" ⊖，这是有道理的——我们倾向于小而即时而非大而久远的回报。（看起来，我们跟学龄前儿童的区别并没有想象中那么大。）

时间不一致性在一年的时间跨度中得到了体现。实验中，泰勒发现没有人会在一年后多等一天就能拿到两个苹果的条件下（B2），选择一年后只得到一个苹果（B1）。我们知道，时间越长，我们就越倾向于价值更大的未来结果。因此，时间偏好发生逆转：随着时间的推移，我们的倾向就会慢慢从 B2（一年零一天后得到两个苹果）逐渐转变为 A2（明天得到两个苹果），我们莫名其妙地改变了自己的想法。

虽然我们肯定会有同感并发现其中的道理，但这种决定仍然是非常反常的（"非理性的"）。如果我们现在不想再多等一天（希望立即得到苹果而不是等待一天得到两个苹果），为何在未来的决策会有所不同呢？（愿意等一年零一天获得双倍奖励？）问题不在于特定的价值判断，而在于一个人显然没有意识到未来的自己将无法与现在的自己做出同样的选择。在一年的时间跨度中，他宁愿多等一天得到两个苹果，而他现在的行为却恰恰相反，这意味着什么呢？在庞巴维克针对时间不一致性的观察中，他似乎告诉我们，这一奇怪之处只有在实验室中才能得到验证。我们关注点从抽象的"可得性启发"，转移到那些在我们头脑中最实际的记忆和联想，即对当下的关注。

庞巴维克对于我们的时间偏好主观性的描述，曾经并且仍然与我们应该看待未来的方式大相径庭。1937 年，诺贝尔经济学奖得主

⊖ Böhm-Bawerk, *The Positive Theory of Capital*.

兼麻省理工学院教授保罗·萨缪尔森（他在其 1989 年出版的著名教材中自信地说："与许多怀疑者早先所认为的相反，苏联经济证明……社会主义计划经济可以发挥作用，甚至令整个经济蓬勃发展"⊖，这证明了数理经济学的缺陷）提出了福斯曼在 1849 年使用的指数贴现模型（称为指数是因为贴现率 1+i 随着年份增加按复利计算）。这一公式出自一位受人尊敬的讲英语的经济学家（而不是一位微不足道的德国林务官），就变成了一个严谨的跨期决策模型。它的特点在于用到了数学上的复利模型，使人倍感亲切。最巧妙的是，它将人们的行为视为无差别，并将杂乱的时间偏好概念浓缩为单一参数 i（来自福斯曼）。尽管萨缪尔森对其适用性持保留意见，但它确实在经济学中占据了一席之地——直到如今的行为心理学家和行为经济学家写论文展示其实验结果违背了主流经济学提出的标准贴现效用模型。⊖

　　问题在于：尽管萨缪尔森的模型可以简洁便利地找到"均衡"，但这一通用的未来效用贴现模型并不能准确地描述人们在现实世界中的行为。正如之前所讨论的那样，不同人的时间偏好显然是不一致的，同一个体的时间偏好也不是一成不变的。也就是说，随着时间的推移，我们的倾向也会转变；并且仅凭单个 （或多个） 静态参数无法实际描述我们的行为和偏好。

　　福斯曼是正确的：他的公式 （我们应该还记得，是因研究林业问题而提出） 确实提供了一种客观和规范的方法，以解决机会成本和资本定价的组合问题。然而，在现实世界中，我们在这种简单的组合之上叠加了自己对贴现的主观认识。这样看来，福斯曼比率的

　　　　⊖ Paul Samuelson and William D. Nordhaus, *Economics*, 1989, McGraw-Hill, NY.

　　　　⊖ Shane Frederick, George Loewenstein, and Ted O'Donoghue, "Time Discounting and Time Preference: A Critical Review," June 2002, *Journal of Economic Literature*, vol. XL, pp. 351–401.

偏差也就显露出来了。

我们可以对福斯曼公式稍做改变，令时间偏好率 i 发生变化，即逐渐降低。因此，基于时间不一致性的福斯曼土地期望价值公式如下：

$$LEV = \frac{B}{(1+i_1)} + \frac{B}{(1+i_1)(1+i_2)} + \frac{B}{(1+i_1)(1+i_2)(1+i_3)} + \ldots$$

当 n 增加时，i_n 逐渐减小（即，$i_1 > i_2 > i_3 \cdots$）。当然，这意味着每一个连续的 B，或每一个连续的棉花糖或苹果的贴现值，在短期内下降速度非常快，但是在长期内其下降速度就会慢得多。而在福斯曼的原始指数贴现模型中，B 的折现值会一直以一个恒定的速率下降。简言之，这再次体现了我们的时间不一致性——大概等同于双曲贴现模型。（次可加性贴现模型也被证明提供了对较长期内较低贴现值的类似描述，尽管它无法捕捉到偏好逆转。）

这与福斯曼原始的贴现方法相比有着巨大的不同：当福斯曼方程中较早期的贴现率（比如 i_1 和 i_2）很高而"耐心不足"时，针叶树的早期缓慢增长将变得非常麻烦；如果预计贴现率低得多，而预计耐心却很高，那么后期的加速增长将无法实现。即便我们以足够强的盈利能力作为假设，"斧头公理"也很可能会令企业陷入困境。实际贴现率与所需贴现率的高低总是不匹配。尽管在客观上，实现迂回之路的针叶树的"生长经济学"违背了生物学规律。对于任何这样的迂回之路而言，初始阶段的艰难是为了更好地适应后期阶段，人们需要在初始阶段足够有耐心并且在后期加快步伐，而不是相反。这种倒置的困难在那些以牺牲中间产物为代价而执着于眼前事物的人身上变得更加明显。新科技应接不暇，它们以一种假象的形式存在，一切都在加速之中，制造出一种"当下冲击"⊖的效果，

⊖ Douglas Rushkof, *Present Shock: When Everything Happens Now*, 2013, Penguin Books, NY.

这是由道格拉斯·拉什科夫（Douglas Lashkoff）提出的，它引用了阿尔文·托夫勒（Alvin Toffler）1970 年"未来冲击"的观点，即我们在处理改变本身的过程中挣扎，而如今情况却以更快的速度（从未有过的自催化速度）变得更糟。（尽管这些概念看起来很现代，他们却深深根植于庞巴维克的思想中。）

正如我们所料，研究表明，患有注意力缺陷多动障碍症（ADHD）的儿童和年轻人，比没有患这种疾病的人表现出更明显的双曲贴现和更强烈的即时奖励偏好。如果我们稍加推断，那些没有注意力缺陷障碍症（ADD）但由于工作压力过大而经历"伪注意力缺陷障碍症"的年轻人又会怎样呢？现代化进程中是否具有无处不在的提高生产力的技术和工具，使我们生活在一个超双曲贴现的社会中？精神病学家爱德华·哈洛威尔（Edward Hallowell）在他的书籍《瞎忙》（*Crazy Busy*）中讨论了没有注意力缺陷障碍症[一]的成年人的困境，但对于他们来说，"现代生活的忙碌"让他们患上了与注意力缺陷障碍症相似的病（他称之为"疯狂、狂乱、健忘、闷闷不乐、沮丧和分心"的"F 状态"）——这些问题都是值得考虑的。尽管严重程度存在差异，但在存在这些情况的人中，较高的双曲贴现倾向体现了意识和元知识的重要性，控制冲动并防止当下的行为危及未来。[二]（这也加重了我长期以来的怀疑，掌上电脑——特别是那些用来炒股的——就像穿过大脑的尖刺。）哈洛威尔的调查结果证明，自我监管（冷系统）是更重要的；没有了它，人们就无法追求长远目标，而只能屈服于"近端刺激"的诱惑。除非"势"系统发挥作用，否则跨期决策就是无效的——在盖奇的那种极端情况下也是如此。越来越多的研究表明，所谓的"势"系统可以在当人们身

［一］ Loewenstein, Read, and Baumeister, *Time and Decision*.

［二］ Edward M. Hallowell, *CrazyBusy: Overstretched, Overbooked, and About to Snap! Strategies for Handling Your Fast Paced Life*, 2007, Ballantine Books.

处树林中时得到修复，特别是对儿童而言，因为身处大自然中似乎可以减轻 ADHD 的负面影响［或者，正如理查德·洛夫（Richard Louv）所说的"自然缺失症"］。⊖ 同样的道理，为什么悠闲地、安静地置身于一片针叶林中，随着时间的推移，它所带来的启迪会帮助我们加强自己的时间感知呢？

理解这种主观的不一致性，使我们能够在不同的时间跨度下衡量观点、反应和决策，深入了解他人和自己的跨期行为（存在当前状态偏差）。庞巴维克指出，我们看到，"由于人们对未来效用的低估，人们将不会特别充分地为未来做准备。换句话说，这种低估会对财富的储蓄和积累产生偏见"。⊖ 在接下来的章节中，我们将走出观察人类特定行为的世界，并很快进入最强烈的情感冲突——资本主义投资——的世界，前述的理解此时成为我们的优势。毫无疑问，一个人只有真正理解它，才能拥有优势。我们在这里讨论的是一套清晰而系统地纠正市场错误定价的投资策略，即跨期套利（奥地利学派投资的同义词）。但人们在很大程度上无法通过这种跨期不一致性偏差来套利，原因很简单，因为套利者是最容易被这种偏差所困扰的人。

成瘾者的权衡

健康是一个具有明显且合乎逻辑的时间间隔的领域，特别是在选择方面更是如此。健康决策权衡方面最引人注目的例子就是成瘾。当下的物质或行为带来的强烈快感，压过了任何未来后果，无论后果多么可怕——就像把双筒望远镜掉过来看，未来似乎更加遥远，与现在

⊖ Richard Louv, *Last Child in the Woods: Saving Our Children from Nature-Deficit Disorder*, 2008, Algonquin Books, NY.

⊖ Böhm-Bawerk, *The Positive Theory of Capital*.

的联系也更少。这种情景让人想起佩里·科摩（Perry Como）的老歌《忘记明天》（*Forget Domani*），及其有种及时行乐、舍弃未来之意的副歌："让我们忘掉明天，因为明天永远不会到来。""我们所感知到的未来——或者我们所感知到的未来的自己——永远不会到来。"我们会错误地认为，克服未来的困难并非难事。有些人一边告诉自己能在未来做出改变，一边享受着"瘾"带来的快感。⊖

　　成瘾自然会危及健康、生计、人际关系甚至是生命。"12 步"治疗计划可以通过增强恢复者的意志力和决心，来帮助打破成瘾物质或行为对其的控制（例如，不喝酒、不赌博等），从而改善未来的健康状况。（一个吸食海洛因成瘾的人就相当于巴师夏所谓的坏经济学家，他追求的是暂时的"小利"，随之而来的却是"大恶"，⊖ 太让人心酸了。）有趣的是，对于嗜酒成瘾的人来说，药理学已经能够借助口服药物（抗滥用药物等）让"小利"与"大恶"同时出现，如果边喝酒边服药，就会产生即时的不愉快反应（头痛、恶心、呕吐），把未来可能产生的反应带到现在。幸运的是（由于奥地利学派投资一贯的优势），经济学家和投资者还没有找到这种"药"，但这一"压缩时间"的技巧，也被用来改善受短期时间不一致性影响的其他行为，以及人们不愿意最大化未来效用的倾向。美林（Merrill Lynch）的"面部老化"功能可以对客户的照片进行老龄化处理，从而使他们能够"看到"自己未来的形象。实际上，斯坦福大学有一项实验被人们认为是一种聪明的营销手段，实验显示，这种增大年龄的图片可以帮助人们存更多的钱。⊖ 实际上，看到未来的自身形

⊖ Howard Rachlin, *The Science of Self-Control*, 2000, Harvard University Press, Cambridge, MA.

⊖ Frédéric Bastiat, *The Bastiat Collection*, 2007, Ludwig von Mises Institute, Auburn, AL.

⊖ Hal Hershfield, Daniel Goldstein, et al., "Increasing Savings Behavior through Age-Progressed Renderings of the Future Self," November 2011, *Journal of Marketing Research*, vol. XLVIII, S23-S37.

象，人们会变得更加警醒。

美林的这一技术甚至可能被认为是在模仿伊索寓言中的"蚂蚁和蚱蜢"（Ant and the Grasshopper），鼓励人们对未来进行规划。在温暖的夏季，蚱蜢没有意识到即将到来的寒冷冬季，花掉大量时间精力在阳光下歌唱。与此同时，勤劳的蚂蚁对即将到来的事情有着更好的把握，整个夏天都在"存储"过冬的食物以备将来之需。当天气变冷时，蚂蚁准备就绪，而蚱蜢却焦头烂额。或者想想睡前童话故事——"三只小猪"（Three Little Pigs）：一只小猪很快地用稻草盖了一间房子，方便自己娱乐和放松；另一只小猪花了更多时间去盖一间木头做的房子；第三只小猪放弃了所有的娱乐时间，建造了一栋坚固的砖瓦房。当狼出没的时候，稻草房和木头房都抵不住狼的进攻；幸运的是，相比这两只高时间偏好的小猪，它们那个勤劳的朋友（自然就是奥地利学派）却能安全地躺在砖砌的房子里。

我最喜欢的关于展望未来的文化读物是露丝·克劳斯（Ruth Krauss）1945 年出版的童书《胡萝卜种子》（*The Carrot Seed*）。"一个小男孩种了一颗胡萝卜种子"，而他不得不忍受来自家人的一连串质疑："这颗种子不会长出胡萝卜的" [⊖]，但小男孩一直坚持不懈，耐心等待，最终得到了他的大胡萝卜。（我把这本书作为让我的孩子们了解迂回生产的读物。）

如果以上这些寓言故事消失在我们的视线中，也还会有其他线索可循——新教徒的职业道德和勤奋，这在许多教派 （以及其他一些信仰传统）中都有所体现。和他们的清教徒祖先一样，新教徒认为工作不仅是一种赚钱的手段，而且是"一种无条件的目标：一种使命" [⊖]。工作、储蓄可以调节当下的满足，也可以为未来做准备

⊖　Ruth Krauss, *The Carrot Seed*, 1945, Harper & Row Publishers Inc., NY.

⊖　Max Weber, Peter Baehr, and Gordon Wells, *The Protestant Ethic and the "Spirit" of Capitalism and Other Writings*, 2002, Penguin Books, NY.

（世俗的或精神上的），鼓励低时间偏好，也鼓励人们把目光放长远（一直到来世）。

当对未来的感知有所加强时，我们的主观贴现率函数实际上就变成了一条颠倒的双曲线——在当下变得更有耐心，这样我们就可以让自己在未来找到冲刺的机会。通过建立一个具有前瞻性的手段—目的框架，我们将享受到目的论思想给我们带来的益处，以便在未来追求更大的利益。重要的是，迂回之路和时间偏好在这里是相互结合的——就像在第五章中讨论的那样，将本属于未来的耐心转移至现在，从未来的目标入手考虑眼下的手段。（老虎伍兹在2006年英国公开赛上关注的始终是球洞，而不是球道。）换句话说，当我们明确了最终目标时，就可以设置一系列中间目标，作为达到它的手段。

华尔街对中间目标不感兴趣

如果缺少长远的眼光，我们就会成为时间的牺牲品。即时性就像一个暴君，它会增加我们的压力，加剧时间的紧迫感。时间不一致性甚至会被无限放大。当时间变得无比紧缺时，死神在等待，绝望将降临。没有未来，无法前进，只有现在……在这个世界上，人们没有时间或欲望，怀着特定目的和耐心去追求那一个个或许能在未来产生巨大利益的中间目标。有的只是一个不受待见的最终目标，而人们更愿意在当下采取孤注一掷的行动。人们普遍存在的当下耐心不足，加之未来对耐心的期待，与福特的迂回之路恰恰相反（从而确立了福特在企业家中的模范地位），福特放弃暂时的成功和眼前的利润，投入精力与资本进一步升级生产流程，从而在后期实现了汽车生产与销售的飞跃发展。

我们可以从庞巴维克提到的军人联想到如今的首席执行官、财务总监，尤其是投资经理和交易员等面对高风险的职业，他们必须高度关注当下，否则就可能面临职业生涯的终结。

这就是华尔街，在这里，每一个交易员的任期都很短，而且每隔一年（甚至更短时间）会加一次薪。他们必须努力维持生计才能保障前途。这就是庞巴维克所谓的"特殊环境下对死亡的恐惧"⊖，就像在战场上的士兵或身患绝症的病人。一名华尔街交易员如果不能集中精力疯狂地赚钱，他就注定会被淘汰。因此，没有迂回的余地，也没有思考未来的机会。无论"后期"的利益有多大，"当下"就是一切。事实上，从动量投资到货币政策的利好，时间不一致性是华尔街传统的智慧之源。

华尔街普遍存在的问题是机会非常容易流失；你必须现在就去做，否则明天就没有同样的机会了。（就像比较谨慎的孩子一样，交易员们认为，选择更晚获得更多的棉花糖是没有意义的，因为他们可能永远也得不到那些棉花糖。）最大的过错不是赔钱，而是没能赚到足够的钱来保住你在公司宝贵的一席之地。在知道自己随时都可能被取代的情况下，华尔街的交易员们不会做出任何其他反常举动——必须把全部注意力放在当下。

这种当前偏见带来的副作用招致了风险管理方面一系列最严重的失败，包括 1998 年对冲基金长期资本管理公司（LTCM）的倒闭，以及 10 年后投资银行雷曼兄弟（Lehman Brothers）的破产。对此类失败由时间偏好驱动的解释是非常反直觉的。华尔街拥有那么多"疯狂赌徒"的原因，在于交易员们可以自由使用期权（当他们押对方向时，会获得巨额利润，而当他们押反方向时，又几乎没有损失）；但是，这些灾难和其他灾难给最终造成上述灾难的人们带来了巨大的个人经济损失，这一事实应该让我们暂停将责任归咎于自

⊖ Böhm-Bawerk, *The Positive Theory of Capital*.

由期权。

尽管批评的矛头应该指向制度，但大多数人的想法并非如此。

我尝试通过构建一个简单的卡通实验（或计算机模拟）来感受华尔街赌徒们狂热的直觉。在这项研究中，我们使用带有额外期权费用的机器人交易员，在"淘汰制"下进行交易，即每年盈利必须超过一定水平，否则他们将失去工作。（这是一个非常现实的情况。）有一系列简单的投资策略可供选择：以频繁的少量损失为代价换取少有的巨大收益（就像第一章的马可）；或相反的策略，以鲜有的巨大损失为代价换取频繁的少量收益（华尔街以及各大对冲基金的模式）；以及介于两者之间的策略。（所有这些策略或收益分布，都拥有相同的几何平均值，因此，无论交易员选择了哪种策略，预期回报都是相同的。）一个非常明确且令人惊讶的结果是：在淘汰制下，交易员们更倾向于冒小概率的巨大风险——很可能有利于他们的职业生存，而非淘汰制下的交易员则会选择规避这些风险。此外，减少或取消期权使用（意味着要求交易员共担风险），对策略选择偏好没有影响。（这时偏好基于交易员个人职业回报的最大化预期；策略偏好转换的统计显著性水平在 99%以上，而对每种策略的"偏态系数"、利润和亏损程度都不敏感。）

在这个简单的实验中，交易员们凭借对收益分布的预期，采取直接的方法来增加自己成功的机会——最重要的目标是避免被淘汰，从而留在这个（非常赚钱的）游戏中。当前的重要性就像在显微镜下被明显放大了。（正如克里普向我们展示的，过高的成本就像是通过放大镜看当下的紧迫情况。）雪上加霜的是，在现实世界中，无比关键的当下工作使交易员们选择了"超双曲贴现"（就如同他们的大脑额叶上插了一根铁棒）。此外，在华尔街还有一种特殊状况，那就是在极端的致命损失中生存下来（可以想象一下长期资本管理公司的员工），而小损失或不够多的收益通常会导致员工们丢掉饭碗。在华尔街，迂回式投资（通过早期的损失获得后期的收益）是不合理的，不考虑未来反而才是真正的明智。

因此，应对致命交易风险的最佳解决方案是，消除风险承受者无法使用迂回策略这一尴尬处境。除了与交易员签订终身合同之外，企业所有者也应当给予更多监督——也许投机机构都应该回归私有制，或者，金融机构应当减少在市场上的投机行为。（当然，这可能是没有必要的，因为政府会填补华尔街的巨额投机损失。）我们在时间上的洞察力是投资和承受风险的必要条件；这是十分关键的，也决定了我们的机会。这种洞察力是隐性的、可塑的，且会随环境而变。

情况变得更糟了。庞巴维克对较低时间偏好及迂回策略的呼吁并不是没有缺陷。正如我们将在第八章中看到的，米塞斯认为我们对时间的感知会被我们的认知和情绪所扭曲，很容易受到其他更隐蔽的（虽然看似良性）和更具破坏性的货币扭曲的影响。这就是我们今天所生活的这个严重扭曲世界的起源——规避这一点是实现奥地利学派投资的必要之举。

对跨期的适应

我们的大脑是人类进化的标志之一，特别是标志性的额叶，它使我们能够借助理性以及对未来的意识和认知，塑造我们对环境和器具的认识。大脑的这种进化使我们走出了撒哈拉以南的非洲文明，沿着指南针的方向，跟随兽群行进，也赋予了我们适应新气候和地形的能力。对（自然界）气候变化的容忍，以及对某些地区的偏爱，对于早期人类来说是至关重要的，因为他们定居在偏远的地方。体验极端变化的季节是早期人类和迂回性的第一次接触。（也许甚至能让那些跟随猎物进入陌生区域的部落开始行动。）大约 50 万年前的中国猿人首次使用并掌握了火，从而需要收集和储存燃料以保证火焰的存续。随着语言的发展，人们的思维从对现在的关注，扩展到对未来的设想。[⊖]从化石中可以看出，人类迁徙是需要适应时间的；简单地说，再也不可能从最近的一棵树上摘到成熟的果实，或指望得到成群的猎物。当人类拥有了对未来的意识，他们就必须懂得应该怎样做：在阳光下晒干水果，冬天将肉冰冻储存，将牲畜转移到其他牧场（季节性迁移放牧），将牛奶制作成奶酪储存等——这一切都说明人们的时间偏好在降低，而迂回性在提高。由于食物的供应随着季节的变化而变化，因此早期人类必须学会放弃眼前的利益，为未来的生存寻找优势。人类的进化本质上是克服固有且错误的时间意识，并不再高估当下。迂回策略 （取势策略）一直都是人类取得巨大成就的关键策略。

即使在今天，随着科技渗透到七大洲的每一个角落，进化的过程仍在继续，我们仍在努力应对那个最根本的挑战：对时间的感知。在这一点上，我们并没有超越我们的祖先，他们在实现这一信念的飞跃时冒着更大的风险：消除当下的盲点，从而对时间产生更深刻、更立体的了解。也许这将是永远有待征服的，因为总是不断地与人性作斗争，为自己和后代的利益而行动——事实上，这就是文明。

事实上，大多数人都无法在迂回之路上坚持下去，因为我们所有人都存在心理上的障碍，隐性的套索把我们拉回当前的时刻：面对着当下的欲望，追求眼前的快乐和成功。这是奥地利学派投资方法的一个系统而普遍的优势之源——也许是本章的主要结论。但是，正如克里普经常说的，"我说出来很容易，但对你来说却很难做

[⊖] Simon Grondin, ed., *Psychology of Time*, 2008, Emerald Group Publishing Ltd., Bingley, UK.

到"。要利用这一优势，就必须摆脱暂时的束缚，需要的无非是冷静的思考、持续的专注和自律。有了对自己思维方式的了解，我们就可以更好地尝试有意识地改变自己的时间不一致性，在当下变得更有耐心，以便日后可以加速前进。这关键的一步是迄今将本书提到的知识与其应用联系起来的唯一途径。我在投资上取得的大多数成就都离不开持之以恒的练习，以及克里普早期在时间偏好上对我的提点：培养一种可以洞悉整个时间线的能力，而不要仅仅关注每段时间的开端。有了基本的意识和一定程度的掌握（一辈子的事），我们就可以进入奥地利学派传统的下一阶段——我们要从天生的时间偏见中解脱出来，才能洞悉市场的运行机制。

第七章

"市场是一个过程"

个多世纪以来，奥地利学派因其基本方法论而被人们贴上了过时和不科学的标签。那时，主流经济学的代表人物主要是 20 世纪早期的约翰·梅纳德·凯恩斯（其代表作《通论》影射了爱因斯坦的相对论革命），以及 20 世纪中期的保罗·萨缪尔森（首个获诺贝尔经济学奖的美国人，1970 年）——无疑超越了奥地利学派的先验论。其"以物理学为榜样"的定量分析和实证分析技巧，朝着与其他科学截然不同的方向发展。但是，当物理学家在相关领域里稳步前进的时候，数理经济学家方向的转变使世界再次陷入金融危机和劳动力市场停滞——他们在对大萧条进行研究后声称已经解决了上述问题。消费者和生产者的主观期望和偏好，与相应数学模型的契合度是不够的。作为一门社会科学，经济学研究在本质上需要具备人的行为分析（米塞斯提出的用于研究人类行为的术语）中的逻辑、演绎及先验性方法。米塞斯的理论继承了门格尔和庞巴维克有关价值、资本和时间的研究成果。作为一个善于独立思考的学者，米塞斯通过不断提炼、补充（特别是在货币和信贷方面），最终提出了我们如今熟知的奥地利学派经济周期理论（ABCT），将那一时代划分为不同的高峰期和低谷期，对经济繁荣和萧条做出了解释。米塞斯的研究成果告诉人们，奥地利学派理论在拥有强大适应性的同时，也从不会偏离其基本方法论。（事实上，他是语言逻辑推理的忠实的追随者。）此外，米塞斯的研究也显示了不凡的演化发展能力，所有这些，都为新的理解和应用敞开了大门，其中就包括本书中的奥地利学派投资方法。

米塞斯是那一时代历史的见证者：他是第一次世界大战中的炮兵军官；奥匈帝国崩塌之际的维也纳居民和大学讲师；20 世纪 20 年代繁荣时期货币和银行领域的学者；他还是犹太人，是纳粹崛起时期国家社会主义的坚定批评者，因此他不得不逃离纳粹控制下的欧洲。随后，在其 1949 年的《人的行为》中，米塞斯为战后世界指出了经济学不可动摇的人类行为学本质，一切现象只能通过人类的主观行为来解释清楚。米塞斯作为学者和老师，竭尽全力让世人理解自己的理论。（尽管遗憾的是，很多人拒绝相信他。）

1954 年的一天，70 多岁高龄的米塞斯在一堂研究生课上 ［其中伊斯雷尔·柯兹纳（Israel Kirzner）后来成为奥地利学派备受尊敬的经济学家] 用夹杂着奥地利口音的英语有力地说道："市场是一个过程。" [注] 米塞斯作为有史以来最伟大的经济学家之一，用这句话打开了学生们的思维：市场不单单是交易的场所或静态的事物，而是被无数形形色色市场参与者的行为所影响。（正如克里普告诉我的，交易中发生的一切只是价格发现过程的表现。）市场只能被理解为一个过程，一个目的导向的过程，其中的因果关系均指向市场参与者的目标。环境和感知总会发生变化——有时是自然而然的，有时则是经过人为干预甚至扭曲的。以米塞斯对市场的了解，他当然知道市场在受到破坏时会暴露出的弱点。他也在经济周期理论中指出，市

[注] Israel M. Kirzner, "Reflections on the Misesian Legacy in Economics," *The Review of Austrian Economics*, vol. 9, no. 2（1996）: 143–154.

场就像一个在"扭曲地带"中的价格发现过程。市场的不断自我调整和适应，将在各种均衡之力的作用之下催生出来。

米塞斯那天的演讲地点就像他的开场白一样重要：纽约大学，奥地利学派的新据点（自豪的是，我在该校读了研究生课程）。这里是（古典）自由主义和奥地利学派的堡垒，在本质上就是米塞斯一个人，他让学派的火炬一直燃烧着，不让它被干涉主义及盛行的非自由主义（古典意义上的）政治之风吹灭。严格、不屈的原则使米塞斯付出了沉重的代价。当他 1940 年来到美国时，面对的是非常糟糕的待遇：他的牺牲和拒绝妥协让自己难以谋得一份好工作，而这个世界却因此变得更好。正如罗恩·保罗所言，米塞斯"从未屈服于任何诱惑或改变自己的立场，来让传统经济学派更好地接受自己，这恰恰证明了他是一个意志坚定、性格坚强的人"[一]。

米塞斯矢志不渝，视富贵如浮云，看轻众多无价的荣誉，包括经济学家约尔格·吉多·许尔斯曼（Jörg Guido Hülsmann）在米塞斯的自传中对他的褒奖——"自由主义最后的骑士"[二]

大萧条的预见者

路德维希·冯·米塞斯 1881 年生于哈布斯堡王朝东北部的兰堡市，今乌克兰利沃夫。他的父亲是奥地利铁路公司的建筑工程师，这也是他名字中有"冯"的原因，而米塞斯也将姓氏中的"冯"继承下来并继续使用。米塞斯的父亲在公共行政部门身居高位后，他们举家搬到了维也纳；在母亲的影响下，卢（米塞斯的昵称）和他

[一] Ron Paul, *Mises and Austrian Economics: A Personal View*, 1984, Ludwig von Mises Institute (Terra Libertas edition 2011).

[二] Jörg Guido Hülsmann, *Mises, the Last Knight of Liberalism*, 2007, The Ludwig von Mises Institute, Auburn, AL.

的弟弟理查德都受到了良好的教育。⊖ 但两兄弟之间的差异很早就
显露出来：米塞斯倾向于社会科学，理查德倾向于自然科学；前者
的演绎学和人类行为学与后者的经验主义和历史主义之间的鸿沟，
多年来变得越来越明显，从未弥合。

米塞斯在文理高中接受教育，主要阅读拉丁文和希腊文的经
典著作；那时，维吉尔的一首诗成为他一生的座右铭："不要向邪
恶低头，而是要更勇敢地继续与之对抗"⊜。后来，他进入维也纳
大学学习法律和政府科学，在大学一年级时参与了 18 世纪加利西
亚农民的研究并为农民们争取更大的权利。米塞斯后来说，他早
年对历史的"持续而强烈的兴趣"使他"认识到德国历史主义学
派的不足"⊜。

1902 年 10 月，在通过大学考试三个月后，米塞斯在帝国皇家
炮兵团服役。驻扎在维也纳附近，服役一年，之后于 1903 年 9 月重
返校园。作为一名中尉预备役军官（后来他被提升为上尉），他于
1908 年和 1912 年两次被调动。1914 年，他再次回到了奥地利军队。

米塞斯的职业生涯始于一个公务员实习岗位，由于对官僚主义
的厌恶，他决定转行从事法律方面的工作。然而，最吸引他的还是
学术生活：起初作为学生，后来作为教师。尽管门格尔在米塞斯大
学阶段的早期仍在执教，但是米塞斯并没有去听过他的课。直到 1903
年年末，米塞斯才第一次阅读了门格尔的《经济学原理》；正如他在回
忆录中写道的那样，"我正是通过这本书成为一名经济学家"⑳。对米
塞斯产生最直接影响的人是庞巴维克，米塞斯于 1905 年夏天开始参
加他的研讨课，完成了奥地利学派从门格尔到庞巴维克再到米塞斯

⊖ Mark Skousen, *The Making of Modern Economics：The Lives and Ideas of the Great Thinkers,* 2009, M. E. Sharpe, Armonk, NY.

⊜ Hülsmann, *Mises.*

⊜ Ludwig von Mises, *Memoirs*, 2009, The Ludwig von Mises Institute, Auburn, AL.

⑳ 同上。

的传承。

在他 1912 年出版的第一本书《货币与信用原理》(*Theory of Money and Credit*)中,米塞斯解释了银行体系如何被赋予信贷扩张和货币供应的独特职能,以及政府干预对此种职能的放大效果。如果不考虑这一点,利率将能够进行动态调整,而且也只有自愿的、储蓄形式的、企业所需要的信贷额度才会得到使用。但如果出现强行注入信贷的情况,怪诞的事情就会开始发生。

米塞斯向学校提交了自己的《货币与信用原理》,申请成为一名私人讲师,并于 1913 年春天得到批准。同年夏天,他开始教授研讨班课程,但很快,欧洲爆发了世界大战,米塞斯再次到军队报到应征,一切都改变了。战争刚刚开始的时候,米塞斯的导师庞巴维克去世了。由于门格尔在战争期间潜下心来不断地修改作品,加之多产的庞巴维克已经去世,奥地利学派继续前行的重担落在了这个即将奔赴前线的男人身上。

1917 年年底,米塞斯被提升为上尉,并被派驻到维也纳国防部的经济部门。1918 年,米塞斯回到大学当讲师,在其银行理论的课堂上,大部分学生都是女性;由于战争,男性学生的数量很少。(在其教学生涯中,无论男女学生都喜欢上他的课。)在大学执教期间,他遇到了《新教伦理与资本主义精神》(*The Protestant Ethic and the Spirit of Capitalism*)的作者——著名的德国哲学家马克斯·韦伯(Max Weber)。米塞斯在韦伯 1920 年去世时说,这是"德国的一场大灾难",并补充道,如果韦伯活得更久,"如今的德国人民将能够看到这样一个不会被纳粹主义击垮的雅利安人"⊖。

米塞斯称自己"在一生中遇到了西欧和中欧几乎所有的马克思主义理论家"。如果奥托·鲍尔(Otto Bauer)不曾是马克思主义者,他将成为一个政治家。在一战盟军封锁食品之后,鲍尔试图将

⊖ Ludwig von Mises, *Memoirs*, 2009, The Ludwig von Mises Institute, Auburn, AL.

布尔什维克主义引入奥地利，然而，正是米塞斯在 1918～1919 年冬天对其进行的干预，让鲍尔相信"布尔什维克主义在奥地利的失败短时间内将是必然事件，也许几天之内就会发生。奥地利的粮食供应依赖于曾经的敌人救济援助下的进口"[⊖]。

那年冬天，米塞斯在维也纳大学的私人研讨会上主持了有关市场现象和主观价值理论的讨论。当社会主义思潮在整个欧洲蔓延的时候，他代表着古典自由主义者的声音。许尔斯曼写道："因此，米塞斯被称为自由主义者，是古典自由主义学派思想的化身。"[⊖]（至此，我们结束了本书从老子到米塞斯，即许多人眼中最伟大的人的征程。）

米塞斯像哨兵一样警惕，不断地警告人们通货膨胀的危险；就像巴师夏所倡导的"好经济学家"一样，米塞斯也预见到了巨大的罪恶会伴随着可怕的灾难。他在政府印钞机的嘈杂声中，坚持不懈地大声反对可能导致通货膨胀的货币政策。（在关于他的另一个故事中，确实如此。）20 世纪 20 年代标志着美国联邦储备系统（Federal Reserve System，简称美联储）的新时代，它促进了通货膨胀带来的信贷扩张，并带来了永久的繁荣。（如今，经济学家们仍不同意这一时期是由货币现象推动的，在这场争论中，我们可以看到分辨失真数据上的局限性。幸运的是，我们将在后面的内容中讨论，我们已经找到了检测这种失真的方法。）

1929 年中，就在米塞斯警告信贷扩张可能导致经济崩溃的时候，他在维也纳信贷银行谋得了一份报酬丰厚的工作。米塞斯给出了一个直截了当且有预见性的理由拒绝了这份工作。正如他对未婚妻玛吉特（Margit）说的那样，"一场大崩溃"即将来临，他不想让自己的名字"与它有任何联系"[⊖]。

⊖ Ludwig von Mises, *Memoirs*, 2009, The Ludwig von Mises Institute, Auburn, AL.

⊖ Hülsmann, *Mises*.

⊖ Margit von Mises, *My Years with Ludwig von Mises*, 1976, Arlington House Publishers, New Rochelle, NY.

对于这个失去的职业机会，米塞斯告诉玛吉特，他更感兴趣的是"研究钱"，而不是赚钱。米塞斯通过规避最严重的经济危机保护了自己的资本——更重要的是，自己的名声。（凯恩斯虽然更为精明，但他显然被危机蒙住了双眼。）米塞斯自己也从未试图将奥地利学派传统融入自己的投资结论；他曾对玛吉特说，虽然自己研究钱，但作为一对夫妻，他们永远不会有太多钱。（将奥地利经济学延伸到投资领域正是我写作本书的目的。）米塞斯的预言是正确的：危机确实发生了，维也纳信贷银行也失败了，还引发了整个中欧地区的金融恐慌。因此，米塞斯告诉人们可怕的时代即将来临，他预见了大萧条。

逃离纳粹

1933 年 1 月，希特勒成为德国总理。两个月后，尽管政府禁止游行和集会，奥地利的纳粹分子仍然在维也纳街头暴动。1934 年 3 月，米塞斯受到瑞士日内瓦国际研究所的邀请，成为经济关系方面的访问学者，这无疑使他如释重负。不过，他在此期间几乎是有规律性地往返，只要有机会看望玛吉特，他就会回来。（他一直等到 1937 年自己母亲去世后才向她求婚；显然，米塞斯的母亲不赞同他与玛吉特这名曾经寡居的女演员结婚。）1934 年，他的著作《货币理论》终于以《货币与信用理论》为书名用英语出版，但为时已晚。如果早在 10 年前就认识到这一点，世界就不会遭受这么大的痛苦。（尽管这确实需要假设人们会对此予以足够的关注。）尽管不幸的是，这对那些曾留心听从其学术预测的人来说就是一场灾难，他后来还是获得了应有的尊敬。即使在今天，许多主流经济学家也没有意识到市场扭曲的根本原因，正如我们将在第八章中看到的那样，市场扭曲只是在事后被当作"泡沫"而无端地捏造出来。

在《货币与信用理论》出版后不久，米塞斯就被凯恩斯轻易地盖过了风头。1936 年，这本短小精悍、新颖而又复杂的英国绅士之作《就业、利息与货币通论》出版了。那么，如果凯恩斯因股市崩盘而倾家荡产呢？显然，更重要的是，他的书看起来既科学又复杂，这主要是因为书中包含了令人眼花缭乱的数学，甚至还有希腊字母，所有这些都向读者传达了所谓的严谨和现代化。他似乎属于行动派。（建设性或破坏性倒是次要的。）善良的凯恩斯勋爵无畏地与失业作斗争，提出了人为刺激需求的建议：假装消费者偏好不同于其实际偏好，政府增加开支，开动印钞机。这就像一场凯恩斯主义的"雪崩"，米塞斯被无情地抛到了一边——并没有被凯恩斯和他的同僚反驳，而是被忽视了。（当凯恩斯第一次阅读米塞斯的德语著作时，他认为这本书压根就没有新意。这倒是可以理解，因为正如他自己解释的那样——凯恩斯的德语水平足够让他分辨出自己已经掌握的事实。）

1938 年 3 月，米塞斯回到维也纳参加会议（他和玛吉特继续为期待已久的婚礼做准备）；当德国人似乎准备入侵时，他已然能够感觉到德国国内日益加剧的紧张局势。米塞斯知道自己是纳粹的头号敌人，这不仅因为他是犹太人，而且因为他坚决反对纳粹的一体化（Gleichschaltung）、极权主义式的控制以及对经济和社会其他各方面的强制性协调。他再一次撤离维也纳，而这次是永远的撤退。他和玛吉特的胜利大逃亡正好是在党卫军开始抓捕反对者并没收他们的财产之前的几个小时。米塞斯的公寓被强行闯入并洗劫一空；盖世太保取走了 21 个装满其演讲稿的盒子，锁好了房间，在入秋后取走剩下的东西，包括书、私人信件、油画、银器和文件等。第二次世界大战后，米塞斯的档案在波西米亚的一列火车上被发现，并被秘密送往莫斯科。（在那里，它们显然又遭到了忽视。）1991 年，它们被人们重新发现了，而他珍贵的维也纳图书馆依然下落不明。⊖

⊖ Hülsmann, *Mises*.

1939 年 9 月战争爆发后，米塞斯开始考虑离开欧洲。奥地利作曲家古斯塔夫·马勒（Gustav Mahler）认为自己曾"三次无家可归"（身在奥地利的波希米亚人，身在德国的奥地利人，以及身处这个世界的犹太人），米塞斯也是一样：奥地利人之中的犹太人，德国人之中的奥地利人，以及德国历史学派之中的奥地利经济学家。米塞斯的命运与马勒的话产生了共鸣，"走到哪里都是外来户，从未受到欢迎"[一]。

当米塞斯和他的妻子离开日内瓦前往位于西班牙边境的地中海小镇赛贝里斯时，他们的逃亡充满了侥幸。正如玛吉特在回忆录中写道的那样，乘坐巴士是十分危险的："为了不碰上德国人，司机不得不经常改变路线，还要经常从法国农民和士兵那里打探消息……"[二]德国军队已经遍布这片土地。我们的司机不止一次地后退以躲避他们。最后，在 1940 年 7 月，他们离开"欧洲号"去了一个新家。如果米塞斯在从欧洲逃亡的路上被拦截逮捕，他的生命就会处于危险之中，奥地利学派可能永远也不会在美国立足。

人的行为

米塞斯从自己深爱的奥地利流亡到美国，生活无疑是艰难的。（至第二次世界大战结束时，奥地利经济学的所有痕迹都已从维也纳清除。纳粹分子拆掉了维也纳大学里的门格尔雕像；20 世纪 50 年代，雕像又被重建。[三]）米塞斯后来去了美国国家经济研究局

[一] Alma Mahler, *Memories and Letters*, 1968, University of Washington Press.

[二] Margit von Mises, *My Years with Ludwig von Mises*.

[三] Eugen Maria Schulak and Herbert Ünterkofler, *The Austrian School of Economics: A History of Its Ideas, Ambassadors, & Institutions*, 2011, The Ludwig von Mises Institutes, Auburn, AL.

（National Bureau of Economic Research，NBER）工作，由于洛克菲勒基金会（Rockefeller Foundation）的拨款规定，他的薪水只有在日内瓦时的 1/3 左右。米塞斯和妻子虽然对这个工作机会充满感激之情，但还是难以维持生计。新政之后，越来越多的人倾向于国家对经济的各个方面进行干预。他的事业陷入困境，当时的美国出版商只对主流思想感兴趣，米塞斯因此感到绝望。1943 年，米塞斯被告知他与美国国家经济研究局的合同即将终止，于是他以顾问和经济政策咨询小组（Economic Policy Advisory Group）成员的身份为美国国家制造商协会（National Association of Manufacturers）工作。此后，在 1944 年，米塞斯成为纽约大学的客座教授，并在那里举办了一场经济学研讨会。（尽管他的工资将由私人基金支付。）他总共在纽约大学做了 20 多年的客座教授。尽管他从来没有在其执教过的大学获得过任何全职教授头衔，但他通过自己的研讨会（首先是在维也纳，后来在纽约）以及著作影响了一代知识领袖，比如他出生于奥地利的学生弗里德里希·哈耶克（后来获得诺贝尔经济学奖），以及美籍奥地利学派成员穆瑞·罗斯巴德。然而，因为没有著名大学的全职教授职位，米塞斯实在难以培养可以继承奥地利学派传统的学生。⊖［在他的一生中，米塞斯一直致力于提高奥地利经济学的学术水平。他的个人藏书超过 5 000 册，均在他移居美国后收集，后来被密歇根州的希尔斯代尔学院（Hillsdale College）买下；大学图书馆的米塞斯专属房间内还包含其个人信件的副本和文章，以及被纳粹在维也纳没收、后来又在俄罗斯被发现的信件，还有他最初使用过的桌椅——竟然令人难以置信地提供给学生使用，他们可以坐在这位大师的椅子上做研究。］

⊖ Hülsmann, *Mises*.

　　"从永恒和无限宇宙的观点来看，人是一个无限小的微粒。但是对于人类来说，人类的行为及其变迁才是真实的。行为是其本性和存在的本质，也是其保存生命并使自己高于动植物水平的手段。"

　　路德维希·冯·米塞斯，《人的行为》，1998 年，于路德维希·冯·米塞斯研究所。

即使没有大学这样一个平台，米塞斯在 1949 年出版的《人的行为》一书也使其迅速成为经济学界关注的焦点。（原书出版于德国，1940，*National ökonomie：Theorie des Handelns und Wirtschaftens*。）罗斯巴德称《人的行为》是米塞斯"最伟大的成就"，并称赞它是"本世纪人类思想的最伟大产物，它囊括了整个经济学"[⊖]。米塞斯的第一个美国朋友亨利·哈兹利特（我们应该还记得，他是《一课经济学》的作者）在《新闻周刊》中写道，《人的行为》"注定会成为经济学发展的里程碑"。他称其为"以伟大传统写成的极具独创性的作品"，并称赞其"超越了以往任何作品，延续了现代经济分析的逻辑统一和精确性"[⊖]。

批评奥地利学派的人没有意识到这一观点的重要性，正如米塞斯在书中所强调的那样，经济学实质上是对人类行为的研究，是高度主观的，不能简化为数据和数学模型。为了向自己的学生说明这一点，米塞斯举了纽约中央车站通勤者上下班高峰期的行为这个例子。那些研究人类行为的人会从某个前提出发，即我们的行为背后都有一个特定的目的，在这个例子中，就是早上从家乘火车上班，然后晚上再返回。然而，"真正科学的"行为主义者，只会运用经验主义，会看到人们在一天的特定时间里，没有任何特定的目标，随意地跑来跑去。通过这个例子，米塞斯向人们展示了研究人类行为的两种方法中哪一个更有意义，这显然是演绎推理。[⊖]

在他的先验论中，米塞斯采用了一种康德式的方法，而其他人则更倾向于亚里士多德式的方法，这就反映了奥地利学派中观点的

⊖ Ludwig von Mises, *Human Action*, 1998, The Ludwig von Mises Institute, Auburn, AL.

⊖ Henry Hazlitt, "The Case for Capitalism," reprint of *Newsweek* column, September 19, 1949.

⊖ Murray Rothbard, Preface to *Theory & History* by Ludwig von Mises, 1985 (reprint 2007, Ludwig von Mises Institute, Auburn, AL).

多样性。轻微的分歧必然存在于门格尔、庞巴维克、米塞斯甚至罗斯巴德的方法论中，而奥地利学派的关键方法论就是他们达成一致的部分，这是奥地利学派独一无二的地方，同时也是这本书的关键。（有时，奥地利学派关于其方法论的争论，就像一场关于有多少天使能在大头针上跳舞的辩论，我们把这留给哲学家。）正如我们在第四章中所讨论的，最重要的仍然是经济学不能被认为是实证主义（经验主义），因为在人类行为中没有"常数"，就像在自然科学中一样（比如电子的电荷等）。让经济学家回顾历史，让事实为自己说话，这是没有意义的，因为我们需要一个先验的理论，才能知道应该考虑哪些事实，甚至才能知道该如何为一项"事实"分类——将某物称作"一项交换"取决于观察者事先如何理解交换这个概念。在米塞斯看来，专业经济学家的大部分工作不在于理论的发展或"检验"，而是对历史事件的梳理。正如米塞斯所说，"经济史、描述性经济学和经济统计当然都属于历史"[⊖]。

奥地利学派方法论的核心在于对数据质量的怀疑，尤其是在经济学（以及投资）中如何利用数据来支持数据中存在的假设关系（我们称之为数据挖掘）。不可否认的是，我们确实会关注数据（正如我们在本书后面会看到的），但我们并不依赖统计和历史信息来帮助形成理解。事实上，我甚至可能称自己为反经验主义者，因为经验主义经常会制造出幻觉，混淆真正起作用的内在机制。米塞斯解释道，"机械方程可以通过引入由经验获得的常数和数据来解决实际问题；但是数学方程不能以同样的方式为人类行为领域中的实际问题服务，因为在人类行为领域中根本不存在恒定的关系"[⊖]。

米塞斯是行为学的狂热追随者，他利用演绎式的思维实验（将内省应用到人类行为的研究中）来假设高度主观的决定和行为，他

⊖ Mises, *Memoirs*.

⊜ 同上。

称之为"行为人"。这些"行为人"会通过行为传达他们在市场上的偏好（同时也传达给观察他们的企业家）。正如米塞斯所证明的那样，当市场在一个不完美而动荡的世界中进行自我调整和修正时，价格是由人的行为——主要通过其对盈利和亏损的反应——来引导的。[⊖]当市场处于自然状态时（我们将在本章后半部分以及第八章中讨论），企业家通过跨期决策（虽然不是绝对的，但可以肯定的是，没有严重的外界干扰）来决定是否需要通过建立更加迂回的资本结构来满足未来需求，或优先满足消费者的直接需求。

　　然而，尽管米塞斯对归纳法持怀疑态度，但观察在人类行为学中确实可以发挥不小的作用；正如米塞斯所说，"只有经验才能让我们知道行为的特定条件。只有经验才能告诉我们有狮子和微生物。如果我们只追求明确的计划，只有经验才能告诉我们如何在具体情况下对外部世界采取行动"[⊖]。在米塞斯看来，经济学家并不是依靠经验来测试、选择各种各样的"候选人"；这种规律是通过逻辑推理确定的。然而，经济学家需要依靠观察（和他自己的判断力）来明确何时应用特定的经济法则或原则。例如，我们可以声明，在其他条件相同的情况下，货币数量翻倍会导致价格上涨，我们不需要回顾历史来"检验"这条定律。然而，要想利用这条定律来指导现实世界中的人们，就需要了解货币在这个特定的经济体中如何定义，增加了多少，以及是否有其他因素会加剧或减轻这种影响等。

　　多亏了米塞斯的精神和决心，20 世纪 70 年代成为奥地利学派复兴的时期。在此期间，米塞斯对经济学做出的无数贡献得到了更多的认可，包括他与弗里德里希·哈耶克合作进行的关于商业周期

　　⊖ Peter Boettke and Frederic Sautet, "The Genius of Mises and the Brilliance of Kirzner," *The Annual Proceedings of the Wealth and Wellbeing of Nations*, January 5, 2011, vol. 3, pp. 31-44.

　　⊖ Ludwig von Mises, *The Epistemological Problems of Economics*, Third Edition, 2003, The Ludwig von Mises Institute, Auburn, AL.

的几项研究。米塞斯—哈耶克的研究向人们警示了信贷扩张的潜在危险，并预测了即将到来的货币危机。1974 年，也就是米塞斯去世后的那一年，哈耶克获得了诺贝尔经济学奖。（在所有质疑诺奖委员会在决定诺贝尔经济学奖得主的理由中，对米塞斯的轻视是最明显的。当然，哈耶克获奖不论对他自己还是对奥地利学派都是好事，但事实是，如果没有米塞斯，奥地利学派将终结于门格尔和庞巴维克，哈耶克也就没有机会斩获诺奖了。）

奥地利学派欠米塞斯一个无价的回报，不仅因为他工作努力，行事低调（报酬很少），而且因为他一直独自抵抗困扰这个世界的大浪潮，这些浪潮包括从恶性通货膨胀到不负责任的货币和财政政策等。（这一丰厚遗产得以延续，在很大程度上要归功于他的妻子玛吉特。玛吉特在 1982 年帮助成立了路德维希·冯·米塞斯研究所，并在 1993 年去世前一直担任该研究所的理事长。）米塞斯依然坚定，主要是因为他永远不会忘记自己继承并保持了门格尔和庞巴维克的传统，这在今天仍是有意义的。

尼伯龙根的企业家

奥地利学派及其所有的分析，即使是在观察经济衰退和通货膨胀等宏观问题时，都因在以个人消费者和企业家行为为基础的微观经济框架下进行而闻名。在此，我们将用一个经济寓言来说明"市场是一个过程"，而非静止不动，在这个过程中，时间和机会都不是同质的。我们也将引入奥地利学派中一些至关重要的概念，尤其是企业家们所谓的"错误定价"。我们还将讨论一个新概念，我称其为米塞斯平稳性指数（*Misesian Stationarity Index*，简称 *MS* 指数），虽然不是由米塞斯本人提出，却是一种对门格尔及庞巴维克的资本时间结构、迂回生产、时间偏好、米塞斯经济扭曲以及货币干预主义的理解的自然延伸。我们已做好准备，前往尼伯龙根的神话之地。

尼伯龙根之地（简称尼伯龙根）有着高耸的山脉，郁郁葱葱的森林，风景如画的农场，高海拔的牧场，是个典型的风景如画的地方。牧羊人夏天驱赶着他们的羊群，在甜美的草地上感受清新的微风。在尼伯龙根有三个地主，齐格弗里德（Siegfried）、约翰（Johann）、君特（Günther），每天早上注视着他们院子的后门，巡视他们的领地（他们的土地几乎相同）。如果他们把土地作为山羊牧场来使用，则有着相对较短的生产过程（我们可能会想起庞巴维克），每过一个月左右，相当于牧草和植物一旦重新长出，就会再次被贪婪的山羊吃掉。从这个简短的生产过程我们可以得到尼伯龙根的主要食品：山羊奶。当然，草和苜蓿不是土地上唯一能生长的东西；土壤、阳光和可利用的水使它适合于林业，尽管木材是一个更加迂回、耗时的过程，不像打理牧场那样简单。木材可能需要 40 年的时间来才能获得"收成"，而绝非数周之内。然而，木材又是很诱人的，因为木材作为燃料和建筑材料，有着很大的市场需求，但土地所有者同样可以指望旺盛的山羊奶需求。

一天早晨，齐格弗里德站在门后，听着山羊去牧场的叮当声和村里新建筑那边锤子断续的敲击声，他想到了一个主意：把自己的一部分土地用于放牧，其余的用于林业。约翰和君特听说了齐格弗里德的计划后，对自己说："为什么不呢？"的确，为什么不呢？市场对羊奶和木材的需求如此之大，所以他们都愿意将一部分土地用于放牧，其余的用于林业。

故事发展到这里，齐格弗里德、君特和约翰三人就要考虑如何合理分配牧场和林业用地的比例，来产生相当于他们自己投资资本（土地）利率的现金流了。我们起初可以想象三位企业家正经历着米塞斯均衡经济循环，而在这个循环中没有纯粹的利润；相反，如果他们购买债券，每个人从边际土地投资中获得的回报率都是一样的。因此，福斯曼比率（第五章）对于三者而言都等于 1，这意味着土地投资的回报率恰好等于市场利率　（代表它们的资本机会成本）。没有人会做出改变；每个人现在和将来都处于平衡状态；企业家不存在特殊目的，可以被忽视。（这在很大程度上属于主流经济学领域。）

当他们还是孩子的时候，齐格弗里德总是最值得关注的那一个，因为他似乎对每件事都很有一套，从养山羊到追女孩。（他最终与君特的妹妹结了婚，更糟的是，还赢得了他妻子的心。）齐格弗里德（得名于"胜利的喜悦"）的某些特质让他总是先于其他人一步。最终，尽管齐格弗里德的土地本质上与另外两个人的土地完全相同，而且他的生产成本也完全相同，但他还是找到了优势。他发现，用他的号角为自己的牧场演奏小夜曲（更准确地说，是他的魔法），能奇迹般地使草长得更饱满而且更快。后来，他开始对自己的树苗做同样的事情，结果也是一样。君特自然也去尝试了类似的把戏，可是他没有齐格弗里德的音乐才能。事实上，君特的植物在他演奏时是很受煎熬的。约翰，那个典型的普普通通的约翰，认为这就是瞎扯胡闹，因为大家都知道草和树是听不到音乐的！

所以在现实世界中，米塞斯均衡循环经济要求的标准太高了，因为事情根本就不是这样的。一个更现实的假设是，有些人更擅长某些事情，比如预测消费者未来的需求，从而更有效率地生产商品以满足消费者的需求。（这两者似乎都是齐格弗里德的强项。）因此，一些企业家将赚取利润，而另一些企业家将遭受损失。如果用福斯曼比率来衡量，结果会有很大的不同；成功者的比率将超过 1，而落后者将低于 1。但如果所有人都被归为一类呢？其结果将是一个静止的经济体，在这种经济中，不存在总利润或总损失。福斯曼比率——所有单个数字的总和或总市值，除以分母的总和、总重置成本或"净值"，等于 1。在尼伯龙根，这意味着齐格弗里德的利润抵消了君特的损失，而对约翰来说，他的收入平均回报率与市场利率相等。

不过，请记住，尼伯龙根的经济停滞并不是一个均衡经济循环，因为事情一直都在变化。齐格弗里德（相当于尼伯龙根的亨利·福特）决定，由于他估计可以获得 15%的现有土地回报（高于当前的利率 8%），不会因为自己过去的成功而将利润套现（他现在生活很好），而是将这些利润再投资，来获得更多土地；他的资产因此慢慢增加。君特再次被齐格弗里德打败，决定缩减木材用地，因为他的边际土地收益只有 1%。后来，他把自己的一部分土地卖给了齐格弗里德。这一重新分配过程将一直继续下去，直到齐格弗里德不再获得超过资本成本的边际收益，而君特至少赚得等于资本成本的边际收益。（君特可能以失去所有土地而告终，但我们并不确定，这取决于具体的数字。）然而，随着君特不断出售自己的土地，我们可以假设他的边际收益率稳步提高，因为他摆脱了先前生产效率最低的情况。如前所述，假设为简单起见，三个人拥有相同的土地，但我们仍然可以认为出售一些土地将提高君特的回报，因为他也需要为牧地和林业投资来雇用工人。通过缩小规模，君特可以摆脱最低效的工人和/或设备，并留住最具生产力的组合。（在土地质量和适宜性各不相同的现实世界中，这种假设更加正确；首先卖掉最贫瘠的土地才有意义。）我们可以假设，如果君特无法通过减少土地来增加边际收益，那么他最终只会彻底离开这个行业。回到我们的故事，我们认为君特可以调整他的用地规模以作为对损失的反应，而不是必须完全将土地出售给齐格弗里德。

另一方面，齐格弗里德会因为从君特那里购买土地而导致边际生产率降低。（如果这一切没有发生，齐格弗里德会继续疯狂购买，直到他拥有尼伯龙根的一切。）回报下降（可能低于资本成本）的一个明显原因是，他已经耗尽了对其优质产品（小夜曲羊奶和木材）的需求，而他不断增加的供应给价格提升施加了压力。事实上，齐格弗里德的成长让他和他顾客的生活变得更好了。当然，如果齐格弗里德试图无限制地增加自己的业务，借贷成本就会开始上升，而这也将抑制他的扩张。

正如我们所看到的，齐格弗里德是一个神童，他的个人市场处于非均衡和非平稳状态，因为他的投资回报一直高于资本成本。因此，齐格弗里德正在"进步"；也正在进行资本积累，因为他开始播种更多的种子，将他的收益进一步推向未来，使他在生产上的迂回性越来越强。（然而，君特是在"倒退"，因为他的资本实际上正在减少。）齐格弗里德生动地证明了一个错误的格言：企业家不能容忍错误定价。正如米塞斯在《人的行为》中所写的那样，"根本的事实是，追求利润的企业家之间的竞争并没有消除对生产要素定价错误的保护"[⊖]。此外，这些企业活动带来了对错误价格的修正，同时减少了利润和损失。要记住，企业家总是会犯错误的，但如果整体上是平稳的（储蓄和投资预期没有任何变化），一些人的损失就会被另一些人的利润抵消掉。我们看到齐格弗里德和君特之间的动态平衡，两人在市场博弈中都扮演着重要角色，通过对每一个潜在优势的追求，最终可以清除所有错误的价格以及获得利润或损失的机会。在稳定的经济中，存在总体稳定，但不存在行业稳定（即存在创业分散）。有些企业在"进步"，有些保持不变，有些则在"退步"。换句话说，经济体中有齐格弗里德这样的企业家，有君特这样的企业家，也有像约翰那样介于两者之间的企业家。

从更深层次来看，我们考虑齐格弗里德、约翰和君特将其资产直接卖给资本家（或许因为他们决定退休去博卡养老），那么不论是在米塞斯均衡循环经济还是在稳定经济体中，他们资产的售价将等于土地数量乘以市场价格（加上所有资本积累，比如树）。因此，我

⊖ Mises, *Human Action*.

们期望总的福斯曼比率的分子（总土地期望值，或 *LEV*）等于分母，即总土地置换值；整体等于各部分之和。具体来说，土地经营的所有权——让所有者从土地生产（牧草或木材）中获得未来净租金的现值，也就是 *LEV*——将与重置土地的市场价格具有完全相同的价值。（简而言之，土地带来的收益等于土地置换的成本。）在这样的环境中，这种平衡将由每一个在收益和重置成本之间经历完美平衡的公司来实现。正如之前所指出的那样，在稳定的经济体中，这种平衡只能在总体上实现。由于三者的回报不同，齐格弗里德的收益高于资本成本的业务或资产将以高于资产价值的价格出售；约翰的回报等于资本成本，无法得到超额收益；君特的回报低于资本成本，因此其业务或资产的售价将会低于相应资产价值。

正是这种市场自由现金流的现值与其已投入资本的市场价值之间的不匹配，使得君特的福斯曼比率小于1，从而出售土地，而齐格弗里德的福斯曼比率大于1，从而购买土地。无论君特想如何模仿齐格弗里德，他都无法得到与其相同的结果；君特最简单的做法是以市场价格卖掉一些土地，以市场利率将所得进行投资，并打理好自己的牧场。与此同时，神童齐格弗里德则能从更多土地中获取更大的潜在回报；即使他不得不向银行借钱购买更多的土地，他在未来产生的回报也远远高于市场利率。这种从最不赚钱到最赚钱的资源平衡一直持续下去，直到每个人都发现自己未来（净）现金流的现值与其土地的价值完全相等——尽管新的变化可能会在达到这一点之前扰乱这个过程。（在现实世界中，木材和羊奶的现货价格可能会发生变化，这也是事实，但为了更好地说明这个概念，我们暂且忽略这些细节。）在尼伯龙根，随着错误定价的消除，市场将会开始持续平衡的过程——参与者无意间引导经济体走向平衡。（如果数据没有进一步变化，甚至没有进入米塞斯均衡循环经济状态。）这正是米塞斯所说的"市场是一个过程"。

尼伯龙根经济体很好地说明了米塞斯的平稳性概念。当从土地流出的现金流现值总额（*LEV*）与土地的总重置成本（*LRV*）之间的比率开始偏离 1 时，就表明它偏离了平稳状态。因此，我把这种 *LEV* 与 *LRV* 的总比率称为 *MS* 指数，以表示对创始人米塞斯的尊重；*MS* 指数将是奥地利学派投资法在第九章和第十章中使用的一个核心衡量标准和工具。

值得注意的是，*MS* 指数与著名的托宾 *Q* 值由诺贝尔奖得主詹姆士·托宾（James Tobin）在 1969 年提出（事实上，我在第九章中使用的 *MS* 指数的计算值与股权 *Q* 值基本相同）。严格地说，托宾的 *Q* 值计算法将资产净值与公司债务之比作为分母；这相当于我们在福斯曼比率中的处理，因为债务和利息支出可以分别从 *LRV* 和 *LEV* 中扣除，而不会产生任何影响或意义上的改变。（福斯曼在他的林业经营中没有承担任何债务，但算上它也是正常的。）然而，我将把"发现"它的荣誉留给米塞斯，而不是托宾，因为托宾对 *Q* 比率的研究的提出时间要晚得多，也因为托宾显然误解了它的含义以及将其用作衡量货币政策有效性指标的后果。（指数的意义完全在于其背后的概念，而不是会计或经验。）托宾不仅得出了自己的结论——当然是通过一条不同于本书的路径得出的——而且他在政策上的建议对这个值的分析也有很大的不同。托宾意识到，正如我们在这里所看到的，宽松的货币政策可能导致资产的价值超过其重置价值，这将导致 *Q* 比率超过 1。然而，托宾认为，这将是一件好事，因为他在新资本产品上（正如人们所预期的那样）进行了实际投资，从而提高了经济的生产率。（似乎是为了帮助我强调这一点，就在我定稿时，保罗·克鲁格曼在《纽约时报》的博客中表示，经济中出现了一些"真正的谜题"。克鲁格曼想知道，"既然利润这么高，为什么企业不增加投资？"他还明确提出了托宾的问题，让我的观点更加符合他的观点。克鲁格曼驳斥了这些"真实"的谜题，认为它们与

美联储的货币政策毫无关系，也没有看到资产泡沫的任何迹象。⊖)

因此，迄今为止，*MS* 指数几乎是最重要的，不仅在尼伯龙根的企业家中如此，在资本主义投资的现实世界中，对于我们其他人来说也是如此。

尼伯龙根的真正变化正在发生：市场导致的利率下降

与此同时，在尼伯龙根，齐格弗里德赚钱购买土地，君特出售土地，约翰的正收益始终等于他的资本成本。之后，齐格弗里德在村子里散步时注意到了些许变化，就像风向的转变一样。人们正在减少对羊奶等消费品的购买，并更多地进行储蓄，或许是为了将来购买木材（或更多羊奶）。换句话说，消费者的时间偏好已经下降：储蓄在增加，结果是利率也会降低。

在阿尔卑斯山一个晴朗的日子里，齐格弗里德坐在门边，思考着自己还能用手中的土地做些什么，他意识到了不断寻找潜在盈利机会的企业家所发现的柯兹纳的"机警性"。这种机警性存在于整个企业活动的范围之中，从价格差异造成的完全套利到新产品的开发和/或新生产过程的发现。⊖齐格弗里德做了一个评估，这种评估过程可以称作"理解"，对于确定其决策是否能变得更加迂回十分重要；这是关于消费者想要什么的主观预期，而不是计算期望值和加权概率的机械过程。⊜在齐格弗里德的案例中，他大致估计了自己

⊖ Paul Krugman, "To Much Talk about Liquidity," *New York* Times blog, May 17, 2013.

⊖ Peter Klein, "Entrepreneurs and Creative Destruction," Chapter 9 of *The 4% Solution: Unleashing the Economic Growth America Needs*, 2012, Crown Publishing.

⊜ Peter Klein, "Risk, Uncertainty and Economic Organization," in *Property, Freedom & Society: Essays in Honor of Hans-Hermann Hoppe*, 2009, Ludwig von Mises Institute, Auburn, AL.

与竞争对手的福斯曼比率，甚至评估了那些还不存在的企业的相应比率；这一系列分析使他做出了决定，并付诸行动。因此，正如米塞斯所说的那样，齐格弗里德是一个"真正的企业家"，他是一个投机者，"渴望利用他对未来市场结构的看法，进行有潜力的商业运作"。虽然未来仍不确定，但企业家们依靠的是"具体预期性理解""而且很难在后天习得"；他不过分关注过去或现在，而是按照自己对未来的期望行事。在米塞斯看来，"其行为的冲动来源于他对生产要素和未来商品价格的评估，而他可以将这些商品以不同于他人的方式生产出来" [⊖]。

尼伯龙根所发生的事情向我们展示了无穷无尽的变化、失衡、考验和不断实践、不断发现的过程。其结果也不断改变价格和新产品（对君特而言是新的清算）。当每个经济系统都以这种方式响应福斯曼比率时，系统会对它的 MS 指数做出反应，从而继续前进，回归平稳，再回归，等等。市场促进了系统内部的重要控制和沟通过程：一个宏大的内部平衡过程。遗憾的是，对这一进程的误解已导致可以破坏和扭曲这一自然进程的干预。

在上述尼伯龙根的场景中，利率会自然地对时间偏好的变化做出反应，而无须干预。齐格弗里德知道，较低的利率意味着林业预期现金流的现值上升，因为其较远期收益的折现值变小。（他可能还会想到，现在正在存钱的消费者将来可能会购买更多的东西，比如木材。）他凭借直觉（齐格弗里德真是个聪明的家伙）知道，他的福斯曼比率大于 1——至少现在是这样，因为消费者的支出从现在到以后都在转移，而未来的支出现在以较低的利率被贴现。总之，他所拥有的土地的总价值增加了。齐格弗里德知道该怎么做：把更多的土地从牧场转移到迂回的木材生产上。（请记住，从经济分类来看，

⊖ Mises, *Human Action*.

森林中不断增长的树木存量是资本物，而不是土地。给定一块合适的土地，森林可以由人类"建造"，但这需要时间。因此，在某一特定时间内某一年龄树木的数量并不是自然禀赋，而是人为干预的产物，就像拖拉机的原理一样。）在某种程度上，开垦新耕地需要真正的投资——使用劳动力和工具来清理土地、耕作土壤、挖掘沟渠、安装灌溉设备等，所以，改造后的产品是新的"资本"，尽管把土地称为"资本"一开始听起来有点怪。

齐格弗里德和他的工人在土地上劳作，他们种下更多的树木，"资本"的积累变得明显起来，以至于在未来的任何一年里，成熟木材的数量都将不断增加。（在现实世界中，经济变得更加迂回曲折的另一条途径是将以前处于边缘地带的土地用于耕种。）然而，最重要的是，*MS* 指数仍然是衡量投资资本总回报与相关机会成本之间关系的有力指标，就像它在福斯曼比率中的那样。简而言之，这就是 *MS* 指数的特别之处。

在本节中，我们一直在讨论消费者时间偏好发生意外变化时的含义。他们突然增加储蓄的愿望会帮助一些生产商，而伤害另一些生产商。奶价下跌是因为消费者为了节省更多的钱而减少了购买。在短期内，用于牧场的土地回报下降。另一方面，用于更加迂回的林地的土地回报上升。齐格弗里德通过林业实现盈利，但是，唉，可怜的君特再次被甩在了后面，因为他的牧场的盈利能力在逐渐下降。不过，总的来说，齐格弗里德收益的涨幅大于君特的损失，因为在这种情况下存在真正的储蓄和投资。这就是米塞斯所说的"经济进步"（不再是静止经济）的一个典型例子。

现在，我们可以想象尼伯龙根的其他一些变化，以响应消费者们较低的时间偏好。我们的三个企业家中的一个可能会决定投资奶酪生产，这相当于一个中等长度的迂回过程，周期比每天卖山羊奶要长，但比种树取木材要短得多。而且，得益于较低的利率，它现在变得更加有利可图。

正如前所述，在我们不断发展的经济中，*MS* 指数会上升，但其影响将是转瞬即逝的。分子变大是因为木材生产商的总利润将大于羊奶生产商的总亏损。（米塞斯和后来的奥地利学派学者认为，消费者的实际储蓄才是总净利润的来源。）然而，分母也将迅速增加，因为新节省的资金将立即用于购买净资本，例如购置木材或奶酪生产的土地和设备。

因此，没有理由期待真正的、由储蓄驱动的利率下降（这将导致短暂的、间歇性的非平稳状态）引发 *MS* 指数的系统性变化。使分子变大的总利润（以货币计量）增加将很快被集体拥有的实际资产的市场价值的增加所抵消。同样的潜在原因——时间偏好的下降，以及由此引发的消费者储蓄的增加——将推动分子和分母的增长。如我们所见，分子永远不会超过分母（反之亦然）很长时间，因为即使是迂回生产也需要即刻的交易来获得更多的生产要素。（如果不这样做，那就意味着"贪婪的企业家"充分意识到他们会因较高的 *LEV* 而获得更多的经营利润，但又不去再投资。）

在尼伯龙根，林地、羊奶场、乳品厂、工具制造商和其他所有行业都在忙碌着。这些正常的市场力量将 *MS* 指数立即推回到 1。当齐格弗里德和他的同行们开始自己的事业时，没有必要对投资者的"理性"或缺乏理性采取特别的立场；他们可能遭受一波又一波的"动物精神"（凯恩斯）或"非理性繁荣"（罗伯特·希勒）。关键是，如果这些特性会推高股价，为什么它们不会推高资本品价格呢？如果投资者看多，想买卡车公司的股票，为什么人们不买卡车呢？从这个意义上说，我们可以把任何一段 *MS* 指数偏离平稳的历史看作经济偏离稳态的证据，我们将看到这在尼伯龙根造成了相当大的破坏。

尼伯龙根的逆转——央行调低利率

在尼伯龙根阳光明媚的一天，齐格弗里德为他的牧草和树苗演唱小夜曲，他向他的邻居银行家弗里茨（Fritz）大喊："多美好的一天。"

弗里茨过来和他打招呼时，低声说了一些消息，在他来自央行的朋友们公开这些信息之前，他还是设法知道了：利率正在下降。齐格弗里德挠挠头。在他看来，人们并没有减少支出从而增加储蓄，而这将导致利率的下降。他一直都没有过多考虑这个问题，因为他的生意在不改变资本成本的情况下已经实现了盈利。（这还是要归功于他的神来之笔。）几天后，他跑去找君特和约翰，他们因为新发现的盈利机会而兴奋得冒泡。事实上，随着资本成本的降低，每个人似乎都能赚更多的钱。

然而，这一次并不是实际储蓄导致的利率下降。相反，尼伯龙根停滞不前的经济触动了央行官员的神经，他们决定注入更多资金并压低利率。（严格地说，米塞斯商业周期理论不需要涉及中央银行，因为每当一家商业银行将一位客户的部分存款借给新借款人时，信贷扩张就会发生。然而，在现代，商业银行的这种信贷扩张通常是在中央银行的支持下进行的。）

现在，随着家庭储蓄的减少和消费的增加，木材和羊奶的价格上升，与此同时，利率下降，君特和约翰（终于）找到一个可以像齐格弗里德一样赚钱的机会了。从表面上看，利率的人为变化和消费价格的人为上涨帮助了所有土地所有者，所有人都认为自己在赚钱。

尼伯龙根股票交易所上演了一场戏剧性的反弹，因为企业的市值即现有资本价格被哄抬上去，人们向上调整了他们对未来的期望净收益。（市场价值上升的另一个原因是未来的净收益以较低的利率贴现。）由于利率被人为地降低，在这种情况下，分子的波动比利率对真实储蓄的反应更大。我们记得，在前一种情况下，家庭减少了在羊奶上的支出。像齐格弗里德（曾预见到木材的盈利机会）这样的企业家的盈利，部分抵消了像君特这样把大部分土地投入放牧的企业家的亏损；普遍的繁荣没有出现，但在中央银行增加流动性所引发的兴奋中，每个行业似乎都在享受繁荣——至少是暂时的。在人为调整利率的情景中，一家公司的收益不需要被另一家公司的损失所抵消，因此总利润的增长要大得多——这使得 MS 指数的分子比早期由于真正的储蓄而降低利率的情景要高得多。每个人都是"齐格弗里德"——穿着考究，面带微笑，是镇上的红人。（至少他们是这么认为的。）与此同时，在中央银行引发的这场闹剧中，之前推高实际储蓄的力量被弱化了。尽管约翰这样的普通人可以获得类似于齐格弗里德的利润，但由于没有任何实际的储蓄，新资本积累的多少是个问题。中央银行可以印钞票，但不能印土地！一切都被鼓励同步生长，就像我们在第二章森林大火中看到的那样，我们将在第八章中再次回顾。尼伯龙根人的土地，就像在这种干预之下的现实世界，是一个可怕而扭曲的地方。从理论上讲，我们不可能把更多的土地用于木材生产，因为目前正在使用的所有牧场似乎都相当有利可图，而且确实值得进一步扩张。

更糟糕的是，人为压低的利率不仅可以维持目前的状态；它还会刺激更多的羊奶消费。在廉价信贷的激励下，尼伯龙根人尽情享受，喝更多的羊奶。为了跟上需求的增长，一些本应用于木材的土地必须改作牧场。因此，一些土地所有者不再在新收获的林地上重新植树，而是决定回归牧场，以促进羊奶生产。没有人愿意等待；人们没有通过积累资产来积累自己迂回的资本结构，而只是单纯抬高了现有业务的价格，无论是木材还是山羊农场和牧场。弗里茨的自营交易部门已经在忙着抢别人的生意——吞并那些回报率低于利率的资产。

尽管一些靠近边缘的土地可以充当"安全阀",为林地和牧场的同时扩张争取机会 (从而降低总投资资本回报率),一般来说,人为压低利率将引发与缩短生产的整体结构截然相反的自然反应。(利率因储蓄增加而下降。)米塞斯称这种现象为资本消费。

在现实世界中,米塞斯认为资本消费是由于通货膨胀对会计产生的不利影响所导致的错误。例如,如果一家企业的所有者从收入中建立了"偿债基金",以替换不断贬值的设备,那么意外的通货膨胀爆发可能会影响他的计划。在他的生意中,他会看到"好时光"——顾客们在他的产品上慷慨地花钱——在他看来,会留出足够的钱来更换设备,而其余的钱都是纯粹的、可以花掉的利润。但实际上,这只是通货膨胀的结果。后来,当他需要更换设备时,他会惊讶地发现已经没有足够的储备了;他无意中"消耗"了公司的部分设备。

正如我们所看到的,银行的通胀性信贷扩张会导致整体资本结构的扭曲(即经济衰退)。尽管给定资本品的市场价值可能会升高,以反映人们对未来收益的更高估计,应该明确在此种情况下,分母土地流出的现金流现值总额的总增长相比由实际储蓄带来的资本品增长,将以较低的速度进行 (如资本存量增长缓慢甚至萎缩)。

要记住,当米塞斯谈到通货膨胀的不利影响时,他指的是银行信贷的人为扩张导致的经济中货币总量的增加。他并不是指某一篮子消费品的价格指数上升,而这正是大多数经济学家和分析师如今对"通货膨胀"一词的理解。"尽管货币或信贷膨胀会(在其他条件相同的情况下)导致通货膨胀,但这并不是奥地利学派理论的基本要素"。信贷扩张以人为的低利率扭曲了资本结构,催生了不可持续的繁荣,随之而来的必然是一场崩盘——不论公众是否察觉到了"通货膨胀问题"。米塞斯在《人的行为》中抓住了中央银行降低利率而带来的这一虚假的、不可持续的繁荣："但现在利率下降使企业家们打错了算盘。虽然可用资本品的数量没有增加，但计算所用的数字只有在增加的情况下才可使用。因此，这种计算的结果具有误导性。它们使一些项目看起来有利可图，而且可以实现——如果以不受信贷扩张影响的利率为基础进行正确计算，就会发现这些项目其实是无利可图的——企业家开始执行这些项目。商业活动活跃。繁荣开始。" [一]

我们需要明确，是不将利率作为经济中的信息和控制参数，而不仅仅是通货膨胀本身造成了扭曲。也就是说，如果货币只是由中央银行创造，然后转交给国会使用，很明显，这将导致通货膨胀并产生反作用，但它不一定会造成经济繁荣和萧条的扭曲。

在尼伯龙根，虚假繁荣的蔓延速度快于夏季的花粉热。在廉价低门槛信贷的诱惑下，消费者买空了所有的商店。新企业纷纷开张，人们的消费甚至变得更多，信用卡透支也越来越多。约翰正一边装修他的房子，一边做大他的生意，甚至君特也正在找地方去度假。事实上，米塞斯在《人的行为》一书中写道："他们感到幸运，在消费和享受生活时变得慷慨大方。他们装修自己的家，建造新的豪宅，资助娱乐行业。" [二]

时间不一致性与利率期限结构

对米塞斯理论的权威论述清楚地表明了货币政策的扭曲如何引发商业周期的形成，这一点在尼伯龙根的例子中是如此明显：信贷扩张（例如，来自银行的货币通胀）将人为地压低利率，从而导致

[一] Mises, *Human Action*.

[二] 同上。

了一段不可持续的虚假繁荣时期。因为价格发现和价格信号系统是扭曲的，企业家试图投资更多，而消费者的储蓄更少，更糟糕的是，投资被引导到错误的路线上。这些"真实的"失衡最终会导致一场全面崩溃，随着经济不断适应严酷的现实，许多资源（包括劳动力）变得暂时不可用。

　　然而，在将米塞斯的理论应用到现实金融世界时，我们将出于现实主义的利益考量而采取两项行动：首先，我们将承认利率的多样性，而不是奥地利学派文献中经常讨论的"利率"。其次，我们假设金融领域的许多投资者更适合用能体现时间不一致性的双曲折现模型（如第六章所讨论的那样）来描述，而不是用传统的指数贴现方法。（米塞斯和他的追随者无论如何都不会使用这种术语，但他们同样也不会去强调时间不一致性的含义，这在标准的指数折现模型中是无法解释的。具有讽刺意味的是，正如我们已经讨论过的，庞巴维克对这一"现代"作品有很大的期待，尽管后来奥地利学派没有进一步发展它。）即使对传统的奥地利学派思想进行了这些调整，我们仍然保留了米塞斯商业周期理论的精神，而且能够更好地解释对最近的经济衰退（以及其他所有衰退）的实证观察。

　　几乎各派经济学家都同意，当中央银行通过购买美国国债（被称为"公开市场操作"）来增加货币存量时，它将有更大的能量来推低收益率曲线的前端而不是后端。直观地说，这是因为创造更多的货币将推高长期通货膨胀，需要更高的长期名义收益率。（因此从长期来看，美联储不能改变实际利率，只能改变一般的通货膨胀率，即名义利率。）即使是如今"量化宽松"政策的效力也是有限的，因为美联储越是大量购买长期国债，它"印出"的钱就越多，投资者预期的通货膨胀率也就越高，因此，尤其是对于期限较长的国债而言，所有这些都使得压低收益率的努力最终弄巧成拙。

　　由于在央行人为压低利率时，其效果通常集中在收益率曲线的前端，在利率下降之后，最大的利差或套利机会就是短期投资和/或生产。这也为当前的生产性资本创造了直接的利润机会，导致现有资本升值（即资本市场大幅上涨），直到投资资本的回报——更具体地说，就是资本所有权的收益——不再超过新的更低的资本成本。然而，最麻烦的是，当资本贬值时，新的所有者不愿替换它，而是宁愿获得额外的当前回报，从而购买更多现有资本的所有权。他们不会变得更加迂回，因为他们不会投资于在一段时间内没有回报的资本（或者说在一段时间内，利率不会像短期利率那么低）。因此，人们对股票和其他高风险、期限久的证券的收益率（"期限错配"）高度关注，甚至上瘾；陡峭的收益率曲线对投资者而言具有难以抑制的吸引力。本应造就有耐心、迂回的投资者，结果却反而造就了那些具有高度投机性的"套利交易者"。

　　正如我描述的那样，如果大多数的投资者贴现率大幅降低，那么这一趋势会不断加剧——现在主流经济学家通常会称其为"双曲贴现"（见第六章）。即使所有利率以同样程度降低（假设人们只谈到利率的变化），如果投资者采用双曲贴现，那么利率的全面下降将导致项目感知价值的大幅飙升，而这些项目会在不久的将来产生收益。

　　双曲贴现意味着我们不会像在指数贴现的情况下隐含假设的那样，以某种完整（或连贯的整体）形式，在一个区间内处理贴现率。相反，贴现率是高度连续且跨期的：我们愿意从现在一直等到下周，这就要求我们愿意从现在一直等到明天，从明天一直等到后天，依此类推。而且（根据双曲贴现的定义）我们觉得第一天过得真的很艰难，而接下来的每一天都要轻松一点。但我们必须度过早先的几天，才能等到后来的日子（因此它是连续的）。

　　这意味着，如果我们不满意早期的等待（从现在到明天），就不会将它推至很久之后（从现在到 6 天后乃至 7 天后）——不管我们感觉是否满意，都要等待这么长的时间（从现在到一周后）。如果我们等待更久时间，却只能得到更少的"激励"（回想一下学龄前儿童的实验里的棉花糖），那么我们不太可能等待更长时间而得到更多的"奖品"。

投资者想要更小、更早得到即时回报，而不是等待很长时间以后获得更大回报的愿望会进一步放大。在标准指数贴现中，不同期限的利率一致下降通常会导致耗时最长的项目现值反而最大，但双曲贴现集中于短期利息下降的影响。因此，即时的"套息交易"在即时的、更高贴现率（即更加缺乏耐心的贴现）期间变得更加诱人。这样说并不一定意味着投资者将投资于庞巴维克所谓的"空头"项目；至于这是否涉及已经进行的生产、长期的资本积累或短期的生产，都是无关紧要的。实现利润的速度是最重要的，因此人们倾向投资于那些能够迅速扭转投资方向的项目。所以，低短期利率和双曲线时间偏好的组合将诱使投资者购买现有资本结构的所有权，而非试图从头开始构建它们，并一直等待至它们完成。

目光短浅的投资者试图从资本收购中获利，这种效应也会像滚雪球一样越滚越大。它们不会再投资于新收购和扩张性业务，而是会支付更高的股息，回购股票（甚至借钱回购股票，就像今天发生的那样），或者干脆"坐拥现金"。（每当投资者改变自己的投资策略转向"股息投资"，而另一家公司调整策略以吸引这名投资者时，经济的发展就会又一次被削弱。）因此，在米塞斯有关通货膨胀的观点中，企业家和投资者消费资本的方式类似。有趣的是，人为降低利率导致人们更加短视，这种暂时的短视性增强与自然（储蓄驱动）的短视性降低的效果正好相反。真正的、由储蓄驱动的利率下降将导致资本积累、更加迂回的生产以及经济的进步；在信贷通胀的驱动下，人为压低利率最终只会导致消费疲软和经济衰退。

在信贷通胀刚出现时，通常伴随着一个短暂的调整过程，资金用于利润较高的投资，而这波新的投资将压低收益率（或投资的利息收益）。这几乎是许多奥地利学派学者最关注的问题。然而，我认为，更加"阴险"的不当投资是在最初的泡沫破裂之后出现的，当时整个系统都在套利低利率。由于人们以比远期更快的速度对近期的未来进行贴现，这一事实放大了我们得到的反常的结论，即管理者尽可能地压榨他们的公司，因为他们的即时性欲望被放大了，而忽略了维持公司增长的资本支出，甚至是维持公司生存的基本开支。因此，标准的奥地利学派的分析是正确的，因为它指出，人为压低利率会导致项目投资不当，而这些项目相对于真正的储蓄而言过于"迂回"。但我强调的是繁荣的另一个方面——《金融时报》讨论过的一个方面——资本存量实际上在下降；它变得不那么迂回。正是这第二种现象可以解释以往和当前经济衰退的诸多事实。

也可以用奥地利学派分析来解释 *MS* 指数上升时伴随的深刻悖论。值得注意的是，凯恩斯主义者用他们的"流动性陷阱"的概念，在同样的问题上进行探索，但是和往常一样，他们完全"误诊"了真正的问题。如今的凯恩斯主义者认识到，当利率降至零时，奇怪的事情就会发生；由于现金和政府债券实际上可以互换，美联储突然失去了"吸引力"，无法再刺激投资。然而，由于他们对这个问题的错误判断，凯恩斯主义的"解决方案"就更糟糕了——他们建议要么政府赤字支出，要么采取"非常规"的货币政策，让公众相信价格即将上升。自然，这种所谓的补救措施只会加剧资源的错误配置，而奥地利学派学者已经确定了正确的资源配置。

鉴于不可持续的经济繁荣中的扭曲，以及随之而来的经济崩溃带来的痛苦，难怪米塞斯认为经济学是"极其严肃的"。对他来说，这不仅仅是智力上的训练；相反，"人类文明的未来"就建立在对这些经济原理的理解之上。⊖

⊖ Israel Kirzner, "Lifetime Achievement Award Acceptance Speech," Society for the Development of Austrian Economics, November 2006.

尼伯龙根的末日即将来临

在尼伯龙根,有一段时间,企业的盈利似乎超过了其资本成本(或者至少盈利能力会更高)。股价被哄抬,但资产(负债净额)的市场价值却是滞后的。因此,在这种情况下,MS 指数会上升(而在自然利率环境下,上升是短暂的,甚至难以被察觉);平衡力会把它拉回 1,但这种平衡力要弱得多(甚至根本不存在)。不可思议的是,整体仍然大于部分的总和。此外,物质资源确实存在分配不当的情况。土地的使用同时在牧场和林地之间游走,因为这两种方式似乎都有利可图。企业家进行不可撤销的投资,比如建造奶油工厂以及购买奶酪生产设备等。当清算之日到来、危机发生时,这种资本投资将被视为浪费。

曾经被认为是一波繁荣的浪潮最终只是信贷扩张导致的扭曲。所谓的"斧头公理"被执行,商店关闭。新的建筑工地不再有锤子敲打的声音。山羊群被卖掉(或被淘汰)。牧场变得荒无人烟。乳品厂的设备积满了灰尘。甚至树木都被砍伐得干干净净(可能是为了做纸浆),也没有人再将土地重新种植。

齐格弗里德受到了价格下跌的影响,由于需求不足,他的一些土地开始休耕,但他仍然有利可图——就像在利率被人为降低之前那样。(他设法不受失败的影响;正因为如此,我们将在第十章再次见到我们的英雄。)他没有明显地受到较低资本成本带来的影响;他的业务在利率不变的情况下也是盈利的。然而,当他看到在自己心爱的村庄里,约翰房前的"待售"标牌,以及君特前门上的"法院拍卖房"标志,他的心情十分沉重。齐格弗里德每天出去演奏夜曲,他的音乐是悲伤的,也是对尼伯龙根人失去的梦想的挽歌。

奥地利学派观点

在奥地利学派看来，定期困扰现代市场经济的常见商业周期是政府干预货币和银行业的结果；正如米塞斯告诉我们的，一旦繁荣开始，萧条就是不可避免的——唯一的问题是什么时候发生。与其采用典型的凯恩斯主义解决方案，即通过增加支出来摆脱经济衰退，奥地利学派学者宁愿完全避免前一次经济繁荣。在宽松央行政策的推动下，经济繁荣持续的时间越长，资本结构越扭曲，随之而来的危机也就越严重。

到目前为止，我们应该清楚为什么 MS 指数是现实世界中使用的关键概念，因为它是以识别出在商业周期中起作用的扭曲力量的米塞斯而命名的。米塞斯的观点，以及奥地利学派的其他观点，已被证明是最好的。首先，我们可以看到，为什么货币政策能够产生一个持续高于 1 的比率，尽管在一开始，这似乎是有些自相矛盾甚至是荒谬的。其次，我们理解了人为低利率刺激的资本投资类型为何不受欢迎。然而，由于奥地利学派学者关于生产结构的丰富概念，我们知道，投资的类型更为重要。

米塞斯指出扭曲必然带来灾难

市场过程很重要

　　1954 年，当路德维希·冯·米塞斯站在演讲大厅前宣布"市场是一个过程"时，他并没有产生错觉，认为我们生活在一个没有干预扭曲的自然系统中。1954 年，美联储在成立的第 41 年，试图在温和的衰退之后"管理"经济，同时抑制通货膨胀（1958 年将出现短暂但更严重的衰退）。米塞斯是奥地利学派商业周期理论的奠基人，他对通货膨胀和经济扩张的灾难性影响了如指掌，而事实证明，这些影响远比通货紧缩和经济收缩更糟糕。正如他在《人的行为》一书中所写的那样，"扩张通过不当投资和过度消费浪费了稀缺的生产要素。如果想让它结束，就需要一个冗长乏味的恢复过程，以消除它遗留下的贫困。但紧缩既不会导致不良投资，也不会导致过度消费"。虽然在经济收缩期间商业活动减少，但消费品和生产要素的消费也减少了。而且当收缩结束时，就没有必要像在人为诱导的扩张（即资本被消耗）所带来的快感那样痛苦地疗伤。[⊖]

　　破坏性的资本消费不仅仅是过度消费；它还是一种致命的病毒，剥夺了当前和未来几代人继续生存甚至推进文明本身所需的资源。而建设性的资本积累是一种跨时代的遗产，它能激发人们对过去的感恩之心，也能激发人们对未来的义务——事实上，这是过程本身。正如米塞斯所写道的，"我们是我们的父亲和祖先幸运的继承人，他们的储蓄造就了我们今天工作所需的资本物。我们喜爱的电气时代的孩子们仍然能从原始的渔民那里得到好处，他们在生产第一批渔网和独木舟时，把一部分工作时间花在了为遥远的未来做准备上。如果这些渔民的儿子把那些中间产品（渔网和独木舟）磨坏

　　⊖ Mises, *Human Action*.

了，而没有换成新的，他们就会消耗资本，储蓄和资本积累的过程就不得不重新开始"[○]。

扭曲持续存在，资本被消耗，损害了迂回的资本主义生产。然而，市场的进程仍在继续。正如我们将在第八章看到的，自然系统（从森林到市场）总是在不断寻求平衡。尽管干预可能会造成障碍和延误，但重建这种平衡的力量是不可阻挡的。调整可能是痛苦的；在摆脱过度行为的路途上会留下毁灭的焦土。然而，自然系统总能找到合适的办法。

[○] Mises, *Human Action*.

第八章

内稳态：在扭曲中寻找平衡

➤ 个内稳态（动态平衡）系统，就其本质而言，总是在不断变化的，当它偏离某个方向太远时，就会进行自动修正。

它绝非静态，而是一个不断发现、调整和再平衡的过程，这个过程十分依赖通过自我监督获得的信息。虽然奥地利学派的奠基人并没有赋予这个词以特殊用意，但它的意义却深深根植于这一学派，驱动企业脱离静态的各种力量促进了经济的运行。奥地利学派预见到许多行为科学家最近的"发现"（特别是关于双曲贴现的研究），我们将看到奥地利学派结合现代控制论来描述市场过程——对系统内交流与控制的研究。

无论森林还是市场，一个系统在自然状态下会通过内部治理和引导而达到平衡，这具体取决于系统自身内部沟通的能力，以及由于各方参与者的互动而产生环境变化时的应变能力，买家和卖家是否在市场中共存，树木与掠夺者（尤其是火）是否在森林中共存，企业家决定何时及以何种方式变得更加迂回，来最终满足消费者的需求。系统总会发生错误，资源也总会被重新分配；因此，无论我们讨论的是森林、工厂、银行还是面包店，在这些系统中总会出现这样那样的错误。只要反馈环内的信息完整，并且具备准确的（非操纵性的）信息流动，从而在给定的现有资源（无论是用于投资的储蓄，还是用于树木的阳光和土壤）下实现巨大的成长，该过程就具备自我调节的能力。然而，试图干预和管理这类系统的尝试通常会以失败告终，即达到与预期完全相反的结果；没有秩序与平衡，而只有最终导致毁灭的扭曲。

　　如果缺乏有效的反馈机制，系统就会像一个有问题的恒温器一样失控，让房子内部变得像火炉一样热，或者像冰箱一样冷。当反馈机制由于失真和操纵而短路时，系统不再是抵消其错误的回路，而是变成了放大其错误的回路，使不适当、不健康的增长占据整个系统。当这种情况发生时，系统很可能就会崩溃。企业家在决定是根据预期的消费者需求（可能不会实现）投资于更加迂回的生产，还是充分利用当前更高的需求方面存在脱节；树木试图超越森林生态系统的能力来维持健康的生长。然而，不可避免的是，即使这个系统已经被强制推向了失衡的边缘，并且它的管理调节能力变得衰弱，当内部交流和管理能力再次被释放时，内稳态最终会重新出现。

　　至此，我们应该停下来解释一下。这可能会让一些读者感到困惑：当一个系统不具备意识与思维时，我们又何必谈及它的内部"交流"呢？我们如何以非武断的方式定义系统中的"繁荣"或"失败"？在恒温器的例子中，这些术语可能是无害的（因为我们可以将设计师的目标视为已知），但生态系统呢？这种说法似乎不适用于市场经济本身，而市场经济并不像奥地利学派学者所强调的那样，是由任何一个人或一群专家有意策划出来的。

　　为了消除可能的误解，我还要澄清一下，在这次讨论中，我使用了控制论文献的概念和术语（我们将在本章后面讨论）。控制论的先驱将自我调节反馈机制描述为目的论，表明他们有一个目标或目的。后来的评论家提出了另一个术语"目的性的"（拜耳在第四章中提到过）来描述那些表现出明显目的的系统。（例如，现代生物学家的标准观点是：进化是一个目的论的过程，因为尽管生命形式表现出巨大的内在秩序和自我调节，但它们可能并不是被有意识地设计出来的。）然而，对于我们所谓的目的来说，这样的区别并不必要，因为我关注的是市场参与者的有意的、目的性的行为——路德维希·冯·米塞斯所说的"人类行为"。在更加广义的市场中，当涉及这些有意参与的个人之间的互动时，就连奥地利学派经济学家也认为最终的结果是由"理性"与"自发秩序"决定的。然而，有一点是不存在争议的，即资本主义（私人财产和自由市场）作为一个特殊的架构，它可以动员分散在许多不同个人之间的局部信息，每个人都有各自的主观目标。市场依靠系统范围内的均衡力量（反馈机制）来实现这一目标的能力是我在这一章想要讨论的重点。此外，在我们稍后讨论金融危机和萧条时，读者会毫不费力地理解"好"与"坏"的结果分别是什么。

市场中的目的论

在上一章中，我们已经在市场过程和一些关于繁荣与萧条的事实背景下，探讨了尼伯龙根的经济寓言。在本章中，我们将从稳态的角度来讨论同样的话题。在繁荣期，资产过度积累，其价值被抬高到站不住脚的地步，直到内稳态——一种目的论式的、寻求目标的机制（康德"目的论机制"）最终引导系统回到平稳和现实中的均衡。也许很难把一群贪婪的投机者看作再平衡过程的一部分，但这就是正在发生的事情。市场不只是四处波动、没有方向的。这就像是一群毫无目的在俯冲的鸟，而在其背后的是航海家本身。正如我们在第七章看到的，虽然企业或许一直在犯错，但创业经营的过程是充满目的性的，因为意志背后一系列的前因后果会对系统内的变化做出反应。这个系统本身朝着稳定平衡的方向发展。有了对市场的理解，我们就可以看到采用目的论的投资方法的好处——正如我们的创业英雄齐格弗里德的所作所为和我们对奥地利学派投资的分析那样，采用一种将资本投资作为跨期过程的手段：目的策略。

在观察并理解市场的内稳态特性时（正如米塞斯提醒我们的，市场是一个过程），我们必须转变系统只由倒霉的受害者受到的随机冲击（如雷击火灾）而驱动的观念，去接受系统总是在适应这些冲击这样一个事实。

不过，很明显，这里存在一个区分：一方面，事物应该如何在其自然状态下运行；另一方面，它们又如何以及为什么会陷入失调（在这种情况下，主要是非系统性问题造成）。然而，这并不是大多数人看到的。他们无法看到森林，因为他们试图留住每一棵眼前的树，这样就失去了长远的眼光，也就无法集中于对树木的后代的关注以及对未来森林生长规模的跨期探索。通常情况下，尤其是在今天，人们关注的焦点仅仅是那些可控且可预防的冲击和火灾。人们总是希望干预，或许是在无意间凌驾于维持平衡的系统自然调控之上；而这样做，事情就变得更糟了。因此，我们将屈服于官僚机构对自然进程的权威的盲目信仰。

然而，我们细心留意了奥地利学派经济学家哈耶克的名言："在我们还没来得及问事情会如何出错之前，我们必须首先解释怎样才是正确的。"⊖内稳态是一个有关事情如何顺利进行的过程。经济发展中的迂回式资本积累（形象化的"向右"的说法，实际上是指事情如何以健康的方式"向右"）让我们想到了"势"，所有系统通过

⊖ John Papola, Foreword to *A Tiger by the Tail: The Keynesian Legacy of Inflation*, Friedrich Hayek, 1972, The Institute of Economic Affairs (reprinted 2012, Laissez-Faire Books).

自我调节恢复平衡的倾向，就像池塘中的涟漪一样。我们想到了道家的逆转思想，考虑事物的对立面，即以柔为刚、以弱为强、以退为进，以及克里普的悖论（即以败为胜）。然而，只有在系统内的交流和控制可以自然发挥作用的情况下，跨期平衡才能实现。

黄石公园效应

对自然系统内稳态的研究，让我们再次回到自然界的课堂：森林。首先，我们需要回忆一下在第二章所探讨场景中的特殊过程：初期生长较慢的针叶树，在尝试与生长较快的被子植物争夺资源时，会面临激烈的竞争。在原始森林中（没有森林管理），对可用资源的无休止争夺是这一内稳态过程的一部分，被子植物将在一段时间内主导土壤肥沃的地区，并可以轻松战胜（至少在初期）它的竞争对手，而针叶树扎根在偏僻的地方，多岩而荒凉，很难生存。一旦以被子植物为主的森林区域变得杂草丛生，就容易引发小型野火；当火灾发生时，土地会被清理干净，为耐心的针叶树（大自然中会利用火灾的伟大机会主义者）开辟了重新播种的道路。这是森林演替的连续、跨期的更替。种子被风带到被大火烧毁的土地上，许多针叶树种的果实也会因炽热的火焰而裂开。该系统拥有控制不适当生长的自然调节器，帮助它与可用资源（森林的"储蓄"）保持平衡。

我们应该还记得，当森林遭遇"征募瓶颈"时，这一点会显得尤为重要，比如在生长速度更快的被子植物竞争对手中，针叶树的部分种子会出现问题。有些幼小的针叶树无法达到足以加速成熟的发育门槛——乌龟永远不会变成兔子——而是变得纤细脆弱，几乎是在互相消耗，因为它们只拥有少量的资源，而且仍然很容易燃烧。当火焰扫过这些发育不良的树木时，这些资源就会被自然地重新分配到更健康的生长环境中。因此，大火不仅仅具有破坏性，而且必须被看作一种宣泄，或是一种净化的过程——借用奥地利学派学者的话来说，就是创造性破坏的一种媒介，也是系统在尝试恢复平衡的过程中进行内部控制和交流的一部分。正如穆瑞·罗斯巴德所说，大火"是恢复的过程"，而且，"绝不是可怕的灾难，而是森林保持"最优效率"的必要和有益的回报。⊖

然而，当较小的火患被扑灭时，森林大火就会变得尤为致命，这就造成了火灾保护的假象。诚然，火灾是林业领域的一个复杂课题；从表面上看，森林保护意味着限制、控制或彻底防止森林火灾。然而，由于这种想法过于简单，已被证明是一种用"力"的策略，集中于直接手段，不惜一切代价维持森林现状。而迂回的取"势"策略则是追求或者说在某种情况下允许自然火灾的发生，摧毁树木（其中也包括一些健康树木）。现在，为了一片接一片的森林实现跨期的增长，特别是在针叶树和被子植物之间，生态系统必须始终能够发现正确的平衡，这也将改变并适应气候和其他环境变化。

火灾是一种自然变化的动态力量，就像任何食肉动物一样，它们的存在对于维持其他物种的健康及生命至关重要。（就像兔子会侵占草地、破坏草地，如果狐狸没有捕食它们，它们最终也会饿死自己。）当一个生态系统内的种群数量超过了现有的资源数量（草地上的兔子太多了）时，那么它必须由捕食者，即消费者（狐狸，它们不需要消耗太多力气就能得到下一顿饭）来进行控制。当系统达到平衡（兔子数量刚好合适）时，捕食者与消费者的比例也就得到了调控；它们要么挨饿，要么搬到别处去。在杂草丛生的森林中，最常见的控制来自所有非肉食性掠食者中最贪婪和无情的那一个，即

⊖ Murray N. Rothbard, *America's Great Depression*, Fifth Edition, 2000, Ludwig von Mises Institute, Auburn, AL.

火灾，其是最常完成控制功能的消费者。⊖ 较小的、低强度的火灾通过清除灌木丛轻松地调控着森林——包括那些无法与被子植物竞争的矮小细长的针叶树——同时保持树冠的生长不受影响。

是的，这的确有些自相矛盾，但最近重获尊重的老从业者强调了放任小规模火灾的重要性，这样方便管理森林，并可以防止因试图灭火而造成的更加凶猛的大火。不可否认的是，对火灾进行一定压制之后，会导致更严重的破坏——我们的"坏经济学家"（作为其主要观点之一，在本书中不断出现）又一次出现了。在林业史上，没有哪个地方比 1988 年的黄石国家公园（Yellowstone National Park）更不幸的了。当时，黄石国家公园近 80 万英亩的林地（超过整个公园面积的 1/3）被烧毁或遭到火灾破坏。这是国家公园管理局历史上规模空前的灾难，而其根本原因就是试图灭火。

这种灭火心态的蔓延可以与美国建立的森林管理体系联系起来，在 20 世纪初，森林被视为需要保护的资源，换句话说，人们不能再允许森林继续燃烧了。这种做法的危险性在黄石国家公园悲剧式地显现了出来，该公园在 20 世纪 80 年代末被认为早该失火；然而，较小的火势无法持续燃烧，因为在干燥的条件下，人们认为放任火焰存在过高的风险。于是较小的火焰总是被扑灭，但最终却导致黄石国家公园历史上最大的火灾。大火不仅摧毁了 30 多倍于以往纪录的土地，还摧毁了麋鹿和野牛的牧场，进一步改变了生态系统。由于对火灾的压制，树木没有机会也没有理由互相取代，森林因此变得更脆弱、更容易被破坏。毫无根据、缺乏活力的生长（从一开始就发育不良且从未有机会成熟）变成了一个网格，将森林扭

⊖ W. J. Bond and J. E. Kelley, "Fire as a Global 'Herbivore': The Ecology and Evolution of Flammable Ecosystems," *Trends in Ecology and Evolution*, vol. 20, no 7., July 2005.

曲的代价与多年来受一系列较小的自然火灾影响的区域联系起来，并扩展到更广的区域。这就是黄石效应。[⊖]

来自被扭曲的森林的教训

人们通过 1988 年灾难性的黄石大火得出了这样的结论：100 年来的火灾压制——一种对低强度自然火灾毫无容忍度的行为，使森林很容易发生致命的大灾难。因此，很明显，低强度的火焰会调动资源，并监督森林内稳态的有序演替，针叶树和被子植物的分布就是明证。一个森林系统为了寻求平衡而进行反复循环，避免所有试图同时繁荣的事物所带来的过度生长的危险——如今为了生存而开采资源，即放弃了迂回策略。在自然界中，就像在经济中一样，必须可以在产业上下游之间自由地转移资源。如果人类干扰了自然周期，系统的自然稳态、负反馈力就会减弱。（负反馈是指系统向内部的调控机制传达它离平衡有多远，然后调控机制负责把它拉回来。）从林业的角度来看，我们已经吸取了教训。1995 年，联邦荒地消防管理政策承认，野火是一个重要的自然过程，并呼吁将其重新引入生态系统。

我在《华尔街日报》（*Wall Street Journal*）2011 年的一篇文章中读到，各国央行行长也可以从他们从事林业的朋友那里学到些什么。巧合的是，联邦政府还有另一项"灭火政策"，在黄石国家公园大火前几年，与 1984 年伊利诺伊州"大而不倒"的银行救助计划同时实行。紧随其后的是艾伦·格林斯潘在 1987 年股市崩盘后立即发表的声明，即美联储准备动用流动性支持经济和金融体系。在 20 世纪 80 年代的行动中，美联储向世界发出信号，它将不再容忍任何规

⊖ Mark Buchanan, *Ubiquity: Why Catastrophes Happen*, 2002, Broadway Books.

模的火灾——预示着"格林斯潘对策"的诞生。 ⊖

　　在我们自己的"金融森林"中，"压制"是尤其成问题的——甚至是致命的。过度和不当的投资经过一段时间的繁荣，被因自身脆弱性造成的破坏所摧毁。然而，正如我们将看到的，即使是这种高强度的（森林中以及金融产品中）"火"也会释放和重新分配资源；就市场而言，它将资本释放到此前由于货币干预的短视性而免受扭曲影响的领域。（奥地利学派自然很好地理解了这一点，正如我们在第七章中解释的奥地利经济周期理论一样。）央行官员和干预主义者需要停止将金融系统视为一个由随机冲击驱动的系统，因为这种思维模式导致他们操纵并试图控制金融系统——从长期来看，这种循环所破坏的远远多于其暂时挽救的。他们的错误想法持续的时间越长，事情就会变得越不平衡，直到出现了一个标有"投资失误"的火药桶，即将在一个巨大的、无法控制的火海中点燃。密度（过度增长）和一致性（一种事物过度聚集——即时回报或高收益资本，而非更加迂回的收益——经济增长借助扭曲现象来"施肥"）是经济中投资不当的证据，超过了可用资源的数量。投资不能超过储蓄，如同森林播种不能超过土地、养料、水分和阳光。但在这一系列干预措施下，不该发生的还是发生了。这就是经济繁荣总是虚幻的原因。

　　在此，我们发现了一个严重的矛盾，即政府干预系统地实现了与预期完全相反的目标。因此，与企业家不同的是，政府尽其所能去尝试，尽管意图是好的，却无法通过干预措施的执行来达到预期的结果。（他们的行为可以说是没有目的性的。）政府和中央银行由于让管理层直接介入这个系统中的适应性目的论过程，而使其内稳态平衡过程遭到了破坏。

　　抑制市场自然的内稳态的倾向，比如宣布某个机构"大而不

⊖ Mark Spitznagel, "Christmas Trees and the Logic of Growth," *Wall Street Journal*, December 22, 2012.

倒"或当股市跳水就降低利率，只会让事情变得更糟，因为它人为地挽救了本该被淘汰的资产，而本来应当将资源腾出来进行另一项或许更有成效的尝试。（一个很好的例子是 2008 年的资产救助计划，即 TARP，一个完全没有必要的行动，美国政府通过从金融机构那里购买股权和资产来应对危机，试图纠正人为扭曲的系统；资产救助计划没有排除灾难性事件的可能，反而排除了理性市场调整的可能。）状况甚至越来越糟，损失也呈指数增长，这令人想起米塞斯对扭曲的观察："如果一个人因为被汽车碾过而受了伤，那总不能让汽车调转方向再次从他身上轧过吧。"⊖

将市场的剧烈波动归咎于羊群效应的"动物精神"，会让人们把注意力从本该关注的地方转移到政府的行动上。利率并不是向企业家发出信号的工具，告诉他们如何以及何时最好地为消费者服务，而是一直毫无意义地被央行操纵。利率的人为变化成为企业家屈服于错误投资的假象，因为他们相信有更多的资源（比如储蓄）可以挖掘。货币政策不知不觉地影响着我们的时间偏好，以及我们参与经济计算的能力。扭曲越严重，修正它需要的力量就越大。

2008 年的金融危机本可以给人们敲响警钟，就像 1988 年的黄石大火一样，提醒那些所谓的"管理者"注意试图凌驾于系统自然机制之上的危险。而美联储却在其"护林人"本·伯南克的引领下，自欺欺人地认为已经将每个小引燃物消灭了，不会再引发毁灭性的大火了。而实际上，它所做的不过是向过度的不良投资沼泽中倾倒了人工的流动性肥料而已——结果是使其变得更易燃烧。总会有那么一天——或早或晚，我们将在下一章谈到——火会重新燃起，当那一天来临时，美联储将伤感地发现，用于扑灭大火的水桶和铁铲都极度缺乏。

⊖ Ludwig von Mises, lecture, New York Economics Club, 1945, Ludwig von Mises Institute.

美联储的"压制火势"行动必然会导致更大、更严重的"森林火灾"

市场控制论

黄石森林大火或 2008 年的金融危机造成的破坏（以及所有尚未发生的灾难）其实都不一定必然会发生。在没有干预的情况下，系统同样可以自我管理。奥地利学派认为，经济的健康增长是通过异质资本结构实现的，而异质资本结构是通过生产的跨期协调与消费者时间偏好的同步而得以形成和适应的。在这一过程中，企业家依靠价格信号来指导他们的决策，以便以最适当的方式来配置资源。⊖

⊖ Peter J. Boettke and Frederic Sautet, "The Genius of Mises and the Brilliance of Kirzner," *Annual Proceedings of the Wealth and Well-Being of Nations*, vol. 3, pp. 31-44, 2011.

这个过程允许通过检测、通信和响应系统中可用资源的连接来实现内稳态；为了更好地理解这种联系，我们探索了跨学科工程控制系统理论的一个分支，即控制论。

"控制论"这个词来源于希腊语"kybernētēs"，是飞行员或统治者的意思，而 kybernan 意为驾驶或统治。控制论关注的是伺服机制的作用，它通过检测错误和对反馈的响应（具体来说，就是告诉系统失衡的时间与程度，以便进行纠正）来调节系统。从我们的目的出发，我们可能会认为控制论就是服务器如何（从机器到身体）通过蒸汽机调速器、恒温器以及控制体温或血糖水平的机能 （维护健康血糖水平中失败的反馈过程会导致糖尿病）来调节系统的。

诺伯特·维纳（巧合的是，尽管他出生在密苏里州，他的姓却是维也纳人的意思）是一位数学家，也是控制论的发起者，他认为在内稳态过程中，"某种反馈机制不仅是一种生理现象，还是系统延续的关键所在"[⊖]。反馈是至关重要的，系统必须在内部不断提供反馈，以做出必要的微小修正，保持正确的方向。有时，我们只需完全在字面理解这种修正，比如，在维纳给出的在结冰道路上行驶的汽车的例子中，驾驶员在方向盘上做了一系列微小的动作，这些动作虽不足以引起严重的打滑，却能给我们的肌肉运动知觉提供反馈，让我们知道"汽车是否有打滑的危险，并相应地调整我们的转向方式"[⊖]。

"信息反馈控制"的概念十分直观；为了在某种环境下工作，一个人必须从环境中获得"输入"，从而不断地调整，以应对某些条件或条件的变化。每一个动作都是在瞬间恢复平衡，不会是永久的，

[⊖] Norbert Wiener, *Cybernetics: Control and Communication in the Animal and the Machine*, 1965, MIT Press.

[⊖] 同上。

但会持续到比如需要下一次换挡或转方向盘的时候。我们或许会想到自我平衡过程中的"吸引区域"，这个科学概念就好比将巨石推上陡坡、再令其掉落到山谷底部这一过程中的"势"。同样，当一个系统受到扰动时，力会将它推回到平衡状态。这正是在一个无限小的范围内发生的事情，因为市场总是会被不断变化的时间偏好和创新所扰乱。

维纳凭借对大自然的观察思考，将系统中相互制衡的力量与猫鼬和眼镜蛇之间的打斗做了对比。（这让人想起源于喜鹊和蛇之争的太极拳，然而这次悲剧转到了蛇的一方。）虽然没有证据表明猫鼬的行动速度更快或更精确，但它几乎总是能给眼镜蛇致命一咬。这大概得益于猫鼬有自己的目的论和复杂的策略——很像第五章中的曲棍球运动员。它先通过佯攻将蛇激怒，再设法躲避，然后开始下一次佯攻，这样就形成了一套有节奏的行动模式，逐步发展。猫鼬行动得越来越早，直到最后当蛇展开身躯时，猫鼬才抓住机会发动致命一击。[⊖] 在猫鼬成功的迂回策略中，隐藏着控制论策略：不要过度控制，让系统犯一些错误，然后抓住机会完成修正——为无为。

正如哈耶克所说，在经济体内部，个体参与者的"相互调整"是通过负反馈实现的。[⊖] 政府和中央银行的干预充其量只能推迟负反馈机制，而不能废除之。然而，人们往往把市场看作一个积极的反馈系统，它会自我强化一股力量（如动量）在同一方向上的延续。正反馈系统实际上与市场的自然运行方式相反。事实上，只有当它们被扭曲时，才会（暂时）成为正反馈系统；人们倾向于只重视正反馈过程，采取类似于模仿的策略（动量，顺势而为等）。这是我们天生的短视被人工扭曲的低利率加以放大的一个明显结果。也

⊖ Norbert Wiener, *Cybernetics: Control and Communication in the Animal and the Machine*, 1965, MIT Press.

⊖ Friedrich Hayek, "Competition as a Discovery Procedure," Marcellus Snow, trans., *The Quarterly Journal of Austrian Economics*, vol. 5, no. 3, Fall 2002.

许不是很明显，但崩溃的出现说明一个负反馈系统在起作用——尽
管一个正反馈正在更快地进行着；一旦我们认识到市场具备明显的负反
馈性，这些路径就开始变得有意义，但只是作为达到目的的中间手段。

在反馈回路中，"熵"（无序程度）迫使系统维持其原本结构以
免崩溃。因此，在自然经济中，不断上升的利率会消除迂回性（奇
怪的是，正如第七章中所讨论的"资本消费"，人为降低利率也是如
此）；当利率上升时，资本积累的成本会被抬高。如果利率反映了我
们真实的时间偏好以及由此产生的经济活动，就不会成为问题。根
据定义，正确的或"自然的"市场将对利率进行调整，以便让企业
家在消费者真正决定延长储蓄周期（储户将以边际低利率储蓄更长
时间）时，"熬过"更加漫长的生产过程。但如果这样的沟通无法顺
利进行，利率（独立于经济现实）将平行甚至快速被压至低位，低
利率的后果之一就是我们将不愿意等待（利率甚至低于我们的期望
利率）。因此，我们被"迷惑"了，试图去抓住眼前的利益，而忽略
未来更丰厚的回报。这明显是个悖论：由于第六章提到的时间不一
致性，即使我们能够看到未来的需求大增，但是收益率曲线的平行
下移会刺激我们对现有资产做出调整（快速的动量交易，或快速获
得分红）。此时，混乱占据了主导地位。

事情如何才能"做对"

在奥地利学派的帮助下，我们将看到市场在无干预的情况下
运行，倾向于寻求平稳，让我们理解"萧条"是"繁荣"的修正
措施，比如，最后一个压力阀调节了出问题的系统，作为一个被
扭曲的系统最终由政府的储蓄、投资和信用控制。在这里，我们
可能会想到道家提及的被压抑的水流奔涌的形象，只是这一次它
被人造的堤坝挡住了，当它不能再自由流动并寻求平衡时，堤坝

就会被冲垮。

　　哈耶克扩展了这种联系，通过对信息的获取并据此采取行动，以识别经济的控制质量，将其与奥地利学派经济理论紧密结合起来。（没有相关的知识，企业家就不知道应该如何最佳配置资源。）"因此，整个经济用价格作为指导或信号，我们被引向为满足需求而利用那些一无所知的人们的力量和能力。"哈耶克写道。要构建足以支持世界人口不断增长的高度配置的生产手段，是以价格的形式体现的。"从根本上说，价格是一种信号，表明成千上万人的努力得到了不可预见的协调，这种见解在某种意义上属于现代控制理论，也成为我工作背后的主导思想。"⊖

　　哈耶克将最初的功劳归于亚当·斯密，他的观点如下："我们经济体系的成功是一个未经设计的过程的结果，这个过程协调了无数个人的行为和活动。"⊖ 在斯密和其他人的研究戛然而止的地方，哈耶克承担起了继续走下去的责任：他试图告诉别人，在运转良好的信息系统中，有大量信息都是可以找到的。正如哈耶克所说，竞争不仅是一个发现过程，也是一个选择过程，企业家会不断尝试新的策略，损益作为一种控制论的负反馈机制⊜，将留下有效的策略，淘汰无效的策略。因此，哈耶克眼中的市场可以被看作企业思想的系统性进步或市场进化的过程。

　　我们可以恰当地将米塞斯关于市场静止状态的概念（我对于交易池中的交易思考方式）应用到哈耶克式的控制论结构中。回想一下第一章中的"价格决斗"，即自我纠正的行为总是失败的，却又

⊖ Friedrich Hayek, *The Unfinished Agenda : Essays on the Political Economy of Government Policy in Honour of Arthur Seldon*, Institute of Economic Affairs, 1986.

⊖ 同上。

⊜ Friedrich Hayek, "Competition as a Discovery Procedure.

"总是被追求某个特定静止状态的努力所困扰"[一]。每一个连续的静止状态都是根据新的信息或环境进行自我调整的结果，在一个不断变化的环境中，最终的静止状态总是难以捉摸的；这就是企业家的责任所在，在无意中引导系统走向平稳。

自发秩序

奥地利学派起源于门格尔（借鉴亚当·斯密的理论），在哈耶克时期达到鼎盛。哈耶克是首个引用"自发秩序"这一在物理学中越来越流行（某学术概念从社会科学流向物理科学的罕见例子）的概念的人：从"控制论"到"复杂的自适应系统""自组织"以及"出现"。[二]

自发秩序被认为可能是源于不同个体之间的相互作用，是一个自下而上的过程，强调个人的作用，而不是自上而下的控制，比如国家干预。哈耶克甚至创造了一个术语"catallaxy"来替代"经济"这个词。"因此，自发秩序可能会被视为看似高度紊乱的系统中某种具有目的性的组织形式，比如羊群或蚁群［道格拉斯·霍夫施塔特（Douglas Hofstadter）的蚁群］，这样的隐性社会协调造就的秩序有些像神经元创造连贯思维的过程。

自发秩序的概念又一次把我们带回了道家；米塞斯的门生穆瑞·罗斯巴德看到道家主要代表人物庄子从战国时期就接纳了老子的"自由放任，反对国家干预"，认为是他第一个提出了自发秩序的概念——当让事物自由发展时，秩序就会自动形成，这个思想稍后由哈耶克在 20 世纪加以发展。

[一] Ludwig von Mises, *Human Action*, 1998, The Ludwig von Mises Institute, Auburn, AL.

[二] Paul Cantor and Stephen Cox, *Literature and the Economics of Literature*, 2010, Ludwig von Mises Institute, Auburn, AL.

弗里德里希·哈耶克从单棵树看到了森林经济的发展过程

自发秩序受到干预控制的影响。（我们知道，这通常很危险。）在一个像市场这样复杂的系统中，人为的控制注定是要失败的。如我们所知，迂回生产要求人们对未来优势有着模糊和不确定的关注——"势"。然而，干预主义的扭曲矛盾地将注意力转移至当下的结果——"力"。

扭　曲

我们可以看到，扭曲不仅仅是经济增长的副产品。更重要的是，这是一种货币现象。具体地说，奥地利学派学者将商业周期归咎于政府对人为信贷扩张的保护，在中央银行介入时达到顶峰，但这种情况在美联储 1913 年创立之前已然存在了。那些借 1913 年美联储诞生来批评奥地利学派商业周期理论（ABCT）的人，忽略了过去以货币为基础的信贷繁荣的细微差别，（罗斯巴德关于这个课题的博士论文主要研究了 1819 年的恐慌），甚至还有臭名昭著的 1630 年的"郁金香狂热"——历史上最大的泡沫，所有荷兰人都被笼罩在对郁金香的投机狂热中，虽然那时并没有中央银行在幕后，但它依然算是货币性质的扭曲。当时，荷兰有一项"自由造币"政策，允许那些拥有美洲金银的人自己铸造硬币。到 1630 年，阿姆斯特丹金币和金条供应量的大幅增加远远超过了市场需求，继而导致了错误的投资和投机。⊖

郁金香市场上的情景，并非源于纯粹的情绪产生的狂热——这样想是因果颠倒的；相反，正是由于货币供应量的增加引发了一场大规模（尽管高度地区化）的资产通胀。因此，我们在经济学和市

⊖ Doug French, "The Dutch Monetary Environment During Tulipmania," *The Quarterly Journal of Austrian Economics*, vol. 9, no. 1 (Spring 2006).

场运作的基础上指出其中的利害关系：前面提到的对随机性的看法引发了国家干预，而自然目的论的潮涨潮落滞后于稳态过程。

为了解释我的观点，我们可以将其与美国经济学家海曼·明斯基（Hyman Minsky）的观点进行对比。明斯基试图将繁荣与萧条的交替归咎于杠杆。简单地说，他认为，随着市场在没有任何修正的情况下在较长一段时间内出现上涨，金融部门的总杠杆量逐渐增加，金融体系变得更加脆弱。虽然明斯基的叙述可以被认为是对商业周期某些特征的描述，但他并没有真正解释这种现象。相比之下，奥地利学派给出了一个更令人满意的理论：人为压低利率究竟会如何催生不可持续的繁荣（其特征是杠杆过高的债务人投资于在自然利率下不会产生效益的运营资本）和不可避免的衰退。

明斯基观点的这一方面（经济崩溃的内在不稳定性和不可预测性）在凯恩斯主义追随者看来算是其优点之一。的确，在凯恩斯主义思想中有两大趋势，它们都源自凯恩斯 1936 年著作中的不同主题。一方面，总需求和非自愿性失业之间是直接而确定的关系——教科书中的内容。与此同时，凯恩斯的文章中也包含了描述市场完全不可预测性的段落，尤其是资产定价。这里出现了著名的"动物精神"，凯恩斯还将股市比作赌场或赌局，在这场博弈中，参与者必须就"普遍观点"进行投票，而不是基于根本的现实进行投票。在后一种世界观中，明斯基对繁荣与萧条的模糊处理可谓恰当，因为确实没有一个合理且可证明的"原因"（正如我在第九章所展示的）是大多经济学家愿意相信的。

沙堆效应

明斯基认为杠杆升高是经济崩溃的根本原因，这与动态系统中自组织的潜在危险类似，最经典的比喻就是沙堆效应。谷粒堆得越来越高，直至达到一个足够的高度，在那时，将会出现一个临界状态，再多一颗谷粒就会导致整体的崩塌，就像雪崩一样，即众所周知的"压垮骆驼的最后一根稻草"。这个基本的元胞自动机模型同样被应用于森林火灾和股市崩溃之中（成效却极其有限）；事实上，把崩溃看作系统范围内的严重塌方已经成为一种时尚。然而，这些并没有切中明斯基分析的要害：具有内稳态的市场过程必须首先通过系统外部的干预来打破，以使其崩塌。具体来说，潜在危险并不是系统固有的附加现象，会微妙地从内部有机地生长。相反，它是从不健康的豆荚中生长出来的，而这些豆芽从一开始就注定要从错误沟通和控制失败中诞生。

用流行的金融术语来说，"明斯基时刻"（Minsky moment）指的是资产值在明显繁荣时期导致的杠杆率飙升之后突然暴跌。重复一遍：这一描述与奥地利学派的商业周期理论相一致，但它留下了许多未解的问题：为什么市场的负反馈机制会突然失效？当然，企业家可以犯错误，但又该如何解释经济繁荣时期的系统性错误——是罗斯巴德所谓的"错误的集聚"吗？ ⊖

关于各种量化宽松政策产生功效的主要理论依据就是所谓的"财富效应"，即消费者会外出消费更多，因为当他们的资产股票投资组合、房屋等相对于消费价格水平上涨时，他们会感到更富有。很难想出一个与奥地利学派资本理论明显相悖的经济政策——宽松的货币政策是为了让人们相信，他们可以凭借自己的资产升值而消费更多。（一旦资本成本不可避免地恢复正常，经济状态和 MS 指数也会回归平稳。）

如果奥地利学派学者不以"动物精神"和"明斯基时刻"作为解释工具，那么他们还可以丢弃凯恩斯的另一个定理，即所谓的

⊖ Murray N. Rothbard, *America's Great Depression*, Ludwig von Mises Institute.

"节约悖论"，家庭会根据自身的经济困境来增加一些储蓄，然而，当我们讨论经济整体时，以上动机就不再成立了，因为一个家庭的支出就是另一个家庭的收入。根据教科书上的凯恩斯主义理论，节约悖论表明，当市场的内稳态机制失灵时，政府的财政赤字能够避免经济衰退。在这里，对奥地利资本理论的关注（而不是凯恩斯主义的收入流）体现了这个问题。经济衰退并不仅仅是一种人们没有花掉足够多的钱的坏运气；它的特点在于生产结构的实质性扭曲。积累更多的政府债务并不是解决储蓄和投资不足的良方。

　　无论这些措施听起来多么高尚，尤其是在血腥的危机之后，如果政府决定保守干预，那么这些措施（如同在森林中灭火）只会将麻烦不断延长并且推迟系统的恢复。扭曲持续存在，留下了大量被破坏的痕迹，但最终它并没有占上风。

扭曲与"无为而治"

　　一代又一代的经济学家告诉我们，市场经济就像自然界及社会中许多其他"自发的"自我调节系统一样，有自身的内在逻辑。当它偏离静止状态时，负反馈会自动介入，使它再次恢复到平衡状态。不管我们把它看作亚当·斯密的"看不见的手"，米塞斯的企业均衡化的力量，还是哈耶克控制论概念的线索，最重要的事实是，市场有其潜在的运行规律，在出现麻烦时引导它回到正轨。如果任其自由发展，市场将在前进的道路上碰壁。然而矛盾的是，"家长式"的努力让我们免受这些周期性调整带来的痛苦，充其量只能"推迟"必要的修复过程，让最终的危机变得更糟糕。为了避免经济萧条以及史诗般的森林火灾，一个令人惊讶的解决方案是让自稳态系统自行调整——"什么也不用做，坐在那里等待就好了"。

与此同时，当经济受到以央行为主的自上而下的政府干预时，投资者就需要留意种种迹象来保护自己，并寻找自己可能拥有的生产性资产——最后两章中的奥地利学派投资（英雄齐格弗里德已然成为我们的吉祥物和模范）。毕竟，人类文明的进程（世界的引擎）绝不会停下来。相信内稳态一定会占上风，我们要坚定地在迂回之路上走下去。

资本之势

只要我们懂得吸取教训，这个领域的大师们就可以教会我们很多。从古代的道教哲学家和军事战略家，到芝加哥期货交易所的老交易员，再到奥地利经济学家和迂回型的企业家，他们弥合其各自独特的背景，最终汇聚为一个拥有复杂含义的词："势"，它代表着优势、潜力、部署、配置、影响和倾向。

当一切都与"势"有关时，我们自然就离不开迂回性了。在这个只关注当下的世界里，拒绝被扭曲的观念所误导才是最重要的——事实上，所有的一切都是如此。为了更好地理解这本书，我们需要刻意扩展自己的视野。今天，只不过是一个小小的单元——一串珠子中的一颗而已。我们要避免目光短浅，不受时间不一致性的蒙蔽，同时也要清楚地意识到世界上大部分人只能这样看待它。然而，我们的视角是跨时空的，由无数的现在时刻组成，每一个时刻都与下一个相连，跨越我们的一生，甚至更远。

作为鼓励和学习榜样，我们再看看那些"取势"大师们是怎样做的，他们可以非常耐心地像那些道家大师一样慢慢积累战略优势。他们知道接受"为"与"无为"是一件多么有难度的事情，把耐心当成自己必须承受的一点小痛苦，尽情让对手去享受暂时胜利的时刻。大师们的假装谦退，有时看似很丢脸。但我们可以得到刻意迂回的好处——不断取"势"，直到优势可以在合适的时机下化作"力"——正如散布在被大火席卷后的土地上的松果，拉满弦，耐心等待目标的弩箭，亦如由资本积累驱动的物质社会。我们选取庞巴维克关于迂回的核心论断，现在将其应用于"势"中：它"远远优于较好的选择，其实它是唯一正确的方法"[⊖]。（如果到目前为止还没有学到这一点，那么请现在就开始吧，因为这将对你很有帮助，而且我们还将继续在后面介绍奥地利学派投资 I 和 II；如果没有充分的理解，第九章和第十章的内容将对你没有任何用处。）

在"势"及其同义词迂回性和迂回之路中，我们也可以发现系统自我调整、直到回归平衡状态的过程。这个世界就是这样不断反复着；无论扭曲如何颠覆自然过程，最终都无法避免。正如《老子》提醒我们的，"万物并作，吾以观复。夫物芸芸，各复归其根。归根回静，是谓复命。"[⊖] 因此，"势"的重要意义在于事物的倾向与本性回归，我们也发现道家对于回归均衡、内稳态，或者用奥地利学派的话来说，就是平稳性的定义。

我们应当对这个领域的大师前辈们心怀感激，因为他们留给我们的是一个拥有巨大价值的钻石般的智慧宝库："势"、迂回性、动态平衡。如果我们选择接受，它就是我们的试金石。幸运的是，有榜样与前辈引导我们该如何在这个"力"的世界中追求"势"。克里普看似矛盾之"势"，爱"输"而不爱"赢"，军事战略家孙武与克劳塞维茨之"势"，把间接目标作为实现最终目的的手段（避免正面冲突与屠杀）。通过巴师夏，我们知道不能追随那些只看到眼前小利而忽略未来重大风险的坏经济学家（我们的大对头）——目光短浅

⊖ Eugen von Böhm-Bawerk, *The Positive Theory of Capital*, 1930, G. E. Stechert & Co., NY (photographic reprint of 1891 edition).

⊖ Roger T. Ames and David T. Hall, *Daodejing "Making This Life Significant"*: *A Philosophical Translation*, 2003, Ballantine Books, NY.

的人看不到那些潜在的风险，而有心人会预见得到。

关于迂回性，我们看到现实世界中的亨利·福特，暂时放弃眼前的利润，将资金投入更高效的生产过程，这样，福特公司今后的生产就会变得更有效率。也有一些神话般的"企业家"，比如身处于单人经济体中的鲁滨孙·克鲁索，每天忍受着饥饿，努力为未来积累食物。瓦格纳史诗般的人物齐格弗里德，尼伯龙根的英雄，避开了试图泯灭其迂回思维的厄运（即扭曲）。[⊖]

就像齐格弗里德一样，我们将面临各种诱惑，而这些诱惑可能会把我们引向各种不利境地，从杠杆作用到盲目追随大众对扭曲的资产产生幻觉。奥地利学派学者已造出抵御它们的"剑"和"盾"——门格尔击败了历史主义且减轻了人们对数据的严重依赖；庞巴维克证明了最终消费品决定其价值（而不是相反）；米塞斯证明了扭曲将严重破坏经济，抨击了凯恩斯主义者（尽管他们因太自我而无视）。

到此为止，我们整个旅程中的哲学部分就结束了。接下来，看看我们在奥地利学派投资法 I 和 II 中能学到的实际应用吧，这些将是第九章和第十章的主题。在继续前进之前，我们要面对眼前的真理，必须把自己看作奥地利学派理论的忠实信徒，这一理论体系试图把所有的碎片联系在一起，解释整个经济的盛衰周期。在从理论转向实践的过程中（从本书的前八章到后两章），我们将充分利用所谓的 *MS* 指数和福斯曼比率，还有齐格弗里德这位迂回型企业家——之前所有原理的化身。

当 *MS* 指数偏离 1 时，由于资本回报率超过资本成本，加上时间不一致性及货币扭曲，会让其他人陷入追求即时回报的陷阱，而你绝不应该追随他们。更通俗地说，你不该因为追逐眼前的景象而

⊖ John Deathridge, *Wagner: Beyond Good and Evil*, 2008, University of California Press.

忽视了本应被预见到的东西。就让那些崇尚"力"的人被自己的急躁冲昏头脑吧。而你应该保持对"势"的忠诚，耐心等待，相信系统即便在扭曲盛行的环境下也终将回归平衡。事实上，你完全可以成为自己迂回式投资故事中的英雄，通过规避扭曲带来的影响，寻觅时机获取更多资源，进行接下来的投资。

如何走好这条投资之路，需要你自己决定。只要选择得当，就会找到属于你的投资之道。

第九章

奥地利学派投资法 I：鹰与天鹅

在体会到为数众多且种类繁多而古老的迂回策略在正统奥地利学派中的重要地位后，我们现在已准备好将迂回原则（无为、取势、迂回之路）运用到资本投资中。我们已经在某种程度上得出了一个实际而具体的结论，即遵循我们在有效资本配置上所走的迂回之路。在本书中，我们至此确实已经转过了一个弯，开始了对奥地利学派投资方法的新讨论。

我在这一章中的重要意图，就是要肯定在前面几章中介绍的一种思维方式；要清楚地认识到扭曲与失衡所在，并评估一个人对此的态度和"胃口"。扪心自问：我们是如何陷在不当投资之中的？例如，我们有投资于最易受人为操纵、利润最依赖于人为低利率的领域吗？除了去规避它，我们有机会从中获益吗？

如果说这本书能够产生什么样的作用，那将是增强了读者对于经济和市场扭曲的认识，而这种扭曲放大了人们对直接回报"力"的偏向，增强了人们对艰苦之路"势"的理解。在此，思维过程才是最重要的，它是所有投资者真正的良药，因为它呼应了本书的中心主题：迂回性是通向高效投资的手段，尽管我们的生物系统可能会与之相抵触。

在这一章中，先前被认为是先验性人类行为学的理解，在从思想到行动的转变中，成为历史性的理解。然而，我们忠于前几章提到的伟大思想家们的方法论根源，从老子到巴师夏，从门格尔到米塞斯：从推理到归纳，从方法论个人主义到人类日常行为的逻辑结构。他们告诉我们，很多可见的事物会分散我们对隐藏事物的注意力，提醒我们不要因依赖于数据而被数据所欺骗——更重要的是，不要被显而易见的事物欺骗；他们的思想是有关预见性的简单道理。他们让我们意识到世界是多维度的，交错的事物模糊了因果关系。米塞斯说，对经济史的研究"值得称赞"，但这些研究的结果不应该与经济学研究混淆。研究经济史"不会产生与在实验中测试的事件相关的事实"〇。它不能为构建后验假设与理论打下基础。

因此，凭借真正的奥地利学派风格（出现在他们与德国历史学派的早期争论中），我们从思考我们的任务开始，接受指导我们思考的原则和理论。到那时，我们才能做好利用数据的准备（这样做之后，我们会产生被玷污的感觉）。首先，也是最重要的，这个练习是关于克制的。我只关注那些重要的、值得测试的东西，包括这里要提到的我的测试结果（并非无所不包），每一个测试都是为了进一步验证一个思维过程（而不是相反）。对我来说，在测试这些投资结果或特性时，我会让依赖经验的工作变得简短而愉悦：时间一分一秒地过得很快（因而可以不让大家过于容易地陷入常规的无用的后向拟合练习之中）。我想起了亨利·福特的迂回性，对他来说，耗时多年的方法开发和工具构建，最终带给他的是快捷的生产过程（有时只需几秒钟）：前者作为后者的手段。而在此，为投资所做的多年反思和准备，将化作高效快捷的数据处理。

〇 Ludwig von Mises, *Human Action*, 1998, The Ludwig von Mises Institute, Auburn, AL.

奥地利学派方法与经验科学（经济学和金融学被错误地认为是其中之一）之间的区别在于，如果没有我们现有的理解，接下来的任何测试都不会有任何价值。（此外，我甚至会认为，无论数据说明了什么，我们的理解都是有效的；这就是经济学面临的困境。）

内稳态在起作用

市场是具备自然稳态及自我修正机制的，而货币扭曲只会暂时破坏这种机制。从这一点上说，我们期望看到什么——不是要求，而是期望？让我们后退一步，明确一下我们真正掌握的东西是哪些。既然米塞斯平稳性指标可以因为货币扭曲而达到很高的水平（即经济可以持续偏离平稳），我们应该将一个非常高的 *MS* 指数视为资本价格暂时高企的前奏（股票市场，*MS* 指数中的分子）；这符合我们的预期，即该资本的重置价值（*MS* 指数中的分母）将不会做出反应，因为进一步的新投资会因扭曲而受阻。储户和投资者对不反映其实际时间偏好的人为利率降低感到不满，他们通过提高收益率并追求即时回报来安抚自己（即时回报本身得益于较高的消费和较低的存款利率）。他们会迅速吃掉眼前的棉花糖，嘲笑所谓的潜在回报。较低的利率使原本的边际投资计划看起来很好，而原本的边际现有资本（具有边际回报）突然变得有利可图，导致人们争相持有它，最终招致持续的市场失调。由于资本本身就像过去一样被目前的消费所困，这个系统就会因为循环生产而变得缺乏资本，因此就没有足够的资源来支持持续经济进步这一幻想。

毫无疑问，当投资者都开始清算时，股市将不可避免地下跌（大幅快速下跌）；现有资本相对于其最终盈利能力而言定价过高，所有货币造成的繁荣幻觉都同时暴露在一系列高度相关的企业失误中。用米塞斯的话说，当"繁荣浮华的城堡"[⊖]不能再支撑自己，利率由于更高的生产要素价格抑或是由于耗尽的信贷而上升的时候，它就会在一场大规模的错误投资清算中崩溃——股市崩盘，这是一种自我平衡的过程。然后，随着现有资本所有权的价格暂时走低，一场对不良投资有利的、能起到疏导作用的崩溃，最终将导致 MS 指数极低。资本将再次开始其生产之旅，随着市场回归平稳，它们将会被重新定价。利率最终反映了真实的时间偏好，平衡了对新一轮投资的渴望，储蓄必然再次增长，而直接消费将会下降，最终回归稳态。

在此，我们看到了奥地利学派学者在面对股票市场和经济中剧烈波动时所做的全面计划与对策，政府和专家总是把这些事件看作危险而随意的市场力量所造成的不幸影响——尽管这种影响被错误地称为"黑天鹅"事件。这就是我们的奥地利学派投资法 I 所处的经济环境，我们就像孙武的鸷鸟（或奥地利雄鹰），在时机成熟的时候，从战略优势出发，充分利用这些意外的繁荣和萧条。

老鹰和天鹅：羽毛不同的鸟类

⊖ Ludwig von Mises, *Human Action*, 1998, The Ludwig von Mises Institute, Auburn, AL.

目睹经济扭曲

我们现在来梳理一下：第七章中讨论的 MS 指数可以很好地通过托宾 Q 比率（美国企业总股本除以美国企业总净值）来表达，在网络上有许多可用资源，还可以轻松地使用美联储基金流动表数据来计算。（讽刺的是，身处扭曲根源的机构，提供着 MS 指数计算所需的数据。）

图 9.1 是 1901 年 MS 指数的历史数据。（我用动态几何平均值对其做了处理，这意味着它只对每个日期中可用的数据进行平均，并删除事后信息；这样做是为了消除历史资产表的偏差。）虽然我们看到了历史上一条规律有序的回归均值线，但我要补充说明，其中无法体现的事实是人类的苦难和骚动，以及在信贷周期中对文明进程的阻碍。

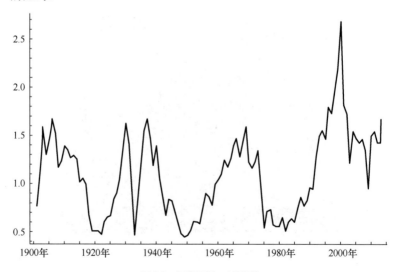

图 9.1　扭曲证据：MS 指数

这段历史描绘了货币扭曲的清晰足迹。我认为这无法作为奥地利经济周期理论（ABCT）的证据；当学者在经验性证明（可能用词不当）上苦苦挣扎时，我认为他们只是在寻找一个错误。

一个首要而明显的问题是：这种扭曲对分子中的资本重置价值的后续影响是什么？也就是说，在多大程度上，对现有资本的所有权价格的预期利润会被计入这些较高利润的来源？例如，如果 *MS* 指数大于 1，那么从逻辑上讲，难道不应该吸引逐利的企业家进行更多的资本投资，来提高分母中的资本置换与积累价值吗？（从而抵消 *MS* 指数中分子的上升。）事实上，*MS* 指数水平与随后的总资本投资之间绝对没有统计学中的显著或一致性关系——无论是总资本支出的变化（作为投资的百分比），还是企业净值的变化（*MS* 指数的分母）都是可见的。让中央银行官员懊恼的是，只有股市受到了货币干预主义的深刻影响（而且只是暂时的影响）。换句话说，当央行试图通过用宽松的货币政策刺激资产价格进而刺激实际投资时，他们未能实现自己的目标。（我们在第七章提到过，这一结果使托宾和其他凯恩斯主义者感到困惑，甚至在米塞斯将他有关错误投资的理论应用到庞巴维克早期关于时间不一致性的短视看法和现实世界的利率之前，米塞斯自己也有可能感到惊讶。）

关于 *MS* 指数历史的任何其他说法，比如驱动经济繁荣和萧条的心理上的"动物精神"的存在，都必须解释为什么这种非理性只适用于股市，而不适用于其组成部分（也就是说，只适用于整体，而不适用于各部分的加总）。股权持有者（资本—生产要素的所有者）如何与那些进一步构建新资本（新的生产要素）的人做出具体而清晰的区分？这远比简单地说资产很贵（显然只有某些资产很贵）更令人犹疑不决。

接下来一个最相关的问题是：这种扭曲对分子的实际影响是什么（是发生在我们的尼伯龙根大地上的总土地期望值，还是我们经济体中的总股票市值)？让我们开始检视标准普尔综合指数 (最大、最受关注的美国市值加权型股票指数，是 MS 指数中企业股本总值的代表) 的总超额回报 (包括股息在内的收益，超过美国为期一年的无风险利率的部分) 在 20 世纪发生的不同程度的货币扭曲下的情况。

　　我将标准普尔综合指数的每一个年回报率数据按每一年开始时的 MS 指数分为四个部分。在图 9.2 中，第一部分 (在最左边) 对应的是最低的四分位数 (或最低的 25%) MS 指数读数，第二部分代表下一个较高四分位 MS 指数读数，第三部分代表再下一个较高四分位的 MS 指数读数，最后一部分 (在最右边) 代表最高的四分位数 MS 指数读数。然后，我取每一部分中超额回报的平均值，衡量一下每个 MS 指数水平的简单预期。(所有回报都是超额回报，包括股息；每一部分的误差范围，由两端带有标记的垂直线表示，是通过非参数引导找到的样本统计数据的 95% 置信区间。在本章和下一章中我都使用了相同的方法。) 基于我们现在所知道的，我们期望看到一个相反的关系：当 MS 指数低的时候，随后的股票平均回报率应该是高的；当 MS 指数较高时，随后的股票平均回报率应该较低。(如果我们没有发现这一结论，就意味着投资者会以更多资本投资来应对较低的利率，而新旧投资在利率正常化后，平均而言仍是有利可图的。这怎么可能！) 数据显著性水平大于 95%，我根据奥地利学派理论所做的猜想是正确的。

　　究竟是什么导致了收益上的差异？在 MS 指数水平较低的情况下，股价上涨的速度比 MS 指数较高时更快吗？还是说有其他因素在起作用？当然，我们预计会看到严重的不良投资清算迹象来推动这些结果，这意味着随后股市将出现严重亏损 (稍后我们将对这种亏损的集中程度或速度进行研究)。

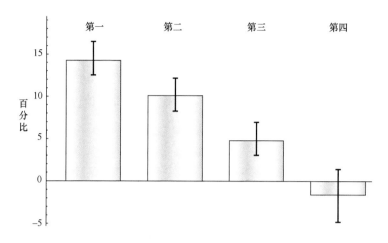

注：标准普尔价格指数 1 年期超额回报（算术平均）：基于 *MS* 指数四分位（1901～2013 年）。

图 9.2　较低预期收益对应着较高的 *MS* 指数

在接下来的测试中，我用标准普尔综合指数的回撤——也就是标普在重新上涨之前任何三年累积的损失——来衡量股市中的损失。正如我在图 9.2 中所做的那样，通过在每个周期的开端记录 *MS* 指数的回撤情况，我们以此开始揭示市场的动态。

在图 9.3 中，最低的黑色一栏代表前 20%分位的下跌，即这一部分中 20%的数据都是更低的；上面一栏是前 50%分位，即"中位数"的下跌，或者说这一部分中有一半的数据也更低。（误差条表示每个百分位估计拥有 95%的置信区间。）回顾一个多世纪以来 *MS* 指数高企的情况，对资本投资来说似乎相当糟糕。对于 *MS* 指数较低的时候而言，倒真没什么好担心的。大家可以想象一下。

金融世界的扭曲告诉我们，市场就像杂草丛生的森林一样，在其内部播下了破坏性修正的种子；因此，伴随经济繁荣而来的不可避免的经济萧条并不是（或者至少不应该是）一件意料之外的事。这是一个非常重要的认识，对系统性风险这一概念而言是致命的打击，它也将成为奥地利学派投资理论的支柱。（没有它，我们将仅仅是扭曲的市场和看似随机的冲击的受害者。）奥地利学派是正确的（在这一数据出现之前）：我们在第七章的尼伯龙根案例中看到，商业周期的波动（反映在股票市场上）确实只是简单地遵循了这种修正长期通货膨胀的模式。

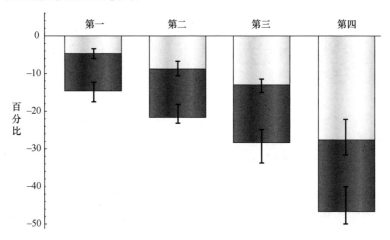

注：标准普尔综合指数第 20% 和 50% 分位的 3 年期回撤：基于 MS 指数四分位数（1901～2013 年）。

图 9.3　较大的预期回撤伴随较高的 MS 指数水平

最初的米塞斯式投资策略

如果奥地利学派学者从 100 多年前就开始制定这一原则，那么这一简单的有效假设会对美国的投资者产生什么影响呢？让我们来测试一下——一个长达一个世纪之久的样本外测试（没有后视偏差），测试的对象是奥地利学派资本和利息理论。让我们考虑一下，如果只使用这些关于扭曲的存在和影响的可靠信息，我们会做些什么。（显然，我们并不需要前面介绍的测试。）让我们把自己想象成贪婪的资本家，垂涎欲滴地思考着如何从这些知识中赚钱。首先，最简单、最保险的策略就是在 MS 指数低时买入，在指数高时卖出。

我将其称为米赛斯式投资策略，以纪念这位在 20 世纪 30 年代规避了系统性崩溃的人。当然，这一策略的一个版本之前已经被其他人发现——还有什么投资策略没有被发现呢？这里重要的是概念性思维——优势识别，或者说，在这种情况下，重要的是策略背后的不均衡。在这里，我们正在利用针叶树的教学意义，通过规避肆虐的野火，并利用由此产生的高养分土壤来预测和把握未来。

快速粗略地浏览一下 MS 指数（见图 9.1），我们就会发现，从历史上看，1.6 和 0.7 的读数一般都分别算是高水平和低水平，因此，这两个数据也分别是买卖股票的好位置。当我们平仓了所有股票，就买一个月期的国库券，每个月滚动一次，直到我们再次买回股票。这样做有什么意义呢？（这种策略中包含大量事后信息，因为我们不知道是什么导致了一个理想的 MS 指数水平，让我们可以在此水平上卖出或买入股票，直到一切都结束。然而，这并不奇怪：如果我在 1925 年，也就是第一个完整的周期之后开始测试，而不是 1901 年，并且从那以后只使用当时已知的信息，我会得到同样的结果。没有作弊。）

我的老师埃弗里特·克利普可能会说这种方法太过简单——同样，有些令人心生怀疑。但是在我们的简单性中，存在着无比的美感和效果（见图 9.4）。

米塞斯式投资策略每年比股票市场的表现高出两个百分点。想想这说明了什么。一个完全基于市场扭曲的“小儿科”策略 （阿尔法 t 值超过 4）不仅打败了一般的专业选股人（表现一直不如标准普尔指数），而且打败了（存在极高的生存偏差）一般的对冲基金经理（如 HFRI 加权综合指数的基金经理），还具有非常低的成本和风险。

（而且，有记录表明，尽管其他人也尝试过各种奥地利学派市场指标，但据我所知，没有一个人取得过同样的成绩，也没有人避开了武断的事后拟合和虚假关系的诱惑。）

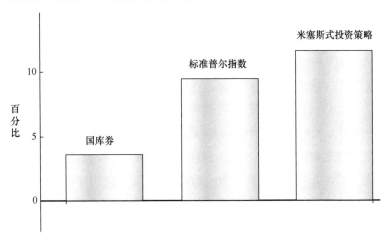

注：1月期国库券、标准普尔指数、米塞斯投资策略的年复合回报（1901～2013年）。

图9.4　米塞斯式投资策略的出色业绩

　　MS 指数的属性提供了一个充满逻辑性的、简单且高度实用的指南，大多数人都可以遵循并理解，也可以用来充当评判一个人的投资决策的简单标准。然而，大多数人似乎仍对此视而不见——毕竟，随着时间的推移，只有极少数人（包括专业人士）能获得这种投资成绩。至于原因，你现在可能已经可以推断出来，在于这些回报是以极其迂回的方式实现的；所谓"绕道比直路更好"。也就是说，要想最终获得 2% 的累计超额收益，那么米塞斯投资策略的平均低绩效持续时间为近三年，年化收益率为 9%。（想象一下，20 年后的今天，你还在等待再次进入繁荣的股市。）痛苦地牺牲眼前的回报（因为市场由于人为的低利率而变得越来越膨胀），大部分时间都花在了最终获得巨大优势上（在市场不可避免地萎缩后买入）。这种投

资方法就像下围棋。

在"及时享乐"的投资世界里，你很难放弃当下甜蜜的诱惑而专注于中间手段，一心争取日后的优势。在围棋比赛中，取"势"对选手有着极高的要求，其培养潜力甚至是虚无缥缈的，而使用"力"的对手则非常容易获得高分，似乎能以相当大的优势取胜。然而，我们必须做出选择，背上迂回的包袱，暂时撤退，在世人看起来十分愚蠢（或更糟）的状态下厚积薄发。（克里普曾经说过一句精辟的话，表达了在用"力"的世界里取"势"的难处。他说，要想在交易中取得成功，一个人必须"看起来像个蠢蛋，还要感觉自己像个蠢蛋"。"不过，如果那个人说自己喜欢赔钱，讨厌赚钱，我们还能指望他做什么呢？"）鉴于我们已经花了大量时间探讨老子和孙武、巴师夏和克劳塞维茨以及门格尔、庞巴维克、米塞斯和福特等，我们难道不打算把这种想法应用到自己身上吗？背弃这种战略智慧似乎才是最愚蠢的做法。

如果你现在感到疑惑，在讨论了长达八章的迂回之路后，听到的第一个投资策略就是告诉你在扭曲很严重的情况下要长期远离市场，那么答案是肯定的。尽管这看起来有点虎头蛇尾，但事实并非如此。用最直截了当的话说，这就像是一笔非常大的交易——一种与众不同的、逆向的（而且非常有效的）投资方式。正如克里普的悖论"爱亏钱，恨赚钱"导致了交易市场上难以置信的纪律（以及正的回报），在任何人的投资组合中，米塞斯式投资策略同样具有如此效果。

迂回式的奥地利学派的投资目标不在于现在就找到赚钱的方法，而是为今后更理想的投资机会做好准备。或者可以这样说，我们现在是有耐心的，这样以后就可以快速执行相应的策略。无论作为投资者的你决定做什么，请记住这本书的首要目标；它是一种思考的方式，理解迂回曲折的道路，以及在曲折的道路上所能获得的巨大战略优势。如果你从这一章（甚至从这本书）中除此之外没有学到任何东西，你至少也会知道，在直接的方法中通常存在着紧迫的危险，特别是在市场扭曲程度很高的时候，忽视了达到目的的手段。米塞斯静态指数（Misesian Stationarity Index）可以作为衡量这种危险的指标，无论你的投资决策是什么，都能更好地了解这些危险。

第六章的内容提醒我们，执行这种米塞斯式投资策略是极其雄心勃勃、甚至是大胆的（尤其对专业人士而言），因为我们的人性赋予了我们很高的即时偏好，且这种偏好在货币干预下被进一步放大，使我们很难放弃眼前利益（尽管我们可能相信未来的利益会更大）。想想华尔街米塞斯派的投资者（当然，这是一个奇怪的现象），当他们持有低收益的美国国债时，在扭曲发生的年份里没有取得任何超额回报（而且还远远跑输了股票市场）；他和他的同僚们在一到两年的表现不佳之后，大多会被自然淘汰。没有一个具有超级双曲线贴现效用的人愿意获取米塞斯式投资策略的 2%超额收益。（尽管如果能够做到，就会成为财富明星。）

双曲贴现者需要经历一个艰难的等待时期，而这在早期是最明显的——从今天到明天，从明天到后天，如此等等。我们认为，每一步的等待都会变得更容易，但这无助于我们走向下一步，特别是如果利率一直被下调到零、所有人都涌入股市时。正如前面所述，货币扭曲导致投资期限不断缩短，这反而使我们的即时获利愿望变得更加强烈。（如果每个人都能坚强起来以抵御扭曲带来的诱惑，或者说，如果人类是像机器人一样的指数贴现者，所有的资本都是同质的，那么扭曲现象甚至可能都不会发生。）为了成功，我们需要米塞斯般的坚毅，他曾拒绝某著名信贷银行的高薪工作，并声称自己不会成为未来大萧条的一部分。我们也需要让自己远离扭曲，不被其迷惑，而这将意味着我们需要与自己原本的意愿背道而驰——在

MS 指数很高时买入，指数很低时卖出，这不是资本积累的迂回之路，而是资本毁灭的直接路径。

在执行米思塞斯式投资策略的过程中，还有另外一个挑战。需要的是逆向思维，一种不可低估的心理技巧，在全世界都在跌跌撞撞的时候急刹车，在全世界都在争先恐后地买入或纷纷抛售时站在一边旁观。当 *MS* 指数远低于 1 时，人们就会像企业掠夺者一样（尤其在 20 世纪 80 年代早期 *MS* 指数低点附近）攫取资产，然后进行清算，因为在一次不良投资清算之后，资本的所有权可以低于重置成本的价格获得。对于一个现金充裕的投资者来说，低 *MS* 指数类似于松果被打开后不再休眠的松果种子，已经准备好传播到被大火烧毁、没有竞争者的土地上，等待着享受死去的竞争者留下来的养分。

鹰与天鹅

突然意识到大量相关企业出现失误是"股市崩盘"的奥地利学派说法，因为大多数（如果不是全部）公司突然发现定价有误，许多公司都忙于（现在正打算迅速退出）那些一会儿被认为有利可图、一会儿又被认为不赚钱的项目。这必然是一条撤退路径，之后会跟着出现一条相反的路径。

这是怎么发生的呢（除了在尼伯龙根描述的扭曲之外）？每个人都在为这件事挠头。许多人很快就成为"金融界鸟类学家"，高呼着"黑天鹅"——纳西姆·塔勒布的同名著作。["黑天鹅"（或"尾部事件"）是一个划时代的、既重大又极其罕见的负面事件。"尾部"一词指的是概率分布或概率密度函数的最外层部分]。公元 1~2世纪，古罗马诗人尤维纳尔（Juvenal）创造了"黑天鹅"一词，用来指代"体面的"妻子："一种稀有的鸟类，对地球来说就像黑天鹅一样陌生"。⊖（任何由此引发的愤怒应该指向尤维纳尔，而不应该指向作者。）"黑天鹅"作为意外事件的代名词（发现并非所有的天鹅都是白色的）是 20 世纪初出生于维也纳的哲学家卡尔·波普尔（Karl Popper）提出的，他当时在伦敦政治经济学院担任教授。［波普尔和他的竞争对手路德维希·维特根斯坦（Ludwig Wittgenstein）曾就各种各样的哲学问题展开过著名的争论，他们是 20 世纪早期维也纳学术派的主要力量。］

　　当黑天鹅事件发生时，股市崩盘在大多数人看来是如此不理性，如此随意，如此不可预见，就像黑天鹅一样。但它们是不合理的吗？是不可预见的吗？或者，它们仅仅是像奥地利学派所说的那样，源于信贷扩张的扭曲效应？我们已经看到（见图 9.3）严重的股票市场损失（我称之为"回撤"）伴随着巨大的扭曲。而累积损失可能是唯一严重的问题（毕竟它是股票市场损失累积的程度，对经济而言是十分重要的），我们先放慢脚步，暂时把重点放在股市亏损上——比如持续长达一个月的抛售。（为了更好地捕捉月度波动，我将使用两个月期间的回报。）这些应该是市场扭曲的真正标志，因为扭曲的结束是随着利率上升或信贷蒸发而突然显现的，而非缓慢、有序的调整。（如果是后者，它大概可以通过企业间的调整加以修正。）

　　在过去的一个多世纪里，美国股市的月度跌幅高达 20%以上的频率非常低。因此，根据定义，我们似乎应该能够将股市的此类崩盘称为"尾部事件"。但如果仔细观察，会发现在图 9.5 中出现了不同的情况。

⊖ Juvenal(Niall Rudd, translator), *The Satires*, 1991(reprint 2001), Oxford University Press, Oxford, UK.

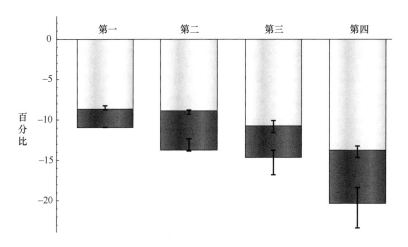

注：标准普尔综合指数第 2%和第 5%1 月期收益：基于 MS 指数四分位数（1901～
2013 年）。

图 9.5　较高的两个月预期亏损伴随较高的 MS 指数

通过将两个月期收益以 MS 指数四分位数进行分组（在 3 年时间内有两个月的收益重叠），并计算每个分组的第 2%和第 5%，我们再次看到，扭曲之后就是市场崩溃。（正如图 9.3 中总回撤的第 20%和第 50%，我们这里只看全部两个月期收益的第 2%和第 5%。这意味着，以 2%来说，在分组内出现两个月收益为第 2%的次数是很少的。误差也再次显示了每个百分数估计值具有 95%的置信度。）从图 9.5 上看到，两月期收益 2%甚至比 MS 指数四分位高时发生的 20%的下跌还糟糕（最低的黑色一栏，最右边第四部分）。在 MS 指数最高的区间里，人们大概需要等 50 个月（需要得到 2%收益的预期实验轮数），才可能发生两个月亏损大于 20%的事件。很明显，20%或更严重的亏损并不是人们普遍认为的那种百年一遇的灾难：它们在特定条件下发生得相当频繁——MS 指数变得扭曲之时，在过去的一个世纪里，这种情况已发生过若干次；此外，在 MS 指数较低的情况下，它们发生的速度要慢得多。（事实上，还有人在等待这种情况发生。）这再一次说明，在这些研究背后有着奥地利学派的逻辑，扭曲的证据及其对投资者的影响是压倒性的：当 *MS* 指数高企时，随后的股市大幅下跌和崩盘根本就不能再算作尾部事件，而是完全可以预期的事件。在奥地利学派学者看来，这些重大的损失并非不可预见。（更令人担忧的是，由于在图 9.1 的 *MS* 指数中可以看到最近货币信贷扩张的迹象，截至 2013 年 7 月撰写本书时，我们不该对一场十分严重且迫在眉睫的股市崩盘感到意外。）事实上，我们完全可以预测得到。

需要说明的是，我们对黑天鹅的讨论仅限于股票市场中所记录的事件。如果一颗小行星从太空深处向我们猛冲过来，在不知不觉中袭击了我们，那么我们可能会把它归为一个"黑天鹅"事件。然而，在过去一个世纪间发生的股市暴跌，肯定不是"黑天鹅"或"尾部事件"。谈到 2008 年的金融危机，我们看到的是一只羽毛完全不同的鸟（奥地利品种）。

这里有一个优势点的归纳问题，比如伯特兰·罗素（Bertrand Russell）的鸡，它惊讶地发现自己的脖子被一个喂养了自己一辈子的农民拧断了。[⊖] 常见的认识论问题是：在我们看到尾部事件之前，无法解释其存在的可能性。但这里的挑战恰恰相反：我们可以无条件地解释可见的尾部事件，因此当它根本不算是尾部事件的时候，我们自然就无法解释了。

也许现代经济学和金融学中的科学和数学方法是归纳问题的根源；主流经济学家通常会对股价走势进行建模，这样从定义上讲，尾部事件就代表着坏运气。每一个数学或金融系学生都能认识到，简单的高斯分布假设（钟形曲线）应作为经济和金融市场的模型。但我认为，解决问题的办法不是想出更漂亮的概率分布。更深层的

⊖ Bertr and Russell, *The Problems of Philosophy*, 1912, Home University Library.

问题是，如何将市场回报当作一个反复无常的数字来对待。尽管股票收益明显存在巨大的不确定性，但它们肯定不是随机产生的数字。假如这些数字确实是随机的（就像我们从幂律分布的迷惑性样本偏差中看到的那样），那么理解尾部事件将变成一件棘手的事情。然而，股票市场要比这丰富得多，更含蓄，也更复杂。

为什么即时价格不会随着即时需求上升到无穷大？为何人们会预期接纳突发和强劲的对手盘的做法是错的？（因其为不良投资提供流动性支持，毕竟做出其他假设，就意味着把流动性提供方当成了慈善机构。）

然而，"黑天鹅"的概念仍然十分关键——我把我的许多投资伙伴关系都命名为"黑天鹅"，但这只是一个优势点认知问题——实际上，股市崩盘这类真正的"黑天鹅"问题并不是不可预见的遥远事件；相反，它只是一个看似遥远的可预见事件。绝大多数市场参与者都没有预料到的，实际上是完美的可预期事件。由于目光短浅，他们只关注盎格鲁天鹅，而没有考虑到潜伏在杂草中的维也纳之鸟。

案例研究：经典尾部对冲

我们现在准备从简单的米塞斯式投资策略过渡到奥地利学派投资法Ⅰ；这样，我们在本质上又回归到了神奇池塘中的马可，尽管他捕捉大鱼的工具已经升级为非常复杂的鱼叉了（即此例中的看跌期权）。在第二阶段，即奥地利投资法Ⅱ中，我们从马可转变成齐格弗里德，那个勇敢的瓦格纳的屠龙者和尼伯龙根企业家，他的所作所为很少被扭曲，代表了迂回之路的真正优势。当总体资本结构的扭曲和失衡结束时，这种情况必然会发生，原因是整个经济体内的企业家都会惊讶地发现自己犯了投资错误。相比让企业家发挥自我平衡的功能来纠正失调，整个市场还是必须通过本质上同步的清算来进行自我调整。在那些预见不到扭曲的人眼里，接下来发生的事就会成为一个可怕的尾部事件。

如果市场认为股票市场不可能发生巨大损失，即使这种认知和定价毫无根据，也显然存在巨大的机会——哪怕只是为了保护投资组合免受损失。

图 9.5 中描述的测试可能只是一种粗略的（尽管非常稳健，二者往往同时存在）用来衡量月度股本回报率消极尾部事件的方法。还有无数的其他方法（从最大似然值估计到分形维数的对数回归，所有这些方法在更高的 MS 指数水平下都显示了本质上相同的肥尾）。在衡量尾部对冲的收益时——实际上，我们现在有了一种我认为最经济、最直观、最容易理解的方法，用来衡量可怕的尾部事件。我将借此说明奥地利学派投资 I 中的方法。

我提出了一个简化的、含有典型尾部对冲的股票投资组合的分析方法。我也因此从前几章中的评论者转变为实践者；尾部对冲（或奥地利学派投资法 I）是我在投资合伙企业中实践的核心（第十章的奥地利学派投资法 II，与奥地利学派投资法 I 相结合，是我在家中办公室里实践的）。然而，虽然这只是对我在基金投资中所做的事情的一瞥，但我的实际方法却更加微妙，因为它远远超出了本书所讨论的范围和意图。需要重申的是：我不建议大家按照我描述的那样做；即使是最一般的尾部对冲也很有难度，而且涉及流动性非常差的期权，这使得定价和获利变得十分困难。尽管如此，这部分的讨论是为了作为一个保守的案例研究，其目的是（除了进一步衡量尾部事件）通过标准普尔综合指数与价外看跌期权结合产生的历史表现，来向人们展示奥地利学派迂回方法的工具及应用。

对于不熟悉期权的读者来说，首先要了解一点基本知识：看跌期权是一种衍生工具，它赋予持有者以执行价做空标的证券的权利，而不需履行义务，标的可以包括标准普尔综合指数等股票指数。对于尾部对冲而言，持有相应看跌期权是必要的，并且从定义上讲，它属于价外期权，这意味着它们的执行价格可以远低于标的资产的当前市场价格。

我所测试的投资组合拥有两个月期 delta 值为 0.5 的标准普尔综合指数看跌期权（大约低于标的资产市场价格 30%，隐含波动率为 40%）。每个阶段的初始波动率为 40%。（这是一个历史平均定价水平。此外，事实上，在大范围内，超额回报水平都保持了相对这个价格水平的稳健性。）每个月末，看跌期权头寸开始滚动。（出售现有期权，购买新期权，每月重置头寸。）使用了一种历史的、保守的插值映射，它将月度指数回报映射为 2 个月看跌期权（用于月度损益表）的价格（或隐含波动率）的每月同步变化，以及 1 月期和 2 月期看跌期权（用于每月滚动）的价差变化。这种映射允许测试包含可用时间之前的期权市场数据，从而为投资者提供更大范围的市场环境参考。每个月，该投资组合在看跌期权上的花费为 0.5%，而其余的 99.5%投资于标准普尔指数。整个过程没有使用杠杆。（当市场下跌不到 20%时，此投资组合实际上是可以产生净盈利的。）

策略的每个周期都包含两年的回报，超额绩效指标按年化计算，根据 MS 指数在每个阶段开始时的水平进行四分位分组，测试的时间段从 1901 年（MS 数据首次可用之时）直到现在。每期 MS 指标分别取平均超额收益和均值 95%置信区间。所有回报都包括再投资红利。

该案例研究比较了使用尾部对冲与仅持有标准普尔 500 指数的回报率，以确定是否以及何时会出现优于预期的表现。如图 9.6 所示，在 95%以上的统计置信度下，正如我们在图 9.5 中所看到的那样（这并不奇怪，因为两者使用的是基本相同的月度收益数据），尾部对冲的好处取决于 MS 指数所显示的扭曲程度。

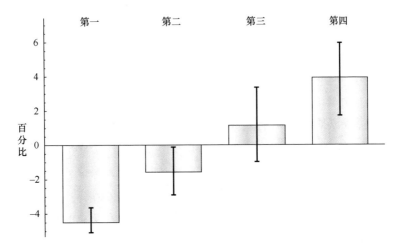

注：标准普尔综合指数投资组合的年化超额收益（算术平均值）：基于 *MS* 指数四分位数（1901～2013 年）。

图 9.6　奥地利学派投资 I：一个股票投资组合的尾部对冲

当 *MS* 指数位于上四分位时（就像我写的那样），奥地利学派投资策略 I（或尾部对冲指数投资组合）与只持有该指数相比（超额收益随着 *MS* 指数的减小而下降），会产生将近 4%的超额收益。因此，在高度扭曲的环境中，除了单纯持有股票或现金，我们还有第三种选择（就像基本的米塞斯式投资策略那样）。（实际上，结合图 9.2 所示的股票预期超额回报，很明显，带有尾部对冲的股票投资组合要优于投资行业中任何在股票和现金之间的微调。）

这就是迂回式的奥地利学派投资法 I，通过使用要求长远眼光与判断的价外看跌期权，借助一条间接路线（眼下最可能产生的损失，相当于在没发生市场崩溃的情况下，每个月损失了购买看跌期权的那 0.5%）实现未来的潜在收益。（把产生的利润再投资于股市，后续收益会更高。）当然，这些看跌期权的成本与米塞斯式投资策略中未投资于股票的机会成本相比微不足道。每一份期权都代表着一颗种子，代表着一棵巨大的红杉在未来被大火烧焦的土地上扎根的机会。精明的奥地利学派投资者的投资组合的利润来自看跌期权和低 *MS* 指数水平环境下投资（新的树木）的复合回报，往往伴随着直接的沉没成本。（在繁荣的顶峰似乎不太可能发生的一项资本投资，可能在未来造成潜在的崩盘。）

显然，预期市场出清不一定是悲观的做法；在这种环境下，特别是当不良投资被清算，*MS* 指数变得非常低的时候，对于一个拥有足够资本的人来说，是一种非常投机的、乐观的方法。资本不会被摧毁；相反，所有权只是以更优惠的价格转手给买家。显而易见的是，能够有效利用尾部对冲的投资者会从中获益；然而，如果仅仅看到这一结论，可能就忽略了更重要的一点：这一优势的来源。我们从演绎和归纳两方面了解到（见图 9.6），尾部对冲策略的优势是由货币系统扭曲而驱动的。我认为，如果不是因为扭曲，系统性尾部对冲就不会那么重要，或许根本就没有必要。

事实是，许多人将尾部对冲作为一种资产类别来进行预测（我在 2007 年创立了尤尼维萨投资公司，才发现了这个不可思议的现象），而没有想过这个货币扭曲的市场环境，也没有想到投资决策的跨期效应会让他们的这一做法完全不得要领：当 *MS* 指数较高时，尾部对冲则会变成可预测的事件对冲，并为 *MS* 指数较低时提供投资机会。

目的与最终目标：央行对冲

对于米塞斯式投资策略以及奥地利学派投资法 I 来说，我已经证明了黑天鹅和尾部事件在认识论问题上是非常有利的；股市上一个极端情况下的亏损肯定会被当作极端尾部事件（即极端不可能的）——体现在股票衍生品市场的定价上，尽管也存在相反的证据。我不能完全解释这是什么原因，正如我不能解释为什么奥地利学派仍然——用米塞斯的话来说——"有点勉强地容忍了局外人"[⊖]。但是，考虑到两者在本质上是相同的，我们不应该感到惊讶。

从表面上看，我们不可能通过推断已经看到的情况，来预测甚至理解最严重和罕见事件的性质。问题的核心在于一个基本的认知问题，一个可以在瞬间被打破的分配错觉。一些人可能会发现，这种自相矛盾的观点恰恰来自我，因为我以尾部对冲和所谓的黑天鹅式投资而闻名。从我的经验和奥地利学派的先验解释来看，黑天鹅事件至少20世纪美国的资本投资中并不是非常显著，包括后来的金融危机。投资者的确遇到了令人惊讶的不利事件，但事实是，那些感到惊讶的人，多数都盲目漠视奥地利学派资本理论和货币信用扩张的关键概念，以及资本货物和生产时间结构。当然，这并不意味着灾难性的、摧毁自由市场资本主义的事件（无论是人为的还是非人为的）不可能发生（而人为的变化在历史上完全与本书中讨论的干预主义有关）。我们正在应对竞争性经济系统内的企业行动领域以及影响它的货币扭曲。但值得注意的是，在这100多年的研究中，发生了许多具有空前破坏性的世界冲突（包括两次世界大战），在观察股市回报时，这些冲突仍被奥地利行为学原则所包含。我已经有意练习了大约15年的尾部对冲策略，似乎应该被称为央行对冲，或者说是奥地利学派投资法Ⅰ。（如果没有米塞斯的理论指导和美联储前主席格林斯潘和伯南克的配合行动，我事业中的这些投资活动可能就不会那么有趣和硕果累累了。我衷心感谢你们，先生们。现在我们都是奥地利学派人了。）

因此，奥地利学派投资法Ⅰ是造就更高级投资工具的自动催化过程，借助有利可图的头寸，产生更加有利可图的头寸，这便是一

⊖ Bettina Bien Greaves, ed., *Austrian Economics*: *An Anthology*, 1996, Foundation for Economic Education

个迂回式的投资过程。（持有看跌期权就相当于在市场低迷时将现金进行再投资，在标的资产价格跌至低点的过程中赚钱。）奥地利学派投资法 I 和奥地利学派投资法 II 分别在本章和第十章中介绍，两种投资策略都以充分利用资本从而达到最大收益为目标，并真正做到了这一点，这正是本书一直以来的目标。

虽然思维过程是此处的重要内容，但对于投资类书籍来说，为读者提供行具体行动建议无疑是需求所在（甚至是要求）。在前面讨论的米塞斯式投资策略中，我们在两种选择之间进行了转换，当 *MS* 指数较低时，我们通过股票满仓获利，而在 *MS* 指数较高时，我们则通过完全持有现金规避了损失。这种 100% 美国国债头寸在未来一段时间内提供了一个迂回性的优势头寸，当资本的价格低得多（因此其随后的生产率和回报也高得多）时，作为资本所有权的潜在投资，在奥地利学派投资法 I 中使用看跌期权，与我们简单的现金头寸相比，不过是一种合乎逻辑的（甚至更有效的）进步。这是一种更加精致的策略。这是太极推手的终极博弈——最初的让步是走向胜利的中间步骤，即买入生产性资本的廉价产权，并追随市场（黏随）重新回到稳定状态；与期权交易一样有效，尽管这只是一个序幕，一个走向更大优势的中间点，一个攻击和反击。期权交易是资本在时间上的协调和最有利、最恰当的利用。

作为尾部对冲的组成部分，看跌期权不仅可以为失败的投资提供更具流动性的资本，还允许人们在扭曲发生期间对股票进行大量（甚至全部）投资。（可以把它想象成一种生长迅速的被子植物，具有针叶树的晚熟球果。）看来，基本的米塞斯式投资策略（和几乎所有资产配置决策，以及大量学术研究）中的股票与现金的权衡，与其他类似奥地利学派的投资工具是完全错位的。

看跌期权就像马可用来捕捉大鱼的鱼叉，是先进的工具、结构件或中间连接物——克劳塞维茨所谓的"最终达到那个有效原则

的，绝不是那个原则本身"。[⊖]尽管对冲的目的是盈利，但这并不是
其预期目标。获取利润只是这个迂回投资计划的第一阶段；而第二
阶段是如何在一个扭曲突然消失的世界里，让这些利润发挥作用。
所以说，这个看跌期权头寸是达到高收益资本投资目标的手段，是
达成目标所用的超级技术性生产力工具。

迂回型投资者

诚然，利用 *MS* 指数来创造投资优势，从庞巴维克的角度而言
并不算是迂回的；庞巴维克没有讨论过扭曲现象。但从奥地利学派
的角度来看，它却是迂回的，因为它与迂回之路（对应道家中的
势）一致，在这条路上，我们的投资目标是在未来某个有利的时间
点上最大化我们的投资优势。因此，我们是在通过时间，更具体地
说是通过迂回性来达到更高的资本生产率。尽管我们的案例充分显
示了尾部对冲的重要性，但如果我们从它自身的优点出发，就要提
醒自己，不能将它与最终目标相混淆。对我来说，这种对冲是一种
间接目的，或者说是一种中间目标，是沿着一条被称为奥地利学派
投资的有利的迂回之路。从这个角度来看，我们也可以看到奥地利
学派投资法 I 与之前在 *MS* 指数高时避开市场、*MS* 指数低时进入市
场这一基本策略之间的联系。两种策略的共性在于，找出离开市场
的时机，以及利用扭曲的方式——当正确的时机出现时，就能体现
出其保存和产生资本的重要性了。因此，尾部对冲确实属于取
"势"，也属于取得战略优势的手段。一旦目标的弱点暴露出来，拉
紧的弩箭就会发射出去。因此，尾部对冲作为一个工具，让我们可

⊖ Carl von Clausewitz, *On War*, translators, Michael Eliot Howard and Peter Paret, 1976, Princeton University Press.

以真正利用扭曲，而非屈服于它。

　　在下一章中，当我们完全了解了整个过程时，就会看到资本生产中的真实投资是什么样子。在奥地利学派投资法Ⅰ中，我们要绕开扭曲的陷阱，甚至要学会从中获利，我也会继续介绍奥地利学派投资法Ⅱ，这将是一堂建立在庞巴维克智慧之上的投资课，多亏了奥地利学派学者教会我们如何以这样一种方式投资。我们从奥地利学派的经典理论中吸取经验，积累生产手段，听从企业家们的指挥。因此，作为投资者，我们已完全具有奥地利学派的思想和行为模式了。

第十章

奥地利学派投资法Ⅱ：齐格弗里德

迂回路径（首先向一个中间目标进发，再从这里发动下一次攻势，争取达到最终目的），就是奥地利学派投资的路线图。这个过程的第一步，正如我在第九章介绍的奥地利学派投资法Ⅰ，关注点放在金融市场的扭曲，其标志是 *MS* 指数明显高于 1。回忆一下，这个标志告诉我们，真实经济的物理结构已经通过操作货币手段的手，被迫远离静态，由于负反馈的力量变得越来越大而准备再次回击。一旦我们已经确认这样一个情境，就可以利用自己的知识（主要通过学习奥地利学派的经济理论）做出两个基本回应：要么站在边线，保留自己的资本（我称之为米塞斯式投资基本策略）；要么建仓，选择在最有效时机，建立能产生资本的头寸（比较复杂的尾部对冲，我称之为奥地利学派投资法）——这些是"取势"策略。

在这一章，我们已经准备开始介绍第二部分，在这里寻找奥地利学派企业家真正的庞巴维克式迂回机会。在奥地利学派投资法Ⅱ里，我们引入具体企业及其异质资本，而不是测量整体市场的静态性，从宏观转到微观，这种投资理念称作奥地利学派投资理念。通过这样做，我们使用了迄今所积累的所有工具，以寻找和捕捉那些罕见的迂回投资机会，这些投资将使我们成为真正的奥地利学派投资者。

　　和往常一样，我们遵循奥地利学派的简约原则和忠于现实的原则。也就是说，他们只用简单的重复的语言（而不是主流复杂的数学模型）——如果你愿意，可以使用最少的输入——这让他们严重受限。奥地利学派把自己局限于定性却足够真实的表述，因此即使在当下，他们也经常受到抨击，被指责为古怪或守旧。但他们避免了精确的错误，这种精确的错误困扰着那些最聪明的家伙，后者设计了令人印象深刻的聪明的金融市场计算模型，那些模型似乎有很好的预测能力……直到被证明其实并无那样的神通。毋庸讳言，这种过度精确的建模方法（长期资本管理和其他由这些数学专家编造的策略）正好与我们独特的奥地利学派方法论是相反的。

　　正如我在第九章所说，只有奥地利学派投资法背后的思考才能验证它。一种似乎对历史数据有效的投资策略，一旦分析师开始意识到，就会消失（假设它不是一个纯粹的海市蜃楼）——这是有效市场文献中的一个重要发现。但是在这本书中，我采用了奥地利学派的逻辑推理方法来解释失衡的系统性力量，而且我们的逻辑也解释了为何其他投资者（假设不是奥地利学派投资者）具有独特的个性，会放弃众所周知的收益。我们对这些数据的观察并没有表明潜在理论的真实性，而是展示了潜在收益的大小——历史数据向我们展示了理论推导的重要性。

　　迂回投资（奥地利学派投资的同义语）完全围绕着生产性资本的时间结构。当我们回想起初缓慢生长的针叶树，以及亨利·福特在从原材料到汽车生产过程中的资本结构，生产本身就需要很多时间。所以，迂回生产不能短视地关注眼前的利润，而是有目的地进行投资，打造间接手段（位置优势），指向远比短期更高的最终利润。事实上，正如我们将要看到的，这种情况对我们来说更加有利，证据被隐藏起来，不为其他投资者所知，他们只关注已经看到的利润，急不可待地兑现今天的收益。急躁使得他们看不到未来潜在的收益，明天的利润现在还看不到，但是，如果我们知道在哪里能看到，以及如何去看，就能够预见它。实际上，奥地利学派投资法 II 和奥地利学派投资法 I 一样，都是关于这本书中所包含的直接的进攻计划：当下保持耐心，是为了日后能够在战略上一展身手。

屠龙手齐格弗里德

我们寻找的是高生产率的资本。从庞巴维克的观点来看，我们知道最有生产力的资本也是最具迂回性的资本。在物理意义上，结果是显而易见的；庞巴维克告诉我们，只要我们愿意等待更长时间，总能找到用现有条件实现更多产出的技术方法。而我想进一步指出也许对于奥地利学派读者来说不那么明显的道理：最有利可图的资本结构也倾向于非常迂回曲折。

我这里关注的是奥地利学派的资本和生产模式，我们从针叶树、毛毛虫和鲁滨逊的策略中懂得了目的论机制，即为了获取后期的效率优势而接受现阶段的劣势——迂回性。在这本书里，我设计了一个具有高生产力的迂回资本的代言人，他的名字能够最好地体现庞巴维克的方法：齐格弗里德。我们回忆一下第七章讲述的尼伯龙根寓言故事，齐格弗里德的意义很特别——"胜利的喜悦"，屠龙手、创业英雄，他会高效地向消费者提供最好的产品。（当他的树和草原、山羊大丰收时，要感谢他的魔号演奏。）和亨利·福特一样，随着时间的推移，齐格弗里德形成了一个迂回资本结构，用于制造人们愿意购买的产品。所以，真正的齐格弗里德的标志是指高的资本回报（ROIC）——企业的 EBIT （息税前经营利润）除以其已投入资本（用于产生 EBIT 的经营资本）。齐格弗里德很明智地将利润再投资于他的商业中——提高了迂回性——而不是将利润通过分红装进自己的腰包（或者只是积累现金）。他看到生产要素价格是错的，并采取了行动——他的资本和其他成本明显低于他稍后卖出的产成品的价格。（简而言之，他的企业可以把投入在原材料上的美元转化为从客户那里赚到的更多的钱，这要比将钱借贷给别人赚得更多。）作为真正的企业家，齐格弗里德发现了那些错误定价，用米塞斯的话说，就是"无法容忍的"；当他看到这些错误价格时，他就不得不采取行动，从而使其变得更加迂回（因为他继续从原点开始创造新的迂回资本），因而未来也会更加高效。尽管他受到最终目标（盈利）的驱动，但他始终将目标对准手段（更高级别的资本品工具）。

齐格弗里德的田园生活

最重要的是，真正使其成为齐格弗里德的是，他对利率完全不敏感；他的盈利完全不依赖于每个人时间偏好的边际变化，或者央行对利率的人为调整。当然，齐格弗里德并不完美。当出现大型信贷收缩和资产清算时，在一段时间的货币扭曲之后，齐格弗里德将看到他的 ROIC 减小了（甚至在 2008 年遭受了一些损失）。但是他的资本仍在盈利而且具有生产力，远远高于其资本成本，哪怕央行在经济最繁荣的时期突然大幅加息。在央行突然加息"夺走了大酒杯"之后，君特们的世界将崩溃，因为他们虚弱的企业极度依赖繁荣时期被人为压低成本的信贷。他们将被迫收缩经营范围，或者彻底退出。相反，齐格弗里德没有什么问题，他的商业模式仍然非常合适。在君特们都在清算时，各种商品价格大幅下跌，可能会让齐格弗里德感到一些遗憾，因为他的采购是在繁荣时期的高点进行的，但是与他的许多同行相比，这是一个略显奢侈的处境。

　　齐格弗里德和针叶树相似，因为他愿意放弃快速生长的竞争（这种竞争经常因为扭曲的人造肥料而存在），所以他会被那些无法理解其做法的人们所轻视。（他们被被子植物快速而不可持续的野蛮生长所迷惑。）从跨期角度看，齐格弗里德放弃了那些看起来像是黄金地带、挤满了竞争对手的地方，相反，他愉快地退到岩石地带（手里拿着魔号），那里起初的生长环境很艰难（因为他为了打造日后提高效率的工具而放弃了起初的利润）。然而，坚持不懈、坚忍不拔和长期眼光会为那些不痴迷于今天的人带来回报，他们具备更为深远的视野。是的，齐格弗里德现在会成长得缓慢一些（慢到似乎看上去他的利润完全没有增长），他在打造他的迂回资本结构，一旦时机成熟，他将带着最大优势现身（而且当这个竞争领域被摧毁不健康、不正当投资增长的野火清理之后，他仍然矗立在那里，甚至准备抓住机会进行更大的投资）。他缓慢而深思熟虑的迂回式发展，给了他后期加快成长所需的资本结构，让他进入高速档，超过其他人——乌龟先是变成了兔子，然后又超越了兔子。

　　从我们的寓言转到真实世界的操作策略（非瓦格纳式），我们留意到齐格弗里德，相当于我们的投资理想，因为他具备第一个（两个之一）标准：高 ROIC，这提示他将利润再投入其资本结构，以便未来更有效率，实现最终增长。这种模式解释了为何我们应该预料到超过平均水平的回报和迂回的资本结构之间存在着强相关（尽管这种关联关系通常不会出现在奥地利学派学者中）；而且这个预期得到了数据的证实：高 ROIC 的企业与低 ROIC 企业相比，已投资本表现出持续和明显更快的增长。奥地利学派学者倾向于认为超过平均水平的回报（他们称之为纯利润，而不是单纯的利息收入）是由于企业家的远见卓识，而资本迂回性是在单独的、均衡的利率分析中处理的。尽管我指的是实际市场，我们应该预想到，奥地利学派这两个概念还是有很大的意义重叠。试想，企业家预见到了遥远未来的一个盈利机会，耐心地年复一年地将收益再投资于自己的业务中，可以预期有更大的机会（逐步地）得到比那些致力于短期项目的企业家更高的 ROIC。（庞巴维克年轮上的环数越少，其业务的商品化程度越高。）因此，虽然在资本的迂回性与超过平均水平的回报之间可能没有直接的因果关系，但当我们仔细考虑支配它们的实际力量时，就会预期到两者之间存在一种可观察到的事后相关性。

作为奥地利学派投资者（我指的是寻求积累生产性资本的资本主义投资者，而不是那些试图利用资本所有权价格变化的赌徒投资者），我们有两条基本的迂回路径选择。一条路是我们自己走齐格弗里德的路线，就像另一位理想的奥地利学派企业家亨利·福特那样，将辛苦积累的生产要素用于打造其独立的、更深入的、更具生产力的资本结构。我们也可以模仿齐格弗里德，将我们自己的生产要素集中起来，这样当我们发现和利用错误的价格时，我们的生产也可以采用相似的迂回方式。齐格弗里德的高 ROIC（与其竞争对手相比）意味着他非常善于利用投资性货币，并将其转化成收益；这个转化比率要远比资本的现行价格好得多。当然，这需要一些特别的东西，需要真知灼见以及坚定的信念，也许只是一个有希望的预感（第七章）。（有人可能会认为这是天使投资者的责任。）尽管这很重要，有时甚至有利可图，但这个话题超出了本书的讨论范围。

而作为奥地利学派投资者，还有另一个选项可供我们考虑：找到一个齐格弗里德那样的企业家，并拥有他的一部分——也就是说，我们可以用我们的资金购买他现有一些业务的所有权。这样我们就可以通过收购与齐格弗里德站在同一立场，能够识别和利用错误的价格。但是这条路径有一个额外变量，让我们不得不稍微迟疑一下：遗憾的是，我们应该假定这样做需要我们付出很高的代价。有效资本市场的基本假设是其他投资者和我们一样精明，齐格弗里德的股票价格早已反映了其高 ROIC 所代表的巨大经济优势（这当然是共识的一部分）。

然而，不管出于何种原因，情况并非总是如此——我将简略地给出自己的想法和证据。换言之，在真实的金融市场里，我们经常碰到高 ROIC 的齐格弗里德式企业，而这些企业在将投资和再投资的资本转化为未来收益方面的卓越效率显然并没有体现在价格之中。回到第五章，在讨论林业发展时，我解释了一个现在可以充分利用的概念：除了网罗具有高 ROIC 的企业，我们也寻找具有较低福斯曼比率的企业，即低的市值（普通股的）与净值（或已投资本+现金-负债和优先股权益）之比。在第五章，我解释说这个福斯曼比率取决于 ROIC 超过资本成本的程度，关系如此清晰，可以预期高福斯曼比率（整体大于部分之和或生产因素之和）伴随着高 ROIC。（当我们采取更现实的做法，将利润再投资于土地——那些利润还会继续增加，这一稳健的关系仍继续保持。）用尼伯龙根的话来说，我们想要收购更多采取迂回策略的齐格弗里德，如果他们的定价就像刚刚保本的约翰，甚至是挣扎中的君特。

奥地利学派投资者的最终目的和任何其他投资者是一样的：利

润。但方法截然不同；在这里，他们是核心。奥地利学派投资者不会为了这个目标而采用"力"的策略；他不会直接去寻找那些盈利能力会马上提升的企业，或者别人也急于买入的企业，或者马上就要分红的企业，甚至也不是估值偏低的企业等。他的首要任务是寻找高度迂回的、有高生产力的企业（具有高 ROIC），这些企业拥有迂回的经济利润手段。然后再对这些齐格弗里德式企业进一步筛选，找到其中低福斯曼比率的企业。这种双管齐下的做法会让大多数投资者感到不切实际，过分简单化，甚至互相矛盾。然而，读者应该明白，这种平淡无奇的态度恰恰会给迂回的奥地利学派投资者带来可观的回报。

　　这个策略既不容易执行又不够自动化；我们肯定不会在一份"齐格弗里德股票观察清单"上找到这些公司，而且它们也可能不会成为头条新闻报道的企业。我们需要对财务报表做一些复杂的分析，而且我们将不得不再次抵制住我们的人性弱点。奇怪的是，齐格弗里德式的企业总是投资界里那些非常安静、低调甚至不被人喜爱的标的，因为它们总是看上去好像什么也没做，没有进步，甚至也没有倒退——除了一件非常重要的事情：我们可以确信有激励它们勤奋和迂回地再投资资本的因素。所以，我们的目标是准确识别出这些企业——根据奥地利学派经济学理论，我们预期最终会取得进展（或提高其 EBIT），从而为公司所有权的投资带来可观的回报（或许是在一个大的时滞之后）。

　　为了阐明这一奥地利学派投资方法背后的基本原理，如果我指出，单独筛选的做法都不足以引起我们的注意，这可能会有所助益。例如，一家具有高 ROIC 同时福斯曼比率也很高的企业，应该会出现收益迂回增长的情况；这是真实的。对于投资者来说，用我们的资金买入同样的生产因素——以同样的错误定价来模仿这样一家企业，这可能是合理的。但它的高福斯曼比率意味着我们不想通过购买其股票的方式来投资这家企业。

另一方面，假设我们碰到的一家企业，既有低福斯曼比率又有低 ROIC。根据奥地利学派的观点，我们应该放弃这样的企业。是的，低福斯曼比率可能会让我们认为金融市场因为某种原因低估了这家企业有形资本的生产力。然而这家企业的低 ROIC 让我们有点犹豫不决。如果管理层认为再投资的收益无法获得高于现行利率的回报，我们很难期望他们把利润重新投入业务中去（而且，即便他们这样做了，也会是经济上不划算的投资）。在缺乏更多信息的情况下，我们应该担心这家企业将无法提供利润，因而无法进步，更糟糕的是，可能还会退步。

既然我已经解释了单独使用其中一种标准都不合适的原因，就可以充分理解为何这两者结合起来才是奥地利学派投资法所要求的标准。一家具有高 ROIC 的企业，自然会高比例再投资其业务——管理者几乎无法控制自己不把可用资金投入一个有可靠业绩证明的渠道中，并对其进行精细的控制，这是一个简单的问题。根据我们对庞巴维克资本理论的理解，我们有一个普遍假设，即这样一家企业会最终被市场重新评估，确认它比同行更有效率，届时累积的迂回行动最终创造了更大的经济利润。

那么第二个标准——同时具备低福斯曼比率——的作用是什么呢？这里要涉及庞巴维克的主观价值理论。简单的事实是，许多投资者——甚至包括职业资产管理人——会因为极端聚焦的时间偏好而受损，术语叫作双曲贴现，我们在第六章详细讨论过这个概念。现在我们可以解释为什么资本市场可能低估那些生产力强的齐格弗里德式企业，哪怕那些企业有光明的前景。各类股票分析师和投资经理可能认为，这种齐格弗里德式企业不会在近期出现收益增长。（如果读者想要一个现实世界对这种倾向的解释，那么想一想，即便高生产率的企业也会考虑这个事实，即持续的高资本支出会让一家企业的发展更加迂回，但也会抑制一段时间内的未来收益，损益表会背负更高的折旧费用。）当然，在任何一个特定案例里，明显低估的实际原因可能涉及法律层面，比如一个未完结的法律案件或受到监管限制。然而，如果我们试图寻找简单、公理性（奥地利学派）的经验法则，以识别可能获得高回报的股票，我们的两个标准（植根于庞巴维克的资本理论和主观价值理论）是非常稳健可靠的。

高 ROIC 向我们发出信号，企业有可能出现收益高增长，而较低的福斯曼比率进一步筛选出那些其他投资者明显不太欣赏的利润丰厚的企业——它们就像位于地平线之外，在一个迂回路线的终点。当然，对于某家企业来说，内部人士知道我们不了解的实情；但是总体上讲，也可能只是因为大多数投资者的投资时间跨度比我们更短，视野更浅近。

奥地利学派投资法Ⅱ可以说是奥地利学派投资法Ⅰ的近亲。二者主要都是为了达成同样的迂回任务：不断积累生产性资本。有人可能会说，奥地利学派投资法Ⅰ是从纵向着手，利用的是不同时间的跨期机会；也有人可能会说，奥地利学派投资法Ⅱ通过利用同一时间段内可获得的机遇，在横断面上进行投资——例如，每个月都会发现一些齐格弗里德式的企业。（我们前面讲过的针叶树，撤退到岩石地带，以便最终超越它们的邻居，并陆陆续续占据它们的土地[⊖]，同样是分别采用了横断策略和纵向策略。）这也是一个高度跨期的策略。正如奥地利学派投资法Ⅰ一样，在奥地利学派投资法Ⅱ中，我们发现，当我们等待 EBIT 增长和股价随后上涨时，我们积极地构建随后获取更高利润的真正手段。迂回生产要求跨期的支付交换，现在的付出是为了之后获得提高生产力的工具；现在示弱是为了日后变得更强大；此刻的后退是为了日后能够取得更大的进展。

⊖ Aljos Farjon, *A Natural History of Conifers*, 2008, Timber Press, Portland, OR.

而且我们知道，奥地利学派投资法Ⅱ所指的庞巴维克式的机遇（类似奥地利学派投资法Ⅰ中的米塞斯式机遇）不会被那些眼光不敏锐的投资者看中。在他们眼中，只看到约翰或君特这类企业。或者，让我们换个比喻，绝大多数的投资者都遇到了一个饥肠辘辘的鲁滨逊·克鲁索，他们看到他捕到的鱼越来越少，他的经营缺乏吸引力，他们并不想参与其中。然而，少数精明的投资者（认同奥地利学派观点）可以透过表面看问题，他们发现克鲁索的饥饿不是因为懒惰或笨手笨脚，而是因为他现在把资源投入在建造一只船和准备渔网上了。这位奥地利学派投资者看到鱼跳出海面，意识到鲁滨逊无法捕获它们只是暂时现象，因为鲁滨逊正在为以后的大量捕捞做准备。

案例研究：买入齐格弗里德

我们现在准备观察现实世界中的齐格弗里德式企业。（我们的实验室是 Compustat 数据库，其中包括财务报告数据，以及从 20 世纪 70 年代起的股价和分红数据。）

让我们先看看齐格弗里德们，并确认他们趋向于继续保持下去。（毕竟，如果齐格弗里德们很快退化成了约翰们，那么我们所做的对他们有利的迂回前提就出错了。）从理论上讲，我们预计 ROIC 高的企业会保持这样的地位，因为其管理者会继续对公司进行再投资（为什么不呢？），这将进一步巩固他们的竞争优势地位。

数据与我们的理论推导相符，事实证明，高 ROIC 企业是可持续的。[⊖]在图 10.1 中，我们看到齐格弗里德们（最上边的曲线）——

⊖ Tim Koller, Marc Goedhart, and David Wessels, *Valuation: Measuring and Managing the Value of Companies*, Fifth Edition, 2010, John Wiley & Sons, Hoboken, NJ.

此处定义为在每个 10 年周期开始时实现 75%或更高 ROIC 的企业——倾向于继续保持现状或者在每 10 年期结束时保持其较高的 ROIC。

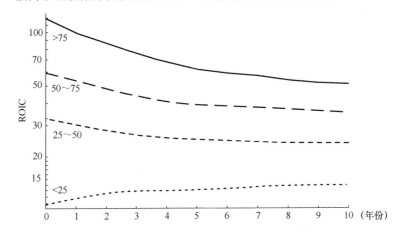

注：10 年期 ROIC（中位数），所有股票按照 ROIC 百分位分组（1970～2013 年）。

图 10.1　齐格弗里德们继续保持优势

　　需要说明的是，我承认没有什么可以保证这个结果，而且毫无疑问，我们会发现一些高 ROIC 的公司在一年后就会变成低 ROIC 的公司，甚至破产。这可以用回归谬误解释，即在一个数据序列中由随机噪声产生的极值在噪声减弱时被反转，而此时赋予这种反转意义是错误的。（把本书中描述的故意迂回看作是随机的，这是一个类似的错误。）然而，在现实世界中，那些不断地将收益用于再投资的有远见的企业家，正是那些随时准备抓住别人错失的获利机会的人，他们在资本配置竞赛中处于领先地位，因此，总的来说，我们预计其 ROIC 将持续保持在较高水平。如果我们考虑到某些无形资产（比如研发回报、品牌认知度或者所有者的领导力）经常会在有形资产的回报中体现出来，那么统计结果就更加合理了。

　　我们可以看到，齐格弗里德式企业拥有巨大的优势。为了获得这种优势，更具体地说是庞巴维克式洞察力的优势，我的目标是将这些洞察力转化为投资组合。现在，我将构建一个齐格弗里德式的投资组合，每个月挑选出最佳标的，采用一个非常稳健的筛选标准（意味着异常数据不会有不适当的影响，因为我每次购买采用同等大小的权重）：每个月在近期 ROIC 超过 100%的标的中选择福斯曼比率最低的企业买入（进一步筛选规模和流动性），而且在这些标的逐渐无法满足我们的标准时将其剔除（每年检查一次）。（我忽略了可疑的财务数据和银行类行业。）这个测试从 1978 开始做，只是因为这样才能获得足够多的数据。（我使用了 Compustat 的 Point in Time 数据库（从 1987 年开始可用），也用到了一部分其他数据；显然，如果全部采用 Point in Time 数据库，结果也不会发生明显改变。）

图 10.2 展示了这个简单的投资组合的业绩（特别是该策略中的累积股票价值，在 1978 年开始时是 1 美元），以及与标准普尔综合指数的对比。

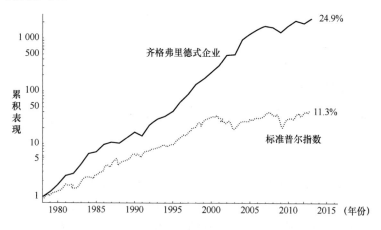

注：齐格弗里德策略的累积业绩表现与标普指数对比。

图 10.2 齐格弗里德式企业与标准普尔成分股中的"资质一般的约翰们"

不用说，这是非常出色的结果（就像奥地利学派投资法 I，打败了绝大多数同行，如果不是全部的话），这只是使用了基于经济逻辑和只关注 ROIC 与福斯曼比率的最简单的非优化筛选标准。然而，要再次重申的是，这些数据没有说明庞巴维克关于迂回的有效性，只是为我们展示了其重要性。

现在，让我们来调查一下具体情况。简言之，为什么那些生产率很高的公司（ROIC 超过 100%是一个令人震惊的大数字）遭到如此蔑视，以至于其福斯曼比率如此之低，无法达到我们的门槛？结果，如图 10.3 所示，正如我们的预期，在齐格弗里德式企业（在图 10.3 中定义为 ROIC 超过 50%的公司，以便提供足够多的数据用于得出相对显著的结论）中，那些具有最低（第一个四分位）福斯曼比率（底部的暗线）的公司，已经看到其后续的 EBIT 暂时变差了。（EBIT 均值变化周围的阴影 95%置信区间随着最低福斯曼比率分组而变化，表明这个说法是严谨的。）事实上，每个福斯曼分组之间的统计显著性差异，表明市场实际上正在对这些差异进行定价。由于

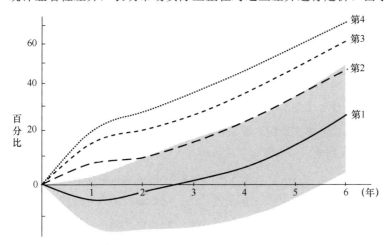

注：滚动 EBIT 增长（算术平均值），所有股票的 ROIC>50%。按福斯曼比率的四分位数从头分组（1978～2013 年）。

图 10.3 迂回的 EBIT 增长

EBIT 的走势在一年内就会出现分歧，而指引和分析师的预测似乎将这个趋势外推到了遥远的未来，这种做法应该一点也不奇怪；首先应该令人惊讶的是，在接下来的一至两年的弯路上，市场往往被愚弄了。当你考虑到这些差异在统计上具有重要意义，甚至是完全由固定资产和无形资本支出的激增造成时，这就更加令人惊讶了。第一个四分位的这些齐格弗里德式企业只是变得更加迂回了——为了明天的增长而以牺牲今天作为代价。

众所周知，迂回生产（承担着资本投资的成本）通常导致对利润的直接打击（特别是研发等非资本化投资）。一个常见的问题再次出现：我们生活在可见的（我们所能得到的）世界中，我们根据看到的东西做出推断，被一些表象所欺骗（小联盟击球手击中线性外推的快球，而大联盟击球手击中了曲线球）；迂回是困难的，我们从本能上很难做到那样。因此，股票市场往往是关于对远期结果的即时赌注（或预期），然而，对于所有投注者来说，最重要的往往是眼前的结果。也就是说，在高 ROIC 公司中，股票估值和由此产生的福斯曼比率似乎可以精确预测短期的利润，但却无法反映曲线和变化。股票投资遵循价格随收益而动的原则——用彼得·林奇（Peter Lynch）的话说，就是"是收益导致了股票市场上的波动"（那么"在懒汉身上浪费时间有什么意义？"[⊖]）——当然，我们都只看到短期收益。（事实证明，股票市场投资者不像过去那些传统的林业投资者那么精明，他们克服了可怕的斧头公理，看到了更快、更有利可图的树就在不远处。）市场关注的是即时利润及其增长，同时将实现这些利润的手段的生产力视为同质的。这是短视的市场给迂回生产评定的惩罚性价格。溢价支付给了今天生产的棉花糖，而罚金则由齐格弗里德们支付，他们把利润用于明天更有效地生产棉花糖。（难怪亨

⊖ Peter Lynch, *One Up on Wall Street: How to Use What Your Already Know to Make Money in the Market*, Second Edition, 2000, Simon & Schuster, New York.

利·福特试图避开股权投资合伙人，并认为典型的华尔街投资就像街边杂耍表演。）与黑兹利特的《一课经济学》（见第一章）的核心原则正相反，市场真正关注的是资本和生产过程的直接影响，而不是长期影响；这两种游戏总是同时在进行，而后者的竞争很少。

　　图 10.3 让人联想到图 2.1 的针叶树和被子植物（见第二章）的生长率。这是最典型的庞巴维克式迂回。沿逆时针方向将图 10.3 转 90°，就看到了我最喜欢的"为了向左走，向右走"图像。（即福斯曼比率第一个四分位的企业在前两年有较低 EBIT，而当下快速成长的企业有较高的福斯曼比率。）而当考虑是什么驱使企业沿着这条迂回曲折的道路向右走时，就会发现这确实是"向右走，以便更好地向左走"。（当然，其他四分位数的公司都已经参与到迂回曲折中，因此已经向左走——当然市场到那时会报答它们。）市场系统地蔑视这种借助间接经济增长手段走迂回路径的做法，并给予粗暴的对待，而这正是奥地利学派投资法 II 的优势所在。（最好的投资方法甚至可能是寻找那些预期未来的远期利润会绕道而行的高 ROIC 公司，这是一件非常困难的事情；好消息是我们不必这么做，因为市场似乎已经为我们系统地这么做了。）

　　下一个问题是：我们的齐格弗里德们是如何从上一章所展示的失真的经济繁荣中解脱出来的呢？因为齐格弗里德的定义是一个有远见的人，他能比同行更好地预测未来的市场状况，并且已经花费数年时间建立了一个迂回的资本结构，他的 ROIC 远远超过资金成本（因此他的投资计划通常对利率变动不敏感），我们应该期望他会比约翰得到更多的保护，当然他也不会像君特那样做出错误的投资。让我们看看数据中到底发生了什么。

　　齐格弗里德们不是完美的；他们仍暴露在一系列失真的错误中，只是没有市场上的其他人犯的错误多而已。当股票大盘表现确实好或差劲时（由标准普尔综合指数在一年内分别上涨或下跌超过

20%来表示），在置信度 95%以上，齐格弗里德式策略的表现也是如此。（可以看到年化回报的条件均值，即颜色较浅的条形，也是第 20 百分位数的回撤，亦即图 10.4 中的最低暗条。）所以，齐格弗里德式策略受益于低 *MS* 指数水平（此时标准普尔综合指数有高回报，参见上一章），而会在 *MS* 指数高时出现一定程度的损失（此时标准普尔综合指数有较低回报）。将在上一章的跨期策略（即在扭曲的溃败之后促进机会主义的资本配置）叠加在当前策略之上，将带来更大的优势。

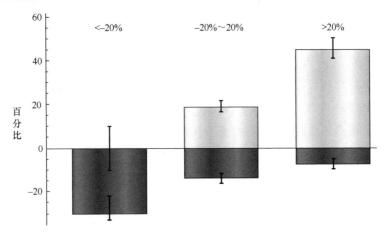

注：齐格弗里德式策略的年化回报率均值和第 20%分位的回撤。按标准普尔综合指数年化回报率分组（同一时期）。

图 10.4　齐格弗里德和扭曲效应

迂回曲折的资本生产道路是值得的。也就是说，我们的奥地利学派投资孪生子 I 和 II 相处得很好；前者很好地对冲了后者，后者是前者服务的资本的高级配置。在奥地利学派投资方法里，投资是跨期机会主义与生产要素的迂回获取和构建的有机统一体；实际上，本书的战略框架和逻辑为各种各样的投资者提供了一个有效的框架。

价值投资：奥地利学派投资的远亲

奥地利学派投资法Ⅰ和Ⅱ听上去都很接近著名的价值投资方法。实际上，奥地利学派投资法可以被看作价值投资的先驱，不仅在理论方面比价值投资更早，而且更重要的是，提供了清晰的理论，以及更专注系统回报的最终来源。虽然它们的路径有时是交叉的，但价值投资并不严格遵循本书的理论。两者之间存在显著的差异，主要体现在思想上——尤其是奥地利学派投资法强调在寻求齐格弗里德式机会的过程中进行有意的迂回，其根源在于对优势的坚定信念（而非价值投资创始人宣称的"神秘"）。

所以我们可以说，被当作价值投资和证券分析之父的本杰明·格雷厄姆（Benjamin Graham），以及追随他的价值投资者群体，他们所遵循的理论事实上是奥地利学派的一个远亲：一个在不知不觉中分裂的派系。理解这些差异应该有助于我们完善、集中和改进价值投资方法，或许还可以吸引一些人接受奥地利学派的正统观点。我们将看到的，对已经根深蒂固方法进行的这种调整，以及更好地理解方法的真正信息来源和优势，可能会是最有成效的。

1894 年，本杰明·格雷厄姆生于伦敦本杰明·格罗斯鲍姆（Benjamin Grossbaum）家族（在德语里，这个姓氏代表"大树"）——他是如此接近我们所讲的针叶树策略——（由于第一次世界大战后人们对这个德国姓氏的偏见而改为格雷厄姆。）格雷厄姆一岁时，这个家族移居纽约，过着舒适的生活，直到其父于 1903 年去世，他的瓷器生意开始衰败了。格雷厄姆的母亲把家变成了民宿，还借钱做股票保证金交易，1907 年经济崩溃后，这个家庭陷入贫困。在保留了哥伦比亚大学教职之后，格雷厄姆成了一家债券交易机构的职员，之后还担任过分析师、合伙人，并最终成为自家企业的老板。

　　作为一名凯恩斯干预主义的支持者，尤其是看到经济衰退期的消费不足情况，格雷厄姆颂扬一种类似于所谓福特—爱迪生货币的商品货币（见第五章）。而且和凯恩斯一样，20世纪20年代的大萧条蒙蔽了他的双眼。（我记得在第七章说过，预言了大萧条的米塞斯那时很不受人欢迎。）"华尔街院长"格雷厄姆在1929—1932年损失了其套利投资组合的近70%。这将成为令他印象最深刻的经验教训——很可能是他的价值投资原则得以发展的原因。这纯粹是一个归纳式的教训，它确立了价值投资的传统，即回忆起了大萧条，但却从未认识到造成大萧条的原因，但是他在《证券分析》开篇写道——来自贺拉斯（Horace），虽然它可能正好出自《老子》——"十年河东，十年河西。"⊖ 在书里讲述了我们（见第九章）看到的由货币推动的市场波动的矛盾故事，这是一个相当不错的奥地利学派投资法 I 的近似版本，尽管过于简化。（也许没有更好的例证说明他的"安全边际"原则在效果上胜过图9.3。）格雷厄姆的"市场先生"的两极比喻是一种合理的方法，虽然是近义词，但可以回避扭曲陷阱（最终由奥地利学派解释清楚）和企业家"想象力缺乏"。⊖（如果他听从奥地利学派的话，无疑就会诊断出"市场先生"出现人格障碍的真正原因。）

　　价值投资与它的奥地利学派前辈之间有很多共同点。当然，价值投资与我们今天的实践接近，已经成为一种流行的直觉方法。[尽管我认为只有一小部分价值实践者真正认同格雷厄姆在1934年出版的权威教材《证券分析》和 1949 年出版的《聪明的投资者》（*The*

⊖ Benjamin Graham and David Dodd, *Security Analysis: The Classic* 1934 *Edition*, 1996, McGraw-Hill, New York.

⊖ Eugen von Böhm-Bawerk, *The Positive Theory of Capital*, 1930, G. E. Stechert & Co., NY (photographic reprint of 1891 edition).

Intelligent Investor）中的观点——米塞斯在同一年出版了英文版《人的行为》。] 有人可能会说，格雷厄姆赋予了投资实践一种以前不常见的严谨、逻辑和企业导向，而且他表现得具有明显的奥地利学派风格。（正如格雷厄姆曾有名言，"把有价证券当作一项生意去投资是最聪明的投资"。）⊖

　　也许格雷厄姆最深刻的洞见是避开证券市场的阴影，忽略各种噱头表演，而完全专注于企业活动本身：商业和资本。作为一名勤奋的股票分析师，他非常关注作为资本的有形资产，这是一只股票的核心价值所在。我们可以在 *MS* 指数和福斯曼比率以及格雷厄姆的市账率（或 P/B，简单地将公司的股权与其总净折旧账面资产进行比较）中看到这一点；这三个指标都是在问：与其各部分的总和相比，整体情况如何？（目前尚不清楚格雷厄姆是否曾经阅读过福斯曼或奥地利学派的著作；虽然他精通德语，但他承认自己在经济学方面没有受过教育。）单凭他的 P/B 方法，格雷厄姆就取得了不错的成绩。他提出了许多量化指标，从债务限制到长期盈利、稳定增长的股息，再到市盈率（P/E）（在他的书《聪明的投资者》中详述）。在作为投资者的长期职业生涯中，他表现得很好。（他的多元、定量的股票投资组合配方还在被现代金融工程师采用。）

　　然而，我们可能会说，传统价值投资有些用词不当：传统价值型股票（由低市盈率和市盈率定义）已经被证明在统计上与传统成长型股票有着相似的收入增长，并且 ROIC 低于成长型股票。⊖ 这是幼稚地将所有资本当成同质的做法的另一个例子。考虑到 P/B 和 P/E 是完全不可比较的，除非我们假设所有的公司都有相同的基本资本

⊖ Benjamin Graham, *The Intelligent Investor*: *The Definitive Book on Value Investing*, Revised Edition, 2006, Collins Business.

⊖ Bin Jiang and Timothy Koller, "The Truth about Growth and Value Stocks," *McKinsey on Finance*, 2007.

结构。在现实中，企业具有不同程度的迂回，因此其 ROIC 也不同；实际上，投资者必须始终深入研究经济盈利的手段——当然这是本书的中心思想。

奥地利学派投资和价值投资之间的差别，又一次体现为视野的深度与跨期的长度。后者是耐心地等待很长时间，就好像在等待一张遥远的优惠券——像一只慢吞吞的乌龟，或抱着钓竿坐着的马可。前者是关于耐心地收集更多潜在的优惠券的因素——加速的乌龟兔或鲁滨逊。两者都需要纪律和耐心，但奥地利学派投资关注的是有效的跨期过程而不仅仅是终点。

有趣的是，当今与价值投资联系最紧密的一个人，格雷厄姆曾经的学生，而且也许是历史上最成功的一位投资人——沃伦·巴菲特（Warren Buffett）——曾经通过他的父亲霍华德·巴菲特（Howard Buffett）接触过奥地利学派。在 1962 年的一封信里，霍华德写信给奥地利学派经济学家穆瑞·罗斯巴德，想为"非常渴望阅读有关恐慌和类似现象"[⊖]的儿子沃伦要一本《1819 年恐慌》（*The Panic of* 1819）。

显而易见，尽管儿子后来对奥地利学派正统学说的大部分内容进行了直言不讳的批评，但他的基本投资行为却比他承认的更加紧密地和奥地利学派理论联系在一起。（大多数人已经忘记了 20 世纪 90 年代末巴菲特的保守、走划以及非常米塞斯式的现金头寸是多么的不受欢迎，甚至被大家嘲笑。）

这些年来，价值投资已经在奥地利学派/格雷厄姆主题上产生了很多变种。1992 年，尤金·法玛（Eugene Fama）和肯尼斯·法兰奇（Kenneth French）承认了一个价值因子，基本上与格雷厄姆的 P/B

⊖ Letter to Murray Rothbard from Howard Buffett, July 31, 1962, available from Ludwig von Mises Institute, Auburn, AL.

类似。[○]另一种方法称作"魔法公式"，由乔尔·格林布拉特（Joel Greenblatt）提出，结合了我们传统的 ROIC 筛选标准和一个比企业价值更简单的 EBIT 指标。[○]还有一个类似的筛选标准被称作"品质"，选择的是高毛利润—资产比率（避免了惩罚高资本投入的企业）和低 P/B。[○]它们涵盖了变量的范围（尽管这些变量肯定存在无数的子变量，包括它们的交叉点，比如巴菲特的方法），实际上是三方交叉验证了奥地利学派投资法Ⅱ。所有方法在假定更大自由度的同时，也引入了噪声：太多的自由度（以格雷厄姆复杂的筛选为例），异质的资本生产率（对于法玛—法兰奇唯一的 P/B 参数），异质的 EBIT 增长率（格林布拉特对增长敏感的 P/E 参数），异质的资本折旧，从而提高生产率（在质的免折旧毛利参数的情况下）。但是，尽管它们可能近似于这种方法，但它们未能必然地分离出真正重要的东西：迂回的资本及其价格。所以我们应该预期到，这些变种抓住了一些齐格弗里德式投资组合的特征，具备其中一些优势，但是也带来了一些额外的噪声，表现为由于采用的筛选方法中信息含量较低导致的回报率较低，以及所采用的一系列投资组合构建方法之间的不一致。

　　为了验证这种预期是否成立，我测试了这些投资组合的业绩表现：在我的实验中，一年持有 40 只股票的头寸，我以不同的方式错开了每个月迷你投资组合的买入数量，并且限制了每个迷你投资组合以及每个头寸可允许的波动区间。这种变化和一些随意的投资组

[○] Eugene F. Fama and Kenneth R. French, "Common Risk Factors in the Returns on Stocks and Bonds," *Journal of Financial Economics*, 33 （1993）3-56.

[○] Joel Greenblatt, *The Little Book That Beats the Market*, 2005, John Wiley & Sons, Hoboken, NJ.

[○] Robert Novy-Marx, "The Quality Dimension of Value Investing," December 2012 (Revised March 2013), University of Rochester, Working Paper.

合构建技术，导致投资组合具有本质上不同的组成结构，从而很好地揭示了结果中的一些运气成分和不一致性，并且消除了进行优化的能力（从而保持了作者的诚实）。所有投资组合共用同一套筛选标准，包括了可交易性（规模）限制和一般噪声限制。这个测试和前一个一样，也是从 1978 年开始（同样，这不会影响相对的结果）。图 10.5 展示了业绩情况，以及这个阶段的平均表现情况。

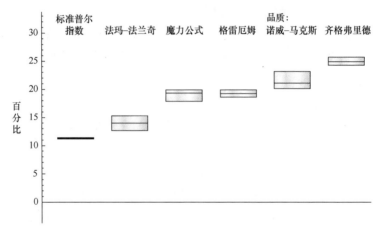

注：各种投资组合的年化回报率（均值和区间，1978～2013 年）。

图 10.5　阶梯状精练

在这里，我们看到一个真正的阶梯，从单纯的市值加权标准普尔综合指数上升到我们最纯粹和典型的奥地利学派投资方法 I（齐格弗里德式投资组合）。这不是一个进化过程，因为在这些方法的历史发展中，关键是第一步，而其他方法则零星地成为分支展开来；但它仍然是方法论和最重要的思想方法的精练。关键是我们有一种方法，把小麦从谷壳中分离出来，把重点放在重要的事情上，而忽略不重要的事情。在这一点上值得赞扬的是，价值投资方法已经和奥地利学派投资方法非常接近了。但是集中注意力所能做的远不止是在一些聪明的投资者已经做得相当不错的基础上，再增加 5～10

个百分点。最重要的是，它为理解其中缘由提供了一个符合逻辑的合理的基础。奥地利学派投资方法的严谨和吸引力在于其原则的直观逻辑；甚至在我们测试之前，已经知道我们的优势为什么存在了。对于大多数价值投资者来说，即使他们看到价值投资方法提供的优势，也不理解——通常仅仅依赖于模糊的长期价格会向均值回归这一点，格雷厄姆有句名言，称之为"我们业务的奥秘之一，对我和每个人来说都是一个谜"。因此，他们仍然容易被下一个看似有吸引力的投资计划和扭曲的市场环境所淘汰（就连格雷厄姆自己在20世纪20年代末也是如此）。

诚然，当我们面对不同投资结果的严重的跨期限制条件时，对于我们中的菲尼亚斯·盖奇这类人来说，这是无法接受的前后不一，甚至是完全不负责任的。考虑到我们是在投资于一种后续会获得更多利润的方法，而不只是为了得到更多的利润，因此不得不采取迂回策略，以获得更大的跨期优势。这样的思考廓清了我们的视野，赋予了这个策略极为重要的深度。

当价值投资被认为是奥地利学派投资方法的一个有点嘈杂和扭曲的版本时，也许价值投资的奥秘就可以解开了：创造企业利润的生产是一个极其迂回的过程，需要时间和资本，因此在获得这个过程的间接手段方面要有耐心。在这个过程中，我们不应该期望这样的企业利润一开始就很容易甚至令人满意（并且由于货币扭曲，情况可能变得不那么理想）。那些能理解并且能忍受这个过程的人，就可以汲取到资本主义的精华。

目的最终达到了

通过奥地利学派投资法Ⅰ和Ⅱ，我们终于实现了"无为迂回投资之道"的最终目的。将这两者结合起来，就构成了一套迂回策略，前一个蕴含在后一个之中——道家大师的取势策略；两者都是导向更高目标的中间手段，用于培植最大化的生产性资本投资和再投资——一个渐进的经济和文明。这些策略本质上是奥地利学派式的，奥地利学派投资法 I 依赖于米塞斯提出的概念，奥地利学派投资法 II 依赖于庞巴维克提出的概念。然而，正如第九章所述，奥地利学派投资法 I 非常困难；对大多数投资者来说，唯一适用的做法就是当扭曲抬高了 MS 指数时避免进入股市。幸运的是，这本书不需要投资者同时采用方法 I 和方法 II。这两种方法都可以单独使用，因为每一种策略都能战胜绝大多数专业水准的业绩，即利用市场扭曲（也包括了第九章的米塞斯式投资策略），识别并投资于定价错误的生产性资本。

作为一个奥地利学派的信徒，在我的成年生活中，我有幸在写作这本书的过程中更深入地阅读了奥地利学派的理论著作，我可以非常肯定地说，来自维也纳的人的影响是我在市场过程中取得所有成功的源泉。在这几页中，我的目的是分享这些知识，特别是在最后两章，提供了所学知识的实践应用要点。

作为投资者，无论你采取何种行动，再次强调，最重要的考量是这个方法论背后的思想。你的方法是否用到了"势"，采取了迂回和目的论的最终路径？还是在用"力"，只关注当下的结果和今天的收益？这种方法并不适合所有人；如果是这样，优势就会消失。但对于每个投资者来说，这仍是一个重要的理想，不管他持有什么样的时间偏好。所有人都可以和巴师夏、门格尔、庞巴维克、米塞斯（以及老子、孙武、克劳塞维茨，当然还有克里普）一起衡量他们的方法。经常要问的相关问题总是：你离奥地利学派的理想境界还有多远？ 在你继续沿着无为迂回投资之道前进的征途上，就让这个问题作为你的指南针和地图引导你前行吧。

尾声

北方针叶林的"西苏"精神

针叶树作为本书的主题，引出了迂回的基本理念，先是退后一步，缓慢而稳定地发展自我，直到最终可以加速成长，以赶超竞争对手的成熟阶段。先慢后快使得针叶树可以形成自己的结构，积累必要的资本，比如厚厚的树皮、高高的树冠、更密集的针叶。这种发展模式需要坚韧和持之以恒——迂回的核心要素。

北方针叶林的跨期世界及其生存策略是在漫长的时间里，通过扭曲迂回、生长和衰败以及与竞争物种和贪婪的食草类恐龙的争斗过程逐渐形成的。相反，人类在这个星球上出现的时间比较晚，仍然过度沉浸在当下的环境里，天生的时间偏好使得我们做出的是较差的选择，将当下的好处看得要比未来更多、更有价值（实际上是过高估计）。我们的社会注意力缺乏症（societal attention deficit disorder）偷走了我们对漫长路径的关注，限制了我们的眼界；这使我们变得容易做出短视甚至错误的决定，削弱了我们前瞻和抓住未来机会的能力。

就像针叶树一样，我们需要用坚忍不拔的毅力来武装自己，要战胜害怕落在后面的观念，甚至还要愿意接受损失而非争强好胜。这就是我们在本书开始时讨论的克里普悖论，需要极大的勇气，且可能要付出非常昂贵的代价。迂回意味着逆境（而不是仅仅在胜利和失败中做一个二元选择）。这是发展进程的迂回本质所确定的一个前提条件，比如我们在围棋棋盘上就能发现，取势的战略家争取的是能获得后续潜力的位置优势，直到终局之前，他们看上去都像个输家；此时"借力"的对手却选择了更舒适的直接攻击方式，以求迅速取得决定性胜利。伟大的艺术家和企业家（以及经济学家）都深知，任何值得做的事情都需要投入时间，作为他们的极端对立面的军事战略家同样如此，因此，我们文明的光谱既包含了创造者，也包含了破坏者。每件事都会遵循一条跨期交换的主线（详见第三章），即耐心地达成中间目标，最终有效促成期望的最终目的的实现。所以，最终目的的实现只能是在付出了大量努力之后才会到来，从一个中间目标再到另一个中间目标，其间还需要很多等待，甚至要考验一个人坚韧不拔的极限

　　不管是鼓励者还是支持者，这种坚韧让我们决心沿着从中间目标到最终目的的间接路线前进，我们知道，由于人性的原因，这条迂回路线几乎是人们最少选择的一条路。为了战胜我们的本性，就需要毅力，需要专注并致力于一个目标的能力，就像走迂回路径的针叶树，先逃脱竞争对手所在的范围，借助生存适应能力，蹲伏在岩石间，与有用的真菌共生，一直等到幸运时刻到来，最终回到被野火烧过的肥沃土地上。作为"取势"的典型，针叶树放大了孙武的游击战思想的狡黠，这是一场穿越时空的战斗。我们也必须拥有一些品质，用一个词来表示，就是"西苏"（sisu）[⊖]——来自到处

⊖　在北欧，因为严酷的气候和有限的原材料，人们练就了生活节俭的能力，还有在自然资源贫乏中产生的无穷创造力。芬兰地处欧洲北部，1/3 国土处在北极圈内，每一个芬兰人都明白"忍耐与吃苦，就能生存"的道理。芬兰人把这种精神称为西苏，这种精神也成为芬兰人的特质。芬兰语为："力量与坚强的意志""毅力与勇气"。苏芬冬季战争使西苏广为世人所知。——译者注

长满北方针叶林的芬兰（还会有别处吗？）。

世界从芬兰的胜利了解了"西苏"

在第二次世界大战的前几个月，就在路德维希·冯·米塞斯逃脱纳粹魔爪不久后，在北方泰加林深处，另一场战争爆发了，这就是 1939～1940 年的百日冬季战争。芬兰军队战胜了比之更强大的苏军，这可能是现代战争中最佳的"取势"战例。（中立的芬兰不幸被夹在两个集权的国家之间，希特勒和斯大林都想先夺取这个最有价值的战略通道。）尽管弱势一方的故事经常被渲染，但我们必须认识到，芬兰人的胜利并不是一个无法解释的事件；其实这是小心执行《孙子》和《战争论》指出的战略的必然结果。正如我们将会看到的，这个战略明显使用了《孙子》的"势"，擅长滑雪的芬兰军队回避了与苏军的直接对阵，而是钻进大雪覆盖的森林里占据优势地形，以便取得"上风"优势。后者的影响表现在这场战争的进程中，特别是芬兰人袭击了前进中的苏军战线的关键力量，将庞大的对手"肢解"成了很多小部队，并围而歼之。

苏军也曾经受到过普鲁士——德国的影响，但是约瑟夫·斯大林通过监禁和处决许多高级军官，将这些影响因素清除出去了。所以，侵入芬兰的军队主要是由经验不足的中级军官指挥，他们的行动时时表现出僵化，就像是按照一本关于别的地方、别的时间的战斗手册在指挥打仗，比如假定自己的部队可以不用训练就能滑雪和在雪地里战斗。苏军崇尚整齐划一的军事纪律，不允许战斗指挥保持任何灵活性；他们坚持与敌人决战的教条，没有任何疑问或调整。⊖

⊖ Robert Karnisky, "*On War* and The Winter War," 2007, thesis submission, Florida State University.

在促成芬兰胜利的许多影响因素中，我们不能低估西苏的重要性。这个词很难翻译——在语义上与"势"有共同点，西苏已被比喻为有胆量、勇气、坚韧、固执、意志坚强和决心，也许还被认为是坚韧不拔的毅力，使它成为"势"的战略优势地位的自然补充。蕴含在西苏之中的是跨越时间的忍耐力——不是在困难时刻咬紧牙关，而是具有坚韧不拔的精神，这种坚韧不拔的精神可以沿着一条艰辛的道路，应对一个又一个看似无法克服的挑战。

西苏精神深深地印在芬兰人民的性格气质之中，早在芬兰成为一个独立国家之前，他们就有着根植于土地和历史的坚韧不拔的毅力。平坦的森林密布的苔原，布满湖泊和沼泽，这片孤零零的土地在一年中的大部分时间都深陷北极圈的黑暗中，使得哪怕日常生活都像一场忍耐力的考验。与这种生存意志同时存在的事实是，这个地方一直是西北的瑞典人和东边的俄罗斯人的战场。芬兰是瑞典王国的一部分，直到 1809 年被俄国人占领，成为芬兰大公国，然后慢慢被俄罗斯同化。在 1917 年苏俄内战期间，芬兰抓住机会宣布独立，军队在卡尔·古斯塔夫·曼纳海姆（Carl Gustaf Mannerheim）将军的指挥下，阻止了俄国的威胁。1920 年签署的《塔尔图条约》（The Treaty of Tartu）正式宣布了芬兰与俄罗斯的和平，但是后来两国之间又笼罩在另一场即将来临的战争阴影中。由于具有面向纳粹德国的战略优势，比如芬兰湾，以及在前皮萨摩地区（Petsamo，后被苏联占领）发现了巨大的镍矿藏，斯大林想夺回芬兰。

1939 年年末，俄国的宣传为侵略性的公开军事行动提供了掩护："帝国主义者"据说打算利用芬兰发动对苏联的入侵。（而那时的芬兰只有大约 370 万人口，而苏联人口接近 1.8 亿人。）战争的第一枪在 1939 年 11 月 26 日打响，据说是芬兰观察哨向苏联境内开的枪。然而，历史学家认为"麦妮拉枪击事件"（Mainila shot，以附近的村庄命名）不可能是芬兰人先开的枪，因为曼纳海姆之前已经命

令那些边境观察哨交回枪支，以免发生此类乌龙事件。⊖

　　苏联人假装受到挑衅，就开着坦克进入芬兰，模仿德国的闪电战，这在欧洲的中心地区被证明是有效的，那里有良好的供应和通信中心。而芬兰的森林并没有这些设施，只有阻碍大规模军事行动的天然屏障。苏联人还带着很重的宣传资料和铜鼓，因为他们预计会很快取得决定性胜利，这些物资成了他们行动的包袱；但他们却没有准备冬季军服和一场拖延不决的战争所需的给养。（在发动直接进攻之前就准备着庆祝胜利，我们还能想象出比这更好的代表"力"的实例吗？）

　　西苏精神和"势"可以形成一个打不垮的组合。尽管苏军在人数和武器装备上占优，但芬兰人通过将速度和小目标部队的机动性相结合，取得了战术优势。身穿白色伪装军服的部队，踩着滑雪板的游击战士，充分利用地形优势，变成了《孙子》里讲的"善战者"，"夫未战而庙算胜者，得算多也"。⊖ 芬兰有自己的"形"（地形优势）——北方针叶林——由其非同寻常的地形决定。我们回忆一下第三章的内容，"势"的位置优势与"形"的概念重叠，这样就能使"势"通过"形"而发挥更大威力。军队的"形"可以比作《孙子》中山谷溪流受到阻碍时的状态，它的潜力（势）最终会找到释放出来的机会，夹带着巨石和木头倾泻而下，强大却毫不费力的水浪会清除一切挡在其前进道路上障碍物。所以，兵圣孙子的做法是"避高而趋下"。⊜

　　芬兰人使用的方法就是尽量避免决战——在时间和空间上都经常采用非直接的做法，比如阻碍道路、打伏击、骚扰疲惫之敌，直到激起敌人愤怒的攻击，这使得芬兰人可以发挥他们的西苏精神和迂回策略的长处。芬兰军队在任何时候都避免与强敌在开阔地带展

⊖　William Trotter, *A Frozen Hell : The Russo-Finnish War of* 1939—1940, 2000, Algonquin Books of Chapel Hill, Chapel Hill, NC.

⊖　Roger Ames, *Sun-Tzu : The Art of Warfare*, 1993, Ballantine Books.

⊜　François Jullien, *A Treatise on Efficacy : Between Western and Chinese Thinking*, 2004, University of Hawaii Press.

开战斗，尤其是面对这支配备强大武器并有空军支援的军队。相反，芬兰人在针叶林中打仗，他们的取胜战略是从针叶林中提炼出来的——坚韧不拔、坚持不懈、最终取胜的毅力，但只有通过时间和位置优势进而获得跨期优势。芬兰人先是战略退却，诱敌深入，然后出人意料地出现在敌人面前，他们为了占领一个更有利的位置，会在战略上让步，放弃一些地盘——围棋比赛就这样在雪地棋盘上展开了。芬兰人上演了战术撤退，假装溃退，诱敌深入。然后，芬兰人不知从什么地方冒了出来，在敌人看不见的地方占据了战略优势地位，并发动强有力的反击，包括突袭苏军后方战线。芬兰人的攻击针对的是关键点——克劳塞维茨的重点，目的是达成中间目标，从而削弱敌人。

当芬兰人利用森林地形进行防御和进攻时，苏军真正感到了毫无头绪。苏军的战术须在开阔地形才能展开；他们带来的大部分平射野战炮，因为无法射穿树林而毫无用处。（这些大炮被芬兰人缴获，在苏军撤退时，正好用来对付其前主人。）⊖

芬兰军队为了祖国而战，充分利用主场优势，运用"推手"技巧与敌军周旋，目标就是利用对手失去平衡的机会，这样可以更有效地达成最终目标。在寒冷天气、大雪和己方地形的配合下，芬兰人有效地将对手的力量挡了回去。芬兰军队没有直接与苏军交战，而是撤退——甚至有时让开战略通道让苏军暂时占领，而零下的低温确实损坏了苏军的武器，导致它们无法正常使用，陷在冰天雪地里动弹不得，也无法撤退，无论付出什么代价。（这是另一个由"力"造成的鲁莽和破坏性很强的例子。）

芬兰人不直接抵抗的"取势"做法使得他们可以保全力量和节省弹药，尤其是芬兰指挥官所谓的柴堆战术（the motti strategy）——这

⊖ Trotter，*A Frozen Hell.*

些柴堆在穿过森林的道路上仍随处可见,从那以后,这个词的战略意义变成了一种包围策略(也许这是和"围棋"的意思最接近的芬兰词汇,也可以叫作"绕圈游戏"。)绕圈子是芬兰人战略的核心,这些 Motti 由死去的敌军士兵组成的。根据苏军永不放弃任何已占领的土地的命令,在无法进一步推进的情况下,苏军就变成了固步自封的部队,其灾难性后果就是苏军士兵在芬兰人的包围下饿死或冻死。

借助于"势",西苏精神也提供了巨大的优势,使芬兰人勇敢地面对难以置信的困难,比如当他们把装满 TNT 的炸药包运到离苏联坦克只有几米远的地方(有时甚至直接放在坦克上)的时候,他们冒着被发现和被爆炸致死的危险。这样的偷袭需要勇气和耐心,需要找到发动袭击的幸运时机(孙武所说的鸷鸟)。因此,一辆 30 吨重的坦克可以被一名骑在滑雪板上的士兵携带的炸药摧毁。

在全世界的关注下,这场冬季战争很快就传播开了。今天,1940 年 1 月的苏木萨尔米(Suomussalmi)战役被视为一个军事经典,它代表了当指挥精良的部队利用战略优势对付一个大得多的对手时,可以借助"势"取得胜利。苏联人沿着荒野上的两条路前进,意图占领奥卢(Oulu)这个与瑞典的主要铁路连接的城市,这样就可以把芬兰分成两半。芬兰人虽然人数和武器都不占上风,却准备了一个出色的计划。芬兰上校亚尔马·西拉斯沃(Hjalmar Siilasvuo)利用了芬兰 JR-27 团的独特优势,该团没有重型武器,甚至连反坦克炮都没有。JR-27 团所拥有的是一群来自小镇的伐木工人,他们熟悉森林和如何越野滑雪。他们发动游击进攻的时机和猛烈程度甚至让对手感到不安,使得苏军以为自己正面对着芬兰的优秀战斗部队(而不是装备不良的伐木工人)。这种策略使人想起克劳塞维茨的《战争论》及其"不能被视为对敌军的摧毁,而只是通过迂回路线接近它,但却具有更大战斗效果"的优势。[○]

⊖ Carl von Clausewitz, *On War*, translators, Michael Eliot Howard and Peter Paret, 1976, Princeton University Press.

当苏军前进到许林萨尔米（Hyrynsalmi）小镇时，JR-27 团正在那里等着他们，用猛烈的炮火挡住了苏军前进的道路。芬兰人之后将大股敌军分割成小块，在撤退过程中予以歼灭。苏军在苏木萨尔米遭受了数千人的伤亡，并且丢弃了大量的坦克、大炮、枪支、弹药和其他物资，而芬兰人只有几百人伤亡。苏木萨尔米战役是苏芬冬季战争中最伟大的胜利——是对西苏精神的完美见证。

经过 16 周的激烈战斗后，冬季战争结束，芬兰取得了胜利，没有被征服，其间还不时被苏军的野蛮轰炸所打断，那只不过是对在战斗中蒙受羞辱的报复。（然而，在和平谈判中，芬兰放弃了很大一块领土——被斯大林说成是大到足以埋葬他战死的士兵。）在这场战争中芬兰人付出了巨大的努力，在关于第二次世界大战的长篇叙事中，这场战争常常被视为只是一个旁注。冬季战争是孙武、克劳塞维茨的迂回军事战略有效性的有力例证，是间接战胜直接、"势"战胜"力"、获取中间过程的收益优于抢夺眼前领土的有力例证，最重要的是，西苏精神所代表的坚韧不拔的毅力，如果没有这一点，事实上是不可能取胜的。

西苏精神的形成

冬季战争的故事，西苏精神在面对军事力量时的坚韧不拔，已经成为芬兰人讲述自己故事的核心，比如 19 世纪的史诗《卡莱瓦拉》（Kalevala），它记录了芬兰文化的古老历史和神话 [比如森林之神塔皮奥（Tapio）和砍伐森林的大英雄诺迪克·齐格弗里德（Nordic Siegfried）]。西苏精神就像"势"一样，不仅适用于军事或投资策略，也更广泛地用于有目的、有毅力的生活中。它也是一种内在力量的提醒，让人们能够不怕困难和障碍继续前进，这就是芬兰人的性格，或性格培养的过程。[一个典型的芬兰西苏精神纪念碑是拉普兰（Lapland）的一个孤零零的岩石堆，一块块岩石缓慢而稳固地堆积，是毅力的证明。] 我的芬兰血统的妻子经常用西苏这个词来平息孩子们的抱怨。西苏是一个充满爱心的提醒，提醒他们审视自己的内心，寻找他们需要坚持的东西，并最终获胜。

西苏精神的益处正在逐渐为人所知，尤其是在那些认识到其中所含优点的心理学家中间。安吉拉·达科沃斯（Angela Duckworth）称赞孩子们的勇气是他们未来能否成功的主要预测标准，形容那些"坚强的人"尽管受到暂时的挫折，但随着时间的推移，会像"乌龟"一样取得缓慢而稳定的进步。[一]（这个说法很容易让我们想起那些加速成长的"乌龟"、坚韧的针叶树。）

资本主义，正如我们从奥地利学派中了解到的，也许是最粗砺的竞技场；它需要忍受当前的劣势才能获得后来的优势——迂回的本质。我们可以把西苏精神和勇气看作欧根·冯·庞巴维克所说的对较短时间的偏好，克服"我们当下的焦虑"，这种焦虑源于"直到未来才会出现的欲望的满足"。我们以后将经历的欢乐或痛苦必须指明我们现在需要什么来促进或减轻它们。然而，我们不具备处理这种未来感受的能力，这就是庞巴维克所说的"我们对自己未来想要的东西并没有一个完整的想象"，因而"我们不一定会花费精力"充分考虑我们的未来，特别是"我们在遥远的未来想要的东西"。[二]

西苏精神中的胆识和坚韧不拔是我们唯一的救赎。它使我们走出了最初的泥泞，走出了洞穴，脱离了仅能糊口的生活（在很多情况下，比如芬兰人，走出了极权主义的威胁），走向了资本主义生产的自动催化世界。当然，勇气中包含了耐心，但这不是一种抽象的

[一] Angela Lee Duckworth and Lauren Eskreis-Winkler, "True Grit," *Observer*, May/ June 2013, Association for Psychological Science.

[二] Eugen von Bohm-Bawerk, *The Positive Theory of Capital*, 1930, G. E. Stechert & Co., New York (photographic reprint of 1891 edition).

品质；它不仅仅是等待，而是有意识的、有目的的，是通过一种过程和朝着某一事物努力的方式。坚韧不是指"从长计议"的思考或行动（不断的自我克制），相反，它是跨期和迂回的，因此成为一种试金石。如果一个战略不需要勇气，那么它既不符合使我们走到今天的迂回道路，也不符合资本主义的进步。我们不能忘记这一点，也不能允许自己被资本主义（证券市场）的浮华表演蒙蔽了眼睛，而应该退出这个游戏，自己选择玩什么游戏。

没有放弃眼前功利的能力，文明将注定像菲尼斯·盖奇一样，被当下的欲望所控制。坚持不懈，加上跨越时空的深度，使我们能够创造和配置工具，从而使我们的文明得以进步。因此，在这本书中使用的词——"势"和迂回，以及西苏精神，完全改变了人类的命运。但是很少有人喜欢迂回，因为我们只看到了成品或最后结果，一段区间和过程的结束，而没有看到其曲折的路径。

幸运的是，我们确实拥有实践了迂回策略的榜样人物，那些伟大的战略思想家、决策者，以及整个历史进程中的行动者，他们存在于每个社会和每个时代（道家学者、军事战略家、经济学家、实业家），以及本书中的英雄人物齐格弗里德。跨越几个世纪和几千英里，在战场上，在浩瀚的北方森林中，他们表现出对普遍原则的热情承诺，他们用目的论的方法追求目标。从这些伟人的生活和教训中，我希望通过追随从自然史到中国的战国时期以及欧洲的现代经济思想家的根源，为读者提供一个战略框架。

所谓框架，与公式正好相反，是一个重要的概念。即便是奥地利学派投资法，也不是提供精确的指导，而是为一个迂回的过程搭起脚手架，从而能够更好地理解和衡量任何人的资本主义投资程度。我们可以把这类投资视为一项正在进行的工作，而不必关注最后的结果。所以，我们听从斯多葛学派（以及巴师夏的"好经济学家"）的号召，既不要对我们的胜利过于兴奋，也不要对我们的失败过于失望。（我从很多经验中得知，几乎没有例外，人们总是可以通过一个简单的测试分辨出最终的好交易者和坏交易者，那就是镇定、平静，西苏精神！）只要正确地玩这个游戏，结果就一定是用非直接的手段实现我们的最终目的。

对于投资者来说，如第九章和第十章所述，奥地利学派投资的迂回需要坚韧不拔，这能够形成一种优势，即便看似很老练的华尔街投资者，他们也许有一定的交易单流量和市场情报优势（这两者都回避了合法或应该合法的情况），都无法与这种优势匹敌。华尔街机构投资者的短视导致他们一直在阴影中玩耍，而无法看透到底发生了什么，因为他们对眼前事物有难以抑制的贪得无厌。然而，坚韧不拔的西苏，允许人们在市场上实现这种贪得无厌；正如第一章中所指出的，我的咒语灵感来自一个棒球投手的启发，他的信条是"靠击球手的饥渴度日"[一]。然而，仅仅致力于满足眼前的利润，就真的和亨利·福特所说的一样，是将"马车看得比马还重要"[二]。这位 20 世纪的精英企业家凭直觉认识到，一切都是不断迂回的手段，耐心而艰苦地积累，是为在生产的最后阶段可以不耐心地追求目标。

从这个角度来看，我们甚至可以把资本主义本身看作一个中间目标，一个通往更大的最终目的（一个更为宏伟的"取势"战略）的中间节点。我们制造渔网和渔船的目的可能是为了捕到更多的鱼，但实际上我们是在即将到来的每一个时间片段上促进社会的发展。奥地利学派学者明白这一点，尤其是米塞斯，他在资本主义中看到了个人根据自由意志和自决的自由表现。因此，在他的资本主义立场上，米塞斯也主张自由。当我完成深夜的写作任务时，已是凌晨时分，我桌上一摞不少于 10 本的书突然倒下，砸到了我保存的一个纪念品，它象征着资本主义和自由的最终胜利：一大块破碎的

[一] George F. Will, *Men at Work: The Craft of Baseball*, Macmillan, 1990.

[二] Henry Ford and Samuel Crowther, *Today and Tomorrow*, 1926, Doubleday & Co.

柏林墙。那本倒下来的书就是米塞斯的《人的行为》，它进一步将柏林墙劈得更碎。

这样的画面成为我们在迂回艰难的旅程中的灵感。我们把这些东西作为理性和情感的护身符，有时甚至是身体的护身符。我明白了——也许是赌徒的领带，就像我那条旧的亚当·斯密领带一样，时刻提醒我——每当我看到一个针叶树球果，就捡起来。这种事每天都发生在我家门外，不管是在南加州的红杉林，还是在北部森林（密歇根州）角落更迂回的部落里。这是任何人都能想象到的普通东西。然而，这是非同寻常的——平凡中的深刻——是从史前时代发展而来的坚韧的活生生的体现，当时晚期的被子植物像飞奔的野兔一样涌入黄金地带，把缓慢生长的针叶树挤到岩石地带。（正如我们在第二章说过的，到白垩纪末期，6 500 万年前，每十种维管植物中就有九种是被子植物。）但是，针叶树可以等待，让那些被子植物不耐烦地生长，吞噬阳光，甚至将同类的竞争对手拒之门外；针叶树可以等待，它们是一群有耐心的资本生产者，时间站在它们这一边。

作为一个成年人，就像小时候一样，户外是我最喜欢的环境，尤其是和那些嶙峋的老松柏为伴，我并不孤单。芬兰被称为"桑拿、西苏和西贝柳斯（Sibelius）之国"，甚至在后者的庄园——阿依诺拉（Ainola）——那是一处位于赫尔辛基北部针叶林深处湖畔的一座圆木别墅，这三种风格都被融合在了一起。（让·西贝柳斯可能仍然是世界上最不被欣赏的作曲家。）其他人，像冯·卡拉扬和我，都试图效仿西贝柳斯在乡村的隐居生活，就像伟大的奥地利作曲家古斯塔夫·马勒的夏季隐居生活一样。（人们可以从他们悠扬的田园音乐中听到他们北方森林家园的回声。）

森林充满了无穷的教育意义。当我还是个孩子的时候，住在密歇根州，海明威童年时代的北方森林是孩子们理想的领地，岩石、原木和湖泊成了城堡和前哨，也是发动探险或征服行动的基地。（孙武和克劳塞维茨应该会感到自豪。)对于我和我的小伙伴们来说,那里充满了乐趣;当我们锻炼身体和头脑、学习技能、发挥想象力时,并不知道我们实际上是在追求一个重要的目标——所有这些都是我们成长所必需的。当任由孩子们支配自己的欲望时,他们会自然而然地迂回地追求游戏的中间目标,并且带着极大的兴趣,即使它不产生任何结果(尽管会产生树堡和飞机模型)。是的,孩子们会抓住眼前的棉花糖,但是说到发展,大自然会用玩耍的诱惑来欺骗他们,玩耍是认知能力、创造力、体力和平衡能力等身体素质以及人际关系的一部分所有这些都将在未来的自我,即成年人所运用的技巧和才能中结出果实。由于他们的前额叶还没有完全发育,孩子们对长期目标视而不见。(尽管他们的父母在这些问题上往往有20/20以上的视力。)谢天谢地,孩子们因此倾向于玩耍,否则他们可能对玩耍不屑一顾,并把它当作毫无价值的目标而不屑一顾,同时试图从 6 岁开始就为 SAT 考试进行填鸭式学习。[我同意保罗·图赫(Paul Tough)的结论,他在《性格的力量(*How Children Succeed*)》一书中引用了一项研究,该研究表明,在孩子的成长过程中,最重要的"不是我们能够在头几年里将多少信息塞进他们的大脑",而是非认知技能,包括自控力、好奇心、自信和勇气。⊖当然,我想补充一点,西苏精神。]

直觉上,我们都希望自己的孩子在迂回行动方面有更大的能力,具有西苏那样的坚忍不拔和毅力,从而使他们能够更好地适应生活,而不仅仅是物质上的,甚至是通过顶级教育获得的优势。伴随西苏和"势"而来的是抵御直接攻击的能力,以及在观念和行动上坚持循序渐进,从不急于求成,而是寻求跨期的机会。我们将进一步赋予他们在长时间的模糊性和不确定性中有意识地探索和发现

⊖ Paul Tough, *How Children Succeed：Grit, Curiosity, and the Hidden Power of Character*, 2012, Houghton Mifflin Harcourt Publishing Company, New York.

（我们可能认为是生产）的能力和忍耐力，加上精神上的放松，以及随后的努力和汗水。[⊖] 这些是大自然教给我们的；要学习它们，必须在大自然的教室里。即使对孩子来说，也几乎不可能忽略这样的事实：每棵针叶树都有无数的球果。（对于孩子来说，这些球果是一种十分方便的子弹，可以向小伙伴们发射，也许有助于种子传播。）每个球果内都有无数的种子。孩子们很快就会明白，手里攥着一个球果，就等于拥有了整个森林。（克里普的民间智慧让我想起了童年时美好的回忆："任何人都可以看到树上的松果。但是没有人能看见树，没有人能预见松树会长成森林。"）小时候，当我在偏僻的地方，比如可以俯瞰密歇根湖的被风吹过的山坡上，看到那些针叶树时，我不禁纳闷它们为什么在那里生长。肯定还有更好的地方。随着时间的推移，这个问题会得到回答，人们会对针叶树/圣贤的假意谦让深表赞赏，而这种谦让似乎只是在退却。甚至在溃退的过程中，针叶树也只是在等待，要活得比它的邻居们更久，并准备接管它们的生存空间。[⊖]

针叶树的最终目的不是一头扎进战场，而是靠忍受不舒服的岩石环境。这种不舒服是可以忍受的，因为随着时间的推移会有好处：长寿是这个物种的特点。当然，针叶树的第二种迂回策略有利于其后代借助风媒播种，或者某些针叶树充满浆液的球果会被野火烧焦并裂开。针叶树的坚韧本性使它能在别人无法忍受的地方生存。难怪中国古代道教学者将生长在岩石中的松树视为坚定顽强的象征。[⊖] 这种很久以前就画在竹简和丝绸卷轴上的图像，至今仍让我

⊖ Denise Shekerjian, *Uncommon Genius: How Great Ideas Are Born*, 1990, Penguin Books, New York.

⊖ Aljos Farjon, *A Natural History of Conifers*, 2008, Timber Press, Portland, Oregon.

⊖ Wucius Wong, *The Tao of Chinese Landscape Painting: Principles & Methods*, University of Michigan (reprint 1991, Design Press).

们想起西苏精神所指的耐力，针叶林和大自然令人信服的逻辑，在看似不利和荒废的情况下，会带来机会主义的征服。这正是我们这个世界有机和有效成长的典范。

所有的智慧——实际上，是这些书页上每个字的总和——都包含在一个看似平凡且只有几盎司重的东西里。用威廉·布雷克（William Blake）的话来说，通过这个东西，你"把无限握在你的手心里"：一个其貌不扬的松果。它不值多少钱，既不稀有也不罕见，它就像"道"本身，难以吸引人们的眼球和注意力；对大多数人来说，它的意义是看不见的。然而，对于那些知道自己在做什么的人来说，这不啻为一个奇迹。在松果中，我们可以看到一种实用的纪律，即顽强、不屈不挠地追求中间目标，作为实现最终目的的战略优势——只有那些敢于走迂回道路的人，才有可能实现这种追求。

致　谢

在这本书完成和收尾之时，我要感谢以下亲朋好友：我的妻子 Amy，感谢她的爱和陪伴；感谢我的孩子 Edward 和 Silja，他们给我带来了无尽的快乐（我不得不在半夜里完成大量的写作）；感谢我的兄弟 Eric，他是一个出色的作家和我知道的最好玩的人，感谢他对我的鼓励；以此纪念我的父亲和母亲，感谢他们在我迂回成长的道路上给予的坚定支持和信念。感念已经故去的 Gramma Spitznagel，她是我第一个也是最好的投资人。谨以此书纪念埃弗里特·克里普，感谢他关照一个 16 岁大的孩子，并教会他如何取"势"。感谢罗恩·保罗对推广奥地利学派经济学所做的贡献，让这个学派推广到下一代人（他拥有伟大的取势策略），愿他留名千古。

感谢本书的团队成员：Robert Murphy，感谢他的友谊和始终以奥地利学派眼光观察事物；Tim Foley，感谢他的精美插图；Patricia Crisafulli，感谢她全程参与了编辑工作；感谢我的房客 Roger Ames，一位耐心的"中国通"；感谢针叶树专家 Aljos Farjon；此外，还要感谢我的几位老师，他们是 QichenGuo、Jwing Ming Yang 和 Yilun Yang；感谢 Chitpuneet Mann 和 Harry Tam，他们做了非常有价值的研究（甚至陪我度过了一些疯狂的日子）；感谢 Brandon Yarckin 的帮助；感谢 Jim Frolik 和 Jeff O'Connell 的建设性意见。（我感谢他们在专业上的帮助，本书任何错误只由本人负责。）

感谢纳西姆·塔勒布，他经常提醒我批评的重要性，锻炼了我思考的耐力。感谢维克多·尼德霍夫（Victor Niederhoffer）在茎、树和绅士的壁球运动中教给我简单的智慧。感谢 Wiley 出版公司，感谢 Evan Burton 坚持说服我写这本书；感谢 Emilie Herman 仔细阅读和处理了我的初稿；同时也感谢 Vincent Nordhaus 和 Tula Batanchiev。

感谢 George Viksnins 在乔治敦大学给我讲授的"奥地利学派"经济学课程，让我踏上了这条道路。

感谢 Eric Spencer、Damir Delic、Daisy Pham、Annelise Sarver 和 Trysha Daskam，感谢他们的帮助，也同时感谢普世投资的同事们。

感谢米塞斯研究所（Ludwig von Mises Institute），他们提供了有关奥地利学派经济学的丰富资料，并让这些大师的著作得到广泛传播。

最后要感谢的是美联储前主席格林斯潘和伯南克，他们是我实现投资回报的不可或缺的源泉。

关于注册估值分析师（CVA）认证考试

CVA 考试简介

注册估值分析师（Chartered Valuation Analyst，CVA）认证考试是由注册估值分析师协会（CVA Institution）组织考核并提供资质认证的一门考试，旨在提高投融资和并购估值领域从业人员的实际分析与操作技能。本门考试从专业实务及实际估值建模等专业知识和岗位技能进行考核，主要涉及企业价值评估及项目投资决策（包括 PPP 项目投资）。考试分为实务基础知识和 Excel 案例建模两个科目，内容包括：会计与财务分析、公司金融、企业估值方法、并购分析、项目投资决策、私募股权投资，Excel 估值建模七个部分。考生可通过针对各科重点、难点内容的专题学习，掌握中外机构普遍使用的财务分析和企业估值方法，演练企业财务预测与估值建模、项目投资决策建模、私募股权投资、上市公司估值建模、并购与股权投资估值建模等实际分析操作案例，快速掌握投资估值基础知识和高效规范的建模技巧。

- **实务基础知识科目**——是专业综合知识考试，主要考查投融资及并购估值领域的理论与实践知识及岗位综合能力，考试范围包括会计与财务分析、公司金融与财务管理、企业估值方法、并购分析、项目投资决策、私募股权、信用分析这几部分内容。本科目由 120 道单项选择题组成，考试时长为 3 小时。

- **Excel 案例建模科目**——是财务估值建模与分析考试，要求考生根据实际案例中企业历史财务数据和假设条件，运用 Excel 搭建出标准、可靠、实用、高效的财务模型，完成企业未来财务报表预测、企业估值和相应的敏感性分析。本科目为 Excel 财务建模形式，考试时长为 3 小时。

职业发展方向

CVA 资格获得者具备企业并购、项目投资决策等投资岗位实务知识、技能和高效规范的建模技巧，能够掌握中外机构普遍使用的财务分析和企业估值方法，并可以熟练进行企业财务预测与估值建模、项目投资决策建模、上市公司估值建模、并购与股权投资估值建模等实际分析操作。

CVA 注册估值分析师的持证人可胜任企业集团投资发展部、并购基金、产业投资基金、私募股权投资、财务顾问、券商投行部门、银行信贷审批等金融投资相关机构的核心岗位工作。

证书优势

岗位实操分析能力优势——CVA 考试内容紧密联系实际案例，侧重于提高从业人员的实务技能并迅速应用到实际工作中，使 CVA 持证人达到高效、系统和专业的职业水平。

标准规范化的职业素质优势——CVA 资格认证旨在推动投融资估值行业的标准化与规范化，提高执业人员的从业水平。CVA 持证人在工作流程与方法中能够遵循标准化体系，提高效率与正确率。

国际同步知识体系优势——CVA 考试采用的教材均为 CVA 协会精选并引进出版的国外最实用的优秀教材。CVA 持证人将国际先进的知识体系与国内实践应用相结合，推行高效标准的建模方法。

配套专业实务型课程——CVA 协会联合国内一流金融教育机构开展注册估值分析师的培训课程，邀请行业内资深专家进行现场或视频授课。课程内容侧重行业实务和技能实操，结合当前典型案例，选用 CVA 协会引进的国外优秀教材，帮助学员快速实现职业化、专业化和国际化，满足中国企业"走出去"进行海外并购的人才急需。

企业内训

CVA 协会致力于协助企业系统培养国际型投资专业人才，掌握专业、实务、有效的专业知识。CVA 企业内训及考试内容紧密联系实际案例，侧重于提高从业人员的实务技能并迅速应用到实际工作中，使企业人才具备高效专业的职业素养和优秀系统的分析能力。

√ 以客户为导向的人性化培训体验，独一无二的特别定制课程体系

√ 专业化投融资及并购估值方法相关的优质教学内容，行业经验丰富的超强师资

√ 课程采用国外优秀教材，完善科学的培训测评与运作体系

考试安排

CVA 考试每年于 4 月、11 月的第三个周日举行，具体考试时间安排及考前报名，请访问 CVA 协会官方网站 www.CVAinstitute.org

CVA 协会简介

注册估值分析师协会（Chartered Valuation Analyst Institute）是全球性及非营利性的专业机构，总部设于香港，致力于建立全球金融投资估值的行业标准，负责在亚太地区主理 CVA 考试资格认证、企业人才内训、第三方估值服务、研究出版年度行业估值报告以及进行 CVA 协会事务运营和会员管理。

联系方式

官方网站：http://www.cvainstitute.org

电话：4006-777-630

E-mail：contactus@cvainstitute.org

新浪微博：注册估值分析师协会

协会官网二维码　　　　　微信平台二维码　　　　CVA 考试及图书出版咨询

序号	中文书名	英文书名	作者	定价	出版时间
1	如何吸引天使投资：投资人与创业者双向解密	Attracting Capital From Angels: How Their Money - and Their Experience - Can Help You Build a Successful Company	Brian E. Hill Dee Power	58.00	2013.6
2	并购之王：投行老狐狸深度披露企业并购内幕	Mergers & Acquisitions: An Insider's Guide to the Purchase and Sale of Middle Market Business Interests	Dennis J. Roberts	78.00	2014.5
3	投资银行：估值、杠杆收购、兼并与收购（原书第2版）	Investment Banking, Valuation, Leveraged Buyouts, and Mergers & Acquisitions(2nd Edition)	Joshua Rosenbaum Joshua Pearl	99.00	2014.10
4	投资银行练习手册	Investment Banking: Workbook	Joshua Rosenbaum Joshua Pearl	49.00	2014.10
5	投资银行精华讲义	Investment Banking: Focus Notes	Joshua Rosenbaum Joshua Pearl	49.00	2014.10
6	财务模型与估值：投行与私募股权实践指南	Financial Modeling and Valuation: A Practical Guide to Investment Banking and Private Equity	Paul Pignataro	68.00	2014.10
7	风险投资估值方法与案例	Venture Capital Valuation, + Website: Case Studies and Methodology	Lorenzo Carver	59.00	2015.1
8	亚洲财务黑洞	Asian Financial Statement Analysis: Detecting Financial Irregularities	Chinhwee Tan, Thomas R. Robinson	68.00	2015.4

序号	中文书名	英文书名	作者	定价	出版时间
9	大并购时代	Mergers and Acquisitions Strategy for Consolidations: Roll Up, Roll Out and Innovate for Superior Growth and Returns	Norman W. Hoffmann	69.00	2016.3
10	做空：最危险的交易	The Most Dangerous Trade	Richard Teitelbaum	59.00	2016.6
11	绿色国王	Le roi vert	Paul-Loup Sulitzer	49.90	2016.8
12	市场法估值	The Market Approach to Valuing Businesses	Shannon P. Pratt	79.00	2017.3
13	投行人生：摩根士丹利副主席的 40 年职业洞见	Unequaled: Tips for Building a Successful Career through Emotional Intelligence	James A. Runde	49.90	2017.5
14	公司估值（原书第 2 版）	The Financial Times Guide to Corporate Valuation (2nd Edition)	David Frykman, Jakob Tolleryd	49.00	2017.10
15	投资银行面试指南	The Technical Interview Guide to Investment Banking, +Website	Paul Pignataro	59.00	2017.11
16	并购、剥离与资产重组：投资银行和私募股权实践指南	Mergers, Acquisitions, Divestitures, and Other Restructurings	Paul Pignataro	69.00	2018.1
17	公司金融：金融工具、财务政策和估值方法的案例实践	Lessons in Corporate Finance: A Case Studies Approach to Financial Tools, Financial Policies, and Valuation	Paul Asquith, Lawrence A. Weiss	99.00	2018.1

序号	中文书名	英文书名	作者	定价	出版时间
18	财务模型：公司估值、兼并与收购、项目融资	Corporate and Project Finance Modeling: Theory and Practice	Edward Bodmer	109.00	2018.3
19	杠杆收购：投资银行和私募股权实践指南	Leveraged Buyouts, + Website: A Practical Guide to Investment Banking and Private Equity	Paul Pignataro	79.00	2018.4
20	证券分析师实践指南（经典版）	Best Practices for Equity Research Analysts: Essentials for Buy-Side and Sell-Side Analysts	James J. Valentine CFA	79.00	2018.6
21	私募帝国：全球PE巨头统治世界的真相（经典版）	The New Tycoons: Inside the Trillion Dollar Private Equity Industry that Owns Everything	Jason Kelly	69.90	2018.6
22	证券分析师进阶指南	Pitch the Perfect Investment: The Essential Guide to Winning on Wall Street	Paul D. Sonkin，Paul Johnson	139.00	2018.9
23	财务建模：设计、构建及应用的完整指南（原书第3版）	Building Financial Models	John S.Tjia	89.00	2020.1
24	7个财务模型：写给分析师、投资者和金融专业人士	7 Financial Models for Analysts，Investors and Finance Professionals	Paul Lower	69.00	2020.5
25	财务模型实践指南（原书第3版）	Using Excel for Business and Financial Modeling	Danielle Stein Fairhurst	99.00	2020.5
26	资本的秩序	The Dao of Capital: Austrian Investing in a Distorted World	Mark Spitznagel	99.00	2020.11